衡中家长手记

和儿子一起成长的衡中三年

小雨◎著

人民日报出版社

图书在版编目（CIP）数据

和儿子一起成长的衡中三年 / 小雨著 . -- 北京：
人民日报出版社，2019.5
（衡中家长手记）
ISBN 978-7-5115-6027-8

Ⅰ.①和… Ⅱ.①小… Ⅲ.①高中—学校教育—合作
—家庭教育 Ⅳ.① G636

中国版本图书馆 CIP 数据核字 (2019) 第 087888 号

书　　名：	和儿子一起成长的衡中三年
作　　者：	小雨
出 版 人：	董　伟
责任编辑：	郭晓飞
封面设计：	金　刚
出版发行：	人民日报出版社
社　　址：	北京金台西路2号
邮政编码：	100733
发行热线：	（010）65369527　　65369846　　65369509　　65369510
邮购热线：	（010）65369530　　65363527
编辑热线：	（010）65363486
网　　址：	www.peopledailypress.com
经　　销：	新华书店
印　　刷：	大厂回族自治县彩虹印刷有限公司
开　　本：	710mm×1000mm　　1/16
字　　数：	300千字
印　　张：	17
印　　次：	2019年6月第1版　　2019年10月第2次印刷
书　　号：	ISBN 978-7-5115-6027-8
定　　价：	60.00元

目 录
catalog

序1　做最好的家长　成就最好的自己（信金焕）/001

序2　最美的遇见（王文霞）/003

8月18日—28日：军训/006
　　附：机会留给有准备的人

8月29日—9月22日：甲型流感/008

10月6日—31日：一调考试/011

11月1日—21日：期中考试/013

11月22日—12月5日：文理分班/016

12月8日—31日：奥赛班410/019
　　答家长问1：怎么整理《每日新闻》
　　答家长问2：如何对一调、二调成绩进行分析

1月2日—23日：三调考试/026
　　答家长问：孩子有没有必要上奥赛

1月23日—2月8日：寒假/030

2月21日—3月6日：物理成绩连续下降/033

3月7日—20日：步入正轨/037

3月21日—4月3日：期中失利/039

4月4日—17日：远足/042

  附1：信老师写给远足后的410

  附2：作为家长代表的动员报告

  附3：作为家长的远足感想

  答家长问：衡中八十华里远足有必要吗

4月18日—30日：学习遇瓶颈/049

5月2日—15日：二调考试再次失利/051

  附：写给儿子的信

5月16日—6月4日：成绩到谷底/054

6月9日—7月3日：初见曙光/057

7月4日—18日：准备奥赛集训/060

7月18日—8月28日：河南师大奥赛集训/063

8月29日—9月18日：家庭教育研讨会/069

9月19日—30日：奥赛和高考科目的平衡/074

10月2日－16日：饭卡、银行卡丢了/077

10月17日－30日：三年最差成绩/080

10月30日－11月13日：感人的家长会/084
  附1：学生对老师的评说词
  附2：家长会发言稿
  附3：家长会感想

11月14日－11月27日：奥赛和高考科目齐头并进/095

11月28日－12月11日：办理身份证/098

12月12日－31日：成绩回升，信心满满/100

1月2日－15日：班级日志成稿/104

1月16日－29日：北京奥赛集训/107

2月5日－26日：河北师大奥赛集训/110
  答家长问：有关奥赛的利弊

2月27日－3月12日：看淡成绩/112

3月13日－26日：有意义的成人礼/114

3月27日－4月9日：成人礼感受/118
  附1：成人礼前夕送给孩子的话
  附2：成人礼发言

4月10日－30日：图书问世/121
  附：我为书写跋

4月30日－5月14日：全国中学生生物学联赛河北省联赛/125
  答家长问：为什么衡中会有如此辉煌的成就

5月15日－6月5日：奥赛失利/129
  答家长问：奥赛难在哪里

6月5日－16日：难得的假期/132
  附：参加"衡中在我心中"征文

6月16日-7月24日：奥赛后轻松上阵/139

7月24日-8月14日：爸爸住院/142

  附1：家有不幸

  附2：父亲节感想

  附3：父亲节怀念父亲

8月14日-9月10日：完美适应东区/152

9月11日-30日：为衡中校庆献礼/156

  附：衡水中学建校60周年大会隆重举行

10月1日-29日：清华"领军计划"/161

  附：什么是清华大学自主选拔"新百年计划"

10月30日-11月26日：永远的410/166

  附1：写在高三分班后

  附2：听国际激励大师约翰·库缇斯演讲有感

11月27日-12月31日：清华"领军计划"意外落选/176

1月1日-18日：这个春节不过年/183

  答家长问：家有考生，高考前的春节怎么过

1月27日—2月18日：一切都在正常轨道上/186

  答家长问：高考前四轮复习侧重点

2月19日—3月17日：**百日誓师**/188

  附：百日誓师家长发言稿

3月18日—4月14日：**密集频繁的考试**/197

  附：当被别人误解时

4月15日—5月12日：**一模、二模相继失利**/208

  答家长问：家长、孩子如何应对高考恐慌

5月13日—6月8日：**高考**/223

  附1：高考前20天怎么调整心态

  附2：家长考前寄语摘录

6月9日—8月14日：**高考之后**/239

  附1：与清华大学昭雨的班主任贺老师往来邮件

  附2：昭雨大一时的感怀

  附3：昭雨任团支书时有关他的采访

  附4：昭雨在清华期间的表现

后记1 和儿子一起成长的衡中三年/257

后记2 和家长一起成长的衡中三年/261

序1　做最好的家长　成就最好的自己

信金焕

己亥年正月初四上午接到小雨老师电话，说昭雨明天就回清华大学了，想一同去家里拜个年。接到电话我非常高兴，昭雨是我心爱的学生，小雨老师从一名学生家长到成为志同道合的朋友，相识相交多年。于是，本打算要在外面玩一天的我迅速赶回家中。刚到家，小雨老师的电话就打了过来，说和昭雨马上就到。

见面后，谈昭雨的发展，谈衡中的变化，谈我们共同的410班、《花开的声音》《那些花儿》，相谈甚欢，很快两小时就过去了。

送走小雨老师父子，思绪却仍沉浸在曾经共同经历的那段岁月里。410班创造了衡水中学的很多项历史：他们第一个把班级日志《花开的声音》辑录成册，正式出版，第一个正式出版班级回忆录《那些花儿——410班走出衡中忆衡中》，第一个设立以班级命名的奖教金回报母校。其中小雨老师功不可没。

小雨老师是一位优秀的家长，他深知最好的教育是陪伴。

于是，只要是学校的大型活动，如八十华里远足、百日誓师大会、家长进课堂等，都有小雨老师的身影。他不仅陪伴了儿子昭雨的成长，也陪伴了410班每位孩子的成长，是410班孩子们喊在嘴里、记在心里的"王叔叔"，是410班这个大家庭的一位"大家长"。

410班级日志之所以能够出版，和小雨老师不辞辛苦把18万字的日志敲入电脑密不可分。很难想象，71种不同的字体，还有孩子们所特有的语言符号，怎样被小雨老师一一破解。就这样，孩子们在高二的时候，就出版了自己的班级日志。

从此，小雨老师也多了一项"工作"，每次衡中的大型会议上，都有小雨老师宣传图书的身影，他是想让更多的家长、孩子了解真实的衡中，想让衡中孩子们的成长影响更多同龄的孩子。如今书已多次再版，销往除西藏之外的全国各省市，赢得了广大家长和孩子的一致好评。

衡中家长手记：
和儿子一起成长的衡中三年

　　小雨老师还是一位热心公益家教的专家。他深知助人也是助己，成就儿子和他人的同时，也让他成就了不一样的自己。9 年来，小雨老师利用业余时间，在全国各地开展各种形式的公益活动 300 余场。同时，小雨老师也成了家教网红大咖，受到了公众和各大媒体的欢迎，QQ 空间总访问量超过 1500 万次。

　　如今，小雨老师 20 万字的《和儿子一起成长的衡中三年》出版在即，接到小雨老师让我作序的电话，认真阅读他与儿子一起成长的衡中三年，重回和小雨老师及孩子们共同成长的那段岁月，我无比的激动与兴奋。感谢小雨老师用心成就了一段教育的佳话，期待更多像小雨老师这样的家长加入教育事业中来。

　　教育是生命的共同成长，小雨老师在做最好的家长的同时，也成就了最好的自己！让我们老师、家长共同携手做最好的老师和最好的家长，成就最好的自己，也定能成就最好的教育！

2019 年 2 月

（信金焕，昭雨高中 410 奥赛班的首任班主任）

序2 最美的遇见

王文霞

再次阅读小雨老师的《和儿子一起成长的衡中三年》，真切地感受到一位父亲在儿子成长过程中的用心、用情、用智。感动敬佩之余，和弟子们一同成长的衡中岁月又浮现在我的眼前，王昭雨、武博阳、夏美昆、李舒钰、吕鹤松、樊婷婷、董傲、李丹琳、董宇喆、张弛、金幼涵、冯悦、刘克嘉、苏浩然、乔石、尤龙、苏冰、赵一苇、段文思、孙巍峰、柴君卓……昭雨就是这一个个优秀弟子中的一个。

2011年6月，我担任了奥赛班410班的班主任，带着这个集数学、生物、信息于一体的班级来到一个新的校园，开始了他们的高三时光。一手是奥赛，一手是高考，两手都要抓，两手都要硬。中间的权衡、方法的指导以及学生成长波动时耐心细致的思想工作，都考验着一个班主任的智慧和情怀。还记得八月十五和同学们围坐在一起边吃月饼边唱《明月几时有》，还记得班级发展处于低谷时在班会课上和同学们齐唱"相信自己，我们将赢得胜利，创造奇迹"，还记得和对子班拔河胜利的狂喜，还记得汇操比赛同学们的齐心协力，还记得学生们的那些小情怀、小心思，还记得学生扑在我怀里时的哭泣……让优秀成为习惯，让执着成为态度，这一年奥赛，在第23届国际生物奥林匹克竞赛中，董傲勇夺国际金牌，实现了河北省生物奥赛国际金牌零的突破。这一年高考，从410班走出了13名清华、北大，12名上海交大，4名人大，4名浙大，6名天大；71名同学全部考入985、211。

说说昭雨。昭雨是生物奥赛生，一个文质彬彬、懂事用心的帅气大男孩，有优秀的学习习惯，有坚韧的意志品质，有执着的目标追求，高考以全省理科第四名的优异成绩，考取清华大学建筑学院，现在是在读博士，获得北京市优秀毕业生称号，多次获得国家奖学金、西南联大奖学金、学业优秀奖学金、社会工作优秀奖学金、社会实践一等奖，是清华大学优秀共青团员，所在的集体获中建西南院全国夏令营集体第四名。同时，昭雨还与父亲小雨老师一起受邀多次参加公益

衡中家长手记：
和儿子一起成长的衡中三年

家教活动，为成千上万的学弟学妹和家长答疑解惑。当昭雨把这一个个好消息告诉我时，我一点都不感到意外，因为衡中"追求卓越"的精神已流淌于每一名衡中人的血液中。

昭雨爸爸——小雨老师，是衡水中学无数优秀家长的杰出代表，在衡水中国建设银行工作，因为QQ昵称是"衡水小雨"而被称作"小雨老师"。小雨老师还是全国知名的热心公益家教专家，9年来，利用业余时间，在全国各地开展各种形式的公益活动300余场。他亲手打造的家庭教育公益大讲堂、清北优秀学子公益报告会、"小雨润教育"系列公益家教分享会，走进了河北各个地市及河南、山东、山西、江苏、黑龙江、云南和陕西等省，成为小雨家教文化的标志。河北建设银行、中国人寿和幸福人寿等纷纷邀请小雨老师做公益家教沙龙、教育故事会等分享活动。小雨老师也是家教网红大咖，QQ空间总访问量超过1500万次。小雨老师对话广东卫视社会纵横栏目、哈尔滨《家报》、香港《多维CN》中文报刊，媒体播出、发表了《考霸的奥秘》《父亲带出来的孩子更聪明》等，全国反响强烈。小雨老师还受邀参加历届中国"双12"教育品牌联盟"家文化"高峰教育论坛系列活动。在衡水中学百日誓师大会、八十华里远足等重大活动中都有小雨老师的身影。8年过去了，我和小雨老师依然保持着联系和深厚的情谊。

孩子在衡水中学读高中的三年，小雨老师用心陪伴孩子，和孩子一起成长，并精心做记录，完成了20万字的《和儿子一起成长的衡中三年》。这20万字浸润着一位家长对孩子成长付出的汗水和智慧，对每位家长教育子女都会起到很好的引领作用，同时也会从另一方面使大家走进衡中、认识衡中、热爱衡中。

衡中优秀，不仅仅有优秀的老师、优秀的学生，而且有一大批热爱衡中的优秀的家长。我和昭雨，和同学们，和小雨老师，和无数交心的家长，都是一场美丽的遇见。读者和此书，也是一场美丽的遇见。

是为序。

2019年1月

（王文霞，昭雨高中410奥赛班的最后一个班主任）

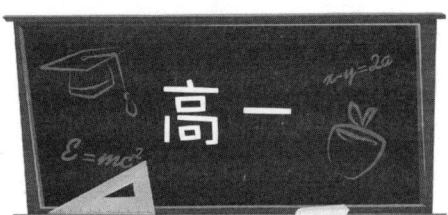

衡中家长手记：
和儿子一起成长的衡中三年

8月18日－28日：军训

1. 本阶段要求和注意事项

我给儿子昭雨布置的任务是认识和熟悉同学，尤其是同宿舍的11个同学，要知道他们的名字，并按我的要求分出关系最好（2~3个）、较好（6~7个）、一般好（2~3个）。这里需要说明一下，到了任何一个新的集体，总会有脾气性格特别相投的人，也会有比较说得来的人，还会有感觉一般的人，这是客观存在的情况，没有任何歧视的意思。军训期间要以尽快认识、熟悉同学为目标，与同学互相帮助，赢得同学的尊重。

2. 孩子在校期间的表现

儿子第一天晚上打来电话，告诉我们放心吧，他很好。孩子很懂事，怕我们担心他，所以打电话。第三天他打来电话，从说话语气上，感觉是想家了。第六天他打来电话，感觉心情好些了。第十天他打来电话，告诉我们第二天放假接他。

3. 孩子放假在家的表现

从校园出来，我骑自行车带着他，路上开始交流。因为当体委，他的嗓子有些哑。他高兴地说学校伙食很好，每顿都能吃饱、吃好，睡眠充足，和同学们关系融洽。

放假回家的一天多时间里，当天晚上、第二天早晨、中午，睡觉、吃饭、起床，昭雨严格按学校作息时间。下午，儿子临返学校时，我感觉到了他心里不舍，有些恋家。

4. 本阶段总结

孩子适应能力比我们预想的强很多。大人觉得孩子不能自理，其实是杞人忧天。他按我的要求，说出宿舍同学里和他关系最好的几个孩子是L、S和J，这也是我预想的和他最好的几个孩子，说明父子间很有默契。

为什么担心他的自理适应能力呢？因为我上高中时，就是因为自理、自立能力差，吃不好、睡不着，上课学习没有状态，整整持续高一一年时间，导致最后高考只考上了一所中专，这是我一生的痛！所以，不能让儿子重蹈覆辙！

附：机会留给有准备的人

给老师留下重要的第一印象

我儿子是很幸运的！在他高中开学之前，我接到一个电话，一看名字是陈芳老师，他高一的班主任！（我是有心人，开学前几天，学校公布了班主任电话，我赶快存到了手机上！）当时我在开会，老师要孩子的电话，我就把家里电话给了老师。过了5分钟，趁会议间隙我往家里打电话，问儿子，老师找他做什么，儿子说老师要他去学校打扫卫生，他过一会儿骑自行车去。我说你等着我，我5分钟到家！我马上请假，会也不开了，回家带着儿子打车去了衡中。

机会难得！绝对不可错失！

到达后，陈老师正在校门口等着呢！我们一起进了校园，去教室打扫卫生。

和陈老师边打扫教室边说话，陈老师认真询问了儿子为走进衡中所做的生活、学习和心理准备，鼓励儿子勤奋刻苦、坚持不懈，谱写自己辉煌的高中生活。

我也不失时机地介绍儿子的学习、生活情况，还有他的一些特点，让陈老师对他有了全面的了解，对儿子有了很好的印象，并当场让他开学那天提前到学校，帮助老师做事。

孩子给老师留下的第一印象太重要了！但也离不开父母的用心和细心！因为陈老师说，她给好几个家长打电话，有的家长没接电话，有的家长说孩子没在家，有的孩子说有事情过不来，然后才试着给我打电话的，而我及时存上了老师电话并及时接听了。所以说，机会都是留给有准备的人！

一小时整理教室的活动在轻松欢快中度过。离开学校时，陈老师买来绿茶饮料，很真诚地代表407班所有孩子感谢我，并一直把我们送到公交站。

陈老师的热情大方、和蔼可亲、认真细致，给我留下了深刻的印象。

衡中家长手记：
和儿子一起成长的衡中三年

8月29日—9月22日：甲型流感

衡中两周放一次假，本应本月12日放假，因为甲型流感，推迟到了22日才放假。

1. 本阶段要求和注意事项

学习是这阶段目标，儿子必须全身心投入学习。要求他尽快适应高中老师的教学方法。初中老师把学生当孩子，会不厌其烦地讲解，怕孩子不懂；高中老师把孩子当大人，他们认为孩子应该懂，不会重复讲解，实验班的老师更是如此，所以必须跟上老师的思路。要求他根据老师教学，及时调整学习方法和听课思路，尽快找到适合自己的一套学习方法。刚来衡中的新鲜感很快就会过去，同学之间避免不了会有些矛盾，这时候更要有宽容忍耐之心，要多帮助同学，要学会为同学多着想，和最好的那几个同学要好好相处。

一定要记住：只要把精力都用在学习上，就会克服学习和生活上的很多困难。

2. 孩子在校期间的表现

将近一个月的时间，他很少打电话，打过来也说不了几句话。他把自己的时间安排得紧紧的，我们也不好去打扰他了。

因为甲型流感，没有按计划放假，孩子们心里都有些急躁，有一个孩子冲动之余把公告牌砸了，第二天就被家长直接领回了家！孩子们都说那个孩子做得对，给他们出气了，虽然心情可以理解，可我告诉昭雨，那个孩子的确帮你们出气了，但付出的代价是不是有些大了呢？很多时候，我们都会遇到一些让我们不满或不公平的事情，但需要有忍耐力，即使想解决，也会有正当的沟通渠道，而不是采取这种极端的办法。这种处理问题的方式，不但解决不了问题，反而会把事情弄得更糟。

其间给他送东西，听他声音有些哑，第二天打电话才知道他感冒发烧了，还被学校隔离了几小时。问他隔离时是什么感受，他说很好，没有怕，因为知道自己不是甲型流感，只是当天早晨起来后，头上有汗被风吹着了，有点感冒才有些发烧。他在隔离室看书，中午有同学给买饭。下午再去测体温时，他怕温度再高，就用凉毛巾在腋下擦，以此降温。医生量体温不到37℃，他就回教室上课了。

晚上他去医务室打针拿药。这一切安排得很有条理，这一点，体现了他的高情商：他没有抱怨被隔离，也没有因为知道不是甲型流感去争辩，而是冷静分析，想去上课的关键因素在于体温要正常，所以，他熟练运用了物理降温法，然后通过了医生的体温检测，顺利回到教室上课。

去食堂吃饭他也安排得很有条理：如果买饭时人多，他会让排在队伍前面熟悉的同学代买，或几个同学分头去不同窗口买，然后一起吃。

安排的条理性还体现在日常上。到了该放假时，儿子也盼着放假，因为时间久了，很想回家放松放松。他说有时累得回到宿舍躺下就会睡着。学习是很紧张的，节奏也很快。

平时作业就是小测，他的小测成绩每科基本都在前面，尤其是属于理科的单科。在这三周总评中，如果统计总分，他的理科基本都是班级第 1 名。他感觉班里可以和他竞争的是 X 和 L，只论理科他应该是班里最好的。L 是他的同桌，在宿舍里也是和他关系最好的同学之一。

3. 孩子放假在家的表现

因为国庆假期和甲型流感流行，衡中放假 12 天。他只在放假第一天下午和晚上休息了会儿，其余时间都在看书、做作业。我们要求他提前 3 天完成作业。

前面 9 天，他每天早晨向老师汇报学习计划、晚上汇报完成情况，剩余 3 天复习、预习，12 天在紧紧张张中度过。

其实绝大部分学生都没有完成作业，因为衡中的作业量特别大，儿子是完成作业的少数学生之一。12 天假期，他基本没有放松，大部分按衡中习惯去做，适当调整。

10 月 6 日中午，把孩子送到学校。孩子回宿舍后给我们打电话，告诉我们"回去吧"，说他已收拾好了。他猜测我们没有走，其实我们也真的没有走。孩子很懂事，知道体谅家长。

4. 本阶段总结

通过朋友的侧面了解，得知了班主任陈芳老师对儿子昭雨的评价：第一是学习很优秀，各科都很突出；第二是自理能力很强，能有条理地处理好事情。第二条真的让我们很意外，当初最担心他的自理能力，没想到很优秀，真的对他刮目相看！

他回家后还带回来两张奖状：一张是责任之星，一张是优秀科代表。班上

衡中家长手记：
和儿子一起成长的衡中三年

同时得两张奖状的学生很少，尤其是责任之星，要得到老师们和绝大部分学生的认可是很难得的。证明他已步入了正轨，学习和生活上已完全适应了。

10月6日—31日：一调考试

1. 本阶段要求和注意事项

因为开学后的当天晚上就开始一调（第一次调研考试，简称一调。考试时间两天），所以，我主要给他讲怎么对待这次考试。我告诉他，他的水平已经是班级前几名了，正常发挥就没问题，如果万一没考好，第10名或更糟，并不代表学习方法不对，也不代表水平不行，只是需要时间和耐心，要有这个心理准备。考试后要找出最差两科的不足和最好两科的成功之处，再去对照指导其他科目。

2. 孩子在校期间的表现

孩子这次离开家，我们感觉把孩子放下了，也许是因为上次他回来看到他自理能力很强吧。看到他自己能很好地处理遇到的问题，所以我们就放心了。我们很少给他打电话，他打电话也不多。上周日（10月25日）他打来电话，问他有事吗，他说没有，问他是不是有点想家，想和大人说说话以缓解紧张和压力，他说是。我们所掌握的一调考试成绩，他是班级第1名、年级第13名，超出预期，我们很满意。尤其是他的理科更好，年级排名第3。

衡中的工作做得很细致、很温馨，在网站上，我们可以查到孩子在学校的消费情况。从8月开学到现在，孩子两个月仅花费700元，看得出是舍不得乱花钱的。但他在吃饭上也能灵活调节，有时还去吃自己喜欢的小吃，很不错。通过朋友问到孩子的周测成绩，知道不是很理想，是班级第6名。不过，其他班孩子也出现起伏，很正常，又因为科目不完整，所以我也没在意，只是又让朋友问问班主任陈芳老师，她答复昭雨学习用功踏实，老师们都很喜欢他。我准备等他回家，再了解一些具体情况。

这里着重说一下周测，很多家长过于关注孩子周测，导致情绪随着孩子的周测成绩波动而频繁焦虑担心，影响了正常心态。其实，周测只是这一周的小测验，出题的质量、严谨性一般，综合性也不强，尤其是学生们也没那么重视，导致不能真实地反映孩子的学习情况，所以，建议家长和孩子都不要过于关注周测，不看成绩最好。

衡中家长手记：
和儿子一起成长的衡中三年

3. 孩子放假在家的表现

孩子说生活、学习都很好，和宿舍孩子相处也不错，竞聘了学习委员，还当体委和语文科代表。问他累吗，他说没事；问他怎么没竞聘班长，他说班长事太多，会影响学习，所以不想当。让他看了我整理的一调成绩，包括各科分析，这些都是他不知道的，他对自己在年级的位置有了更深入、更细致的了解，也更有信心。还让他看了我整理的《衡中学习问答》，我把重点已经勾出来了，让他借鉴，主要是让他掌握学习方法，并鼓励他以自己为中心，按部就班学习、考试。在学习上，他把精力用在数学和物理上，其次是语文、英语、化学和生物，其余几科基本上只用课上时间，不再占用课余时间，所以文科成绩相对弱一些，他这样安排很正确。他说有一次周测，名次是第6名，语文考了69分，原因是把卡涂串行了，所以得分低，其实就是低在语文上了。

将近两个月时间，昭雨一共花费了750元，真的不多，孩子很懂事，不乱花钱。在宿舍里，他还是和L（他同桌）、S（副班长）、J（校学生会副主席）关系最好，互相照应，互相帮助。

10月25日昭雨给家里打来电话，因为班主任提醒他们，不要老不给家里打电话。

在吃饭上，儿子荤素搭配，爱吃的也不常吃，辣的、咸的菜尽量不吃，同时按时喝水，根据冷热加减衣服，一切都有条不紊。

4. 本阶段总结

昭雨拿回四张奖状：年级一等奖、班级状元、物理单科冠军、数学单科冠军，算是对前段学习的总结和认可吧。第一次考试成绩理想，打下了一个良好的基础，对他今后学习是个促进和鼓励，增强了他的自信心。

上次返校之前，我说他的水平在班级是前三名，他也通过成绩印证了我的判断，因此更坚定了他的信心。

11月1日—21日：期中考试

本应14日放假，因为下大雪没放假，也没有开家长会，延迟到21日放假。

1. 本阶段要求和注意事项

本周就要期中考试了，要以好的心态去面对考试。要求他正常发挥，不要过分看重名次，只要在第一梯队就可以，要相信自己的能力。感觉他这几次考试英语不太理想，如果这次考试英语还有差距，要求他主动找老师，让老师帮助分析原因，指出学习中存在的问题和如何提高英语成绩。

虽然学校说下次11月14日放假，但现在甲流厉害，谁也无法预测过些天会怎么样，所以如果到时候不能按时放假，要提前做好心理准备，不要影响心情，要坦然对待。

2. 孩子在校期间的表现

第一周要准备考试，所以他没打电话。7日下午考完期中试，晚上他打来电话，说物理题难，最后大题多数同学都不会做，他做了，但做错了，语文感觉也不好，文科发挥也不行。我们劝他不要在意成绩，考完找出差距就可以了。

一直到凌晨1点半，也没有出分（没有特殊情况，衡中一般都是考完试的当晚出成绩，这就是衡中的效率、老师的效率）。其实我心里一直不安，不知道孩子考试会糟到什么程度，预测昭雨应该在班级前5名、年级前50名吧。

8日上午10点查到成绩，昭雨排名班级第2、系列第11、年级第18，很理想；理科排名班级第1、年级第6，很欣慰，很满意。

中午，他下课就回宿舍了，为了给我们打电话没有去吃饭。他很想知道自己名次在全校的位置，各科成绩和理科成绩在全校的位次。知道了这些，他心里有数，很开心，没吃饭也觉得值，说吃饼干、喝牛奶。其实，我们很理解他的心情，毕竟自我感觉考试发挥得不理想，很想知道到底糟糕到什么程度。孩子少吃一次饭没什么的，心情好了更重要！

一天中午，他打来电话，说学校让去预听生物奥赛课程，安排在放假后上一节课。他想放假按时回家，不去听课，很生气地说不上生物奥赛了！他的态度让我们很着急，因为从初中他就开始准备生物奥赛，奥赛书基本都学完了，到了

衡中家长手记：
和儿子一起成长的衡中三年

关键时刻他却说不上了！

我赶快联系朋友去问衡中老师，想知道昭雨是否适合上生物奥赛，也希望老师能劝他。朋友回复说孩子只是一时的情绪激动，过后他会明白该怎么做的，同时也征求了老师的意见。

我们选择让他参加生物奥赛的理由是很充分和理性的：一是他在初中就做好了准备；二是他喜欢生物；三是他学习生物很轻松；四是生物奥赛结束早，对高考科目影响小。

在焦急等待中，如朋友所说那样，再通电话时，儿子已情绪平和，同意上生物奥赛，去听课，还想去听数学奥赛课。朋友也帮着问了生物老师和教奥赛的生物教练员，他们看了昭雨的成绩，对他满意，希望他上生物奥赛。这样，奥赛这件事我们就放心了。

他的生活自理能力又一次让我刮目相看，晚上还知道把鞋在暖气上烤一烤，真的很聪明！

3. 孩子放假在家的表现

放假前孩子打来电话，让我周六下午去接他。他们几个同学说好不吃中午饭了，吃零食，下课直接回宿舍收拾好东西，拿到教室去，这样放学可以马上出门。所以15点放学时，他马上就从校门口出来了，属于前10名吧。他的观点是，学习时用心去学习，放假时马上就回家，什么时间就去做什么时间该做的事，不磨蹭。

我们回到家15点40分，路上买了药。这些天他身体不舒服，有点咳嗽，带的药吃完后，自己去医务室拿了药。真的很会处理自己的事情。

问他之前为什么不想上奥赛的事，他说当时听别人说奥赛好难，就不想去了，所以就给家里打电话。后来，和其他同学一起去听奥赛，感觉也没那样难。他还告诉我们一件意想不到的事：数学奥赛教练员找他了，让他上数学奥赛，他的回答也很得体，说好好考虑考虑，其实心里坚定地只选择生物奥赛！

他说这些天感觉好累，尤其是考试那几天特别累，每晚躺下就睡着。其他同学也是这样。有时中午起床铃响了，一层楼的学生都听不见，静悄悄的。那几天，大家觉得能睡个懒觉是最幸福的事，是最大的奢望。

他还说生活上很好，在宿舍里和同寝室同学都很好，在班上和老师、同学也都很好。学习上能顺利跟上老师的节奏，各科学起来比较轻松，没有遇到困难，只是物理觉得难了一些，不是不会，是做题时觉得慢，时间不够用。我问他怎么办，他说适当多给物理一些时间就可以了。他英语成绩上来了，期中考试还可以，平时小测得了好几个第 1 名。

孩子去衡中时间短，还没有完全适应离开家的生活，所以当规定两周放假却因为下大雪没有兑现时，心理上接受不了，有很大的抵触情绪。当班主任陈老师告诉他们，因为下雪路不好走不放假时，孩子们说路不好走，家长过来给我们送东西路不是一样不好走吗，他们能来我们怎么不能走？说得老师无言以对。他们觉得回家可以放松一下紧张情绪，充充电，和家长好好沟通一下，能更好地投入学习、生活中。

他说下雪时让他们扫雪，就只让高一学生扫雪，还就只让男生扫雪。他们扫了好几小时，又冷又累，有的孩子穿得少就冻病了。而他很会照顾自己，根据天气变化及时增减衣服，感觉晚上睡觉被子有些薄，就把羽绒服也盖上了。小家伙很有办法的。

4. 本阶段总结

期中考试还是很理想的，更增加了他的自信，他说班级理科成绩没有超过他的。自信是最重要的，会对他今后学习起到很重要的促进作用。生活和学习上的顺利，让他在正确的轨道上大步前行。

衡中家长手记：
和儿子一起成长的衡中三年

11月22日－12月5日：文理分班

1. 本阶段要求和注意事项

他的生活和学习基本步入正轨，因此只要求他照顾好自己，不要生病。这段时间他班上有20多个孩子生病回家，肯定会影响到学习，所以要他吃饭、睡觉都要按时，多吃水果、多喝水，保证身体健康，这样才能更好地完成学习任务。快要二调考试了，正常发挥即可。

2. 孩子在校期间的表现

得知周一下午昭雨考奥赛了，周三中午打电话问他考得怎么样，他说题目特别难，四科一张卷子，答题时间一共两小时。他把数学做完了，只感觉一道题有把握，其他题都不知道对错；生物都做了，也有不会的；化学和物理只做了选择和填空，其他题没时间做了，所以心里没有把握。我们告诉他，其实奥赛题难，大家都觉得难，大家感觉是一样的，不要多想。他还说现在数学、物理都太难了，觉得累了，我们告诉他，你觉得难别人更觉得难，要有信心。

周六18点半他打来电话，说打甲流疫苗了，其实我们知道上午他们打疫苗了，也担心孩子身体，本想晚上打电话问问，结果他先给我们打电话了。孩子很懂事，怕我们担心他，他告诉我们打完疫苗没反应。

到了周末，学习轻松一些，他也爱给家里打个电话。其实也没有事情，就是想和大人说上几句话，听听我们的声音，缓解一下平时学习的压力。

12月2日开始二调考试了，孩子们真够紧张的。有时自己再忙点、累点，觉得和孩子比起来都不算什么了。

4日中午考试结束，下午要开始奥赛考试，他告诉我们只报了生物奥赛，别的不想上。我从心里责怪孩子，为什么只报一科，多报几科选择余地要大一些，但孩子已经报名，又赶上考试，怕他分心，所以也只好依他，没有说什么。

3. 孩子放假在家的表现

这次分文理班，所以放假3天。二调考试儿子排名班级第1、年级第5，又超出了我们的想象。他现在心态真的很好，学习考试状态一样很好，步入了正确的轨道。

放假时间等待分班结果,由于他报的是生物奥赛,听说老师会打电话征求家长和孩子的意见,所以我们就等着老师的电话,可一直等到 7 日 20 点也没来电话,心里就没底了,又请朋友帮忙问问,想知道昭雨能不能上奥赛。

这几天尤其是 7 日这天心里最不踏实,原来说上午 8 点出结果,但直到 20 点也没消息,并且家长群里一个家长说接到老师电话,他家里小孩已上奥赛,这消息更让我担心起来,但也没办法,只好耐心等待。

一直到 22 点多,那颗焦躁不安的心才放下来:分班结果出来了,孩子如愿以偿上了生物奥赛,并且和他关系最好的 J 也在他班,还有年级第 1 名的 Y。

我们和孩子都很兴奋,一切按预想实现。他在奥赛班排第 2 名,年级前列的孩子大部分在他们班,任课老师也是学校最好的老师。根据学校三次理科排名,他应该是年级第 3 名,成绩相当不错。

我问他英语成绩前两次不好,后来是怎么上来的,他说内心重视了,多给了英语学习时间,成绩自然就上来了。我又问,是不是每一科只要你重视了、多给时间了,成绩就都能上来呢,他说是,没觉得哪科能难住自己,学起来觉得都没问题。孩子的自信心太重要了!

孩子在家这几天,晚上基本按学校时间 22 点多就睡,早晨自己放松多睡会儿,白天预习数学、生物等学科,我们带他出去吃饭改善生活,总之生活井井有条,很有计划性。

我问他还竞选班干部吗,他说只想竞选学习委员,别的就不竞选了,还是好好学习吧,奥赛班那么多优秀学生,竞争会更激烈,要做好充分的思想准备。

我告诉他,同事的孩子现在人大,提的忠告是高中几年要保持好的心态,当成绩不如意时要学会调整自己。另外,要静下心踏实学习,还要尽全力参加奥赛,争取能取得保送资格,因为高三一年太紧张、太苦了。

我还问他为什么只报生物奥赛不报数学,并且奥数老师看他数学成绩好还专门找过他,他回答虽然数学几次都考得好,但感觉自己没有数学天分,所以没有报。他对自己真的很了解,并且很理智地去分析问题,难能可贵。

4. 本阶段总结

儿子开学已 3 个多月、将近 100 天,文理也开始分班了,这也算是一个小结吧!这段时间,他的状态一直很好,不管学习还是生活,适应得都很快,能理性地处理自己的事情,并且保持良好的心态,和同学、老师相处融洽,学习能保持

衡中家长手记：
和儿子一起成长的衡中三年

稳步上升。儿子一切都做得很好，各方面都让我们放心，超出了我们的预期。孩子真的很优秀。

12月8日－31日：奥赛班410

1. 本阶段要求和注意事项

儿子进入新的班级，尤其410班是奥赛班，又是年级最好的班，所以要意识到竞争会更加激烈，因此要做好成绩下滑的思想准备。要求他保持第一梯队就可以，不一定要去争前几名，只要尽力去学习，同时要根据老师讲课特点及时调整学习方法，找到最适合自己的学习方法，尽快适应老师。要求他在新宿舍要找到2～3个最好的朋友、6～7个比较好的朋友、1～2个一般的同学，班里还要有十来个很不错的同学。要求他多帮助外地的同学，在生活和学习上多关心他们，多献爱心。要求他好好照顾自己，多吃水果、多喝水，保证身体健康。

因为这次放3天假，下次很有可能两周后不能准时放假，有可能要到元旦了，让他心里有数、做好准备。

2. 孩子在校期间的表现

8日下午把他送到学校，在新宿舍里见到他关系最好的同学J。他们都是下铺，正好对床。一定要相信心想事成这句话！前一天晚上我和J家长聊天时还一起盼望着他们能在一个宿舍，互相照应，结果真的如愿以偿了。另外，还有一件高兴事，年级第一的Y也和他同宿舍，还是他的上铺，这又是一个惊喜。我见到了Y，孩子很精神，和昭雨是一类孩子，真心希望他们成为好朋友，共同促进学习。同时，内心期盼着他们能同桌，不知道老师能否和我有默契，让我如愿！

在家这几天，孩子吃得好一些，打破了原有的生活规律，返校时有些上火咳嗽，我让他多喝水吃药，但愿顺利好起来。孩子返校后，因为担心他咳嗽怎么样了，所以我和他妈妈打过几次电话，但他都不在宿舍。儿子回宿舍后听同学说便回了电话，说已经好多了，还吃着药。

这几天天气变化剧烈，想提醒他及时增加衣服，可中午、晚上打了几次电话，因为他回宿舍晚都没有接到电话。隔一天他回电话，说一直穿着羽绒服，宿舍、教室都不冷，还说学习太紧了，老师讲得特别快，别的没有不适应的；班级学生物奥赛的23人，现在讲大学课程，感觉还可以，不觉得难。听他这样说，我们感觉心里踏实些了，因为别的家长说孩子不适应新班级、新教师，他不存在这些

衡中家长手记：
和儿子一起成长的衡中三年

问题，我们就放心了。

周六18点前有一段休息时间，儿子爱打电话，其实就是想放松一下，和家长说说话。这周孩子打电话说了学奥赛生物的情况，老师把他和两个女生作为重点培养对象，给他们定的目标是参加国际生物比赛。老师讲生物讲得很快，课上不停讲课，需要课下自己复习消化，现在讲的就是大学课程。因为课程紧，昭雨每天感觉很紧张，让我们给他找些生物方面的资料和课外书，要扩大知识面。

在新的班级，他没有当学委和体委，只担任生物科代表，问他不当体委了，跑操时在队伍里面习惯吗，他说一次就习惯了，感觉很好。

他说水果吃完了，我们约好周日中午给他送水果，想再给他买个汉堡，他也许是怕凉了，吃了身体不舒服，就不让买。我们就计划买一些海苔，让他和宿舍同学分着吃。

周日下午见到儿子，他的精神面貌不错，也没有瘦。我们给了他水果，怕耽误他吃饭，就让他马上去食堂了。孩子再次说老师对他期望很高，把他和两个女生定为培养对象，希望进省队、国家队。

儿子看起来高了、大了，其实他还是孩子，尤其是第一次离开家人独自求学，想家、恋家是很正常的。临放假前一天中午他打电话，急急地问我们是不是听到消息不放假了，我们说没有，会按时放假的，他才安心了，这也体现出他是想回家的。

他放假回家那天，我和他爷爷奶奶去参加婚礼，昭雨妈妈也在单位加班没有回家，所以中午往家里打了几次电话都没人接。他午休后14点又接着打电话，还是没人接。他就是想告诉我们，原计划16点放假，提前到15点了，怕我们去晚了。虽然没接到电话，但我们去得早，刚到5分钟，他就从校园里出来了。

3. 孩子放假在家的表现

冬季外套换的次数少，儿子只按时换了袜子和内裤，所以带回来的衣服很少。我们提前准备了好多水果，还有他爱吃的东西，给他改善伙食。

晚上他说玩会儿电脑，我们同意了，但要求他22点半睡觉，第二天早晨可以自然起。这两天孩子都睡到9点，中午也要睡两小时，好好地补觉。因为回去要三调考试，所以他抓紧看书学习，以化学、生物、语文、外语为主，多背诵，数学、物理多看错题。

也许是天冷，也许是放松，也许是吃得太好，也许是生活习惯被打乱，总之，每次回家他都有轻微的感冒，还有些咳嗽，等回学校过几天就会好。

问他奥赛班和实验班、普通班的区别，他感觉奥赛班不团结。对于他的这个感觉，我吃惊之余，也给他冷静分析：第一，奥赛班分数学、生物、信息技术三部分，本身就没有一个共同目标，就会感觉散；第二，奥赛班孩子都是出类拔萃的佼佼者，每人都有自己独特的一面，都有一股傲气，谁也不服谁，就会感觉独来独往；第三，奥赛班学生竞争激烈，都爱学习，所以用在其他方面的时间自然会少，也会造成不团结的表象。"但两年后，你们是最好的兄弟姐妹，会有一半的孩子走进清华、北大、上交、复旦等名校，这帮同学就是你一生的财富！同时，今后你们还要一起外出集训，在那些共同奋斗的岁月里，一起经历的人生里，你们慢慢会有深厚的友情！等到毕业时，你们是最舍不得分开的！所以，一定要克服这些暂时不好的感觉，去做最好的自己，帮助影响身边的同学，别人也会觉得你是最好的。"

他还说到奥赛班孩子下课爱玩爱闹，其实这也是正常的现象，因为上课太累了，需要课间换换脑子，为下堂课做准备。

这里又要说一句"心想事成"！因为他和年级第1名Y真的是同桌！昭雨班主任信老师和我很默契，让他俩同桌。Y是班级1号，昭雨是班级2号，宿舍里两个人还是上下铺的兄弟！昭雨也提到Y，说他学习很刻苦，我告诉他，在衡中学习好的都是最勤奋的学生。

儿子还积极参加体育活动，在学校组织的一次4000米跑步比赛中，他得了班级第3名，成绩很好。

他说在平时的作业和小测中，各科都不错，尤其生物和化学都在前面。另外不好的科目也是班级前20名，说明他学习踏实、成绩稳定。他们班是年级最厉害的班，考试年级40名内的，他们班占了20多个。

放假这两天，他把我整理的《衡中学习问答》和《过来人眼里的衡中》《每日新闻》都好好看了，我让他自己加以对照，以排解困惑、找到不足。

我还把从朋友处得来的消息告诉他，说找他的班主任信老师和生物奥赛于老师了解老师对他的看法。由于信老师一直出差没在学校，所以对孩子们印象都不深；于老师说了三点：一是他学习踏实认真；二是对他期望很高，要他树立更高目标，争取参加国际生物大赛；三是要他利用假期多读生物方面的书，扩大知识面。我还把他的班主任信金焕老师好好介绍了一番，夸她是全国三八红旗手、高考特别贡献者，还代表教师发言，太厉害了！让孩子对班主任有敬佩感和自豪感！

很多家长忽略了这一点，那就是亲其师信其道！我们家长要一心一意全力支持学校和老师，在我们心里，学校和老师就是最好的，从内心去佩服、去尊敬，这样传递给孩子的是正能量，他喜欢学校、喜欢老师，能不好好学习吗？相反，如果家长总是抱怨，总是给学校和老师挑毛病，传递给孩子的会是什么呢？他能用心去学习吗？这是我们家长最应该深刻反思的！

4. 本阶段总结

通过奥赛班的学习，感觉他更用心了，学习更有劲了。同时，生活上安排得很有条理，能很快适应新的生活。希望他能按部就班坚持下去就可以了。

答家长问1：怎么整理《每日新闻》

很多家长问我，《衡中学习问答》和《过来人眼里的衡中》以及《每日新闻》是什么。

《衡中学习问答》和《过来人眼里的衡中》是我从衡中贴吧等各个渠道找到并整理出来的；《每日新闻》是我每天给孩子整理的国内外重大新闻。等孩子每半个月放假回家，让他看看这些，边看我们边探讨。有一些是他在学校知道的，有一些是他不清楚的。关于一些社会热点问题，我们一起讨论，各抒己见，既增长了知识，也是我们之间一种很好的沟通方式。

我给儿子整理的《每日新闻》，其实就是每天看国内正规的大型网站，比如腾讯网和新浪网等，把觉得有意义的、重要的国内外新闻摘抄下来，保存在电脑里，放假后让孩子看看。原则是少而精。

答家长问2：如何对一调、二调成绩进行分析

一、对一调成绩如何分析

昭雨此次排名班级第1、系列第10、年级第13。分析前30名成绩如下。

1. 各班分布情况

东区：9名。

西区：402 班 3 名，403 班 3 名，405 班 8 名，407 班 1 名，408 班 3 名，409 班 3 名。404 班和 406 班没有。

结论：405 班实力雄厚，为优秀班级。

2. 总分对比分析

昭雨 966 分，第 1 名 988 分。

语文对比分：-4 分。

数学对比分：+5 分。

英语对比分：-4 分。

物理对比分：0 分。

化学对比分：+4 分。

生物对比分：-2 分。

政治对比分：-9 分。

历史对比分：-13 分。

地理对比分：+1 分。

3. 文理科对比分析

昭雨对比分：+29 分，第 1 名。

第 2 名对比分：+6 分。

第 3 名对比分：+18 分。

第 4 名对比分：+19 分。

第 5 名对比分：+14 分。

第 6 名对比分：+6 分。

4. 理科分数对比分析

昭雨对比分：705 分，第 3 名。

第 1 名对比分：715 分。

第 2 名对比分：706 分。

第 5 名对比分：704 分。

第 6 名对比分：701 分。

第 7 名对比分：701 分。

5. 文科分数对比分析

昭雨对比分：676 分，第 20 名。

第 1 名对比分：700 分。

6. 各科排名对比分析

语文对比分：昭雨 129 分，第 13 名；第 1 名 141 分。

数学对比分：昭雨 150 分，第 1 名；并列 1 人。

英语对比分：昭雨 136 分，第 25 名；第 1 名 145 分。

物理对比分：昭雨 120 分，第 1 名；并列 6 人。

化学对比分：昭雨 103 分，第 15 名；第 1 名 108 分。

生物对比分：昭雨 67 分，第 19 名；第 1 名 69 分。

差距对比分：语文 12 分，英语 9 分，化学 5 分，生物 2 分。

二、对二调成绩如何分析

昭雨此次排名班级第 1、系列第 4、年级第 5。分析前 30 名成绩如下。

1. 各班分布情况

东区：10 名。

西区：402 班 1 名，403 班 2 名，404 班 1 名，405 班 3 名，406 班 2 名，407 班 1 名，408 班 9 名，409 班 2 名。

结论：408 班实力雄厚，有 9 名学生，将近一半，为优秀班级；各班都有排入名次的学生，说明各班孩子水平是一样的，只是发挥问题。

2. 总分分析

昭雨 961 分，第 1 名 975 分。

语文对比分：+10 分。

数学对比分：−4 分。

英语对比分：+2 分。

物理对比分：−2 分。

化学对比分：−9 分。

生物对比分：−3 分。

政治对比分：+2 分。

历史对比分：−1 分。

地理对比分：−3 分。

结论：这次和第 1 名分差增大，主要是化学分数差距大。

3. 文理科分数对比分析

昭雨对比分：-2分，第5名。

第1名对比分：+4分。

第2名对比分：+3分。

第3名对比分：-1分。

第4名对比分：-1分。

4. 理科分数对比分析

昭雨对比分：第4名，685分。

第1名对比分：691分。

第2名对比分：688分。

第3名对比分：687分。

结论：分差在缩小，但后边学生分差变大。

5. 文科分数对比分析

昭雨对比分：第3名，687分。

第1名对比分：697分。

6. 各科排名对比分析

语文对比分：昭雨122分，并列第2名；第1名125分。

数学对比分：昭雨146分，第10名；第1名并列4人，150分。

英语对比分：昭雨143分，第3名；第1名148分。

物理对比分：昭雨112分，第4名；第1名114分。

化学对比分：昭雨98分，第30名；第1名108分。

生物对比分：昭雨64分，第21名；第1名并列7人，67分。

差距：语文3分，数学4分，英语5分，物理2分，化学10分，生物3分。这次化学分数差距较大，语文、英语、物理都在年级前5名。

7. 期中排名靠前的同学在二调排名上的变化分析

期中排名前10名的同学在二调排名变成50名内，前24名变成百名内，只有12名保持了24名的排名内。

8. 三次理科总排名

三次考试，文理分班。按三次理科成绩20%、40%、40%计算，昭雨成绩应排在年级第3名，第1名、第2名是Y和C。

衡中家长手记：
和儿子一起成长的衡中三年

1月2日－23日：三调考试

1. 本阶段要求和注意事项

针对奥赛班特点，要求他做一个谦虚、与人为善的人，要多帮助同学，克服自身的弱点，这样自己才是强者。因为返校后要三调考试，告诉他不要太看重名次，只要正常发挥就可以了。考试时要减少犯错误，错误少就会考得好，要以轻松心态应对考试。但考后要认真对待，分析自己错在哪里，是平时学习方法不当还是没重视，要找出具体原因并改正。

2. 孩子在校期间的表现

三调考试结束了，昭雨排名班级第1、年级第29，总分672分。年级第1名695分，昭雨主要是差在理化上了。他物理99分，110分的学生很多；他化学100分，大部分学生在105分以上。儿子成绩虽然有所退步，但也在我们预期范围之内，因为毕竟学奥赛要受些影响，现在还处于摸索阶段，所以专门打电话告诉他我们对成绩满意，希望他通过考试做好总结，找到前段时间学习方法的不足，并想办法去改进。

这次考试主要是物理发挥不好，一道大题是奥赛方面的题，他没去听，所以没有做对。当然这不是理由，没听的也有做对的，但一定程度上影响到他的名次。他们班真是厉害，班上30名同学排名年级150名内，60名同学排名年级300名内！

孩子的小感冒好了，其实就是放假生活规律被打破，不太适应，回去后就没事了。本计划两周放假，可学校没放假，带去吃的东西不多，所以周六给他送吃的。周六17点半到18点10分是整理内务时间，正好可以见到他说说话。

17点半见到他，看他没瘦，脸上还红扑扑的，很健康，问了他学习方面的一些事，他说觉得还可以，就是觉得奥赛生物好难，讲得很快。说了20分钟的话，怕他冷，就赶快让他拿东西回宿舍了。这次给他送了点水果和奶，给宿舍每个孩子都买了吃的。

衡中说好两周放假一次，但很少按时放假，这次又是三周放假，并且到了周五晚上孩子还不知道到底放不放，更不知道几点放，所以家里人周六上午一直等待放假的准确消息，幸好这次没变，15点孩子按时放假。

当然，我们家长也理解，到了冬季，由于天气的原因，比如下雪，还有一些全国性的会议需要在衡中召开，或多或少影响了按时放假。

我们本地家长还好一些，对于外地的家长，尤其对远道的家长来说，放假的不确定确实很麻烦，涉及买火车票、订宾馆和请假等好多问题。

3. 孩子放假在家的表现

每次放假，儿子都是早晨或中午把该带回家的东西准备好，提前放到教室里，下午放学直接冲出教室快速走到校门口，所以总是很早就出来，差不多都是前十名到校门口，今天又是三点过一刻就出来了。接到他后，去河东新华书店买了物理、化学参考书，然后回家。

一路上，听孩子介绍他们宿舍：12个孩子中，6个学数学奥赛，5个学信息技术奥赛，只有他学生物奥赛。其实学生物奥赛的24人里，男生不到一半。他们宿舍学信息技术的，有几个参加了奥赛考试得了省一和省二，所以说他们宿舍实力很强。他们班上次考试，平均分领先另一个奥赛班6分，领先实验班10分。所以说，在奥赛班，学生实力强大，学习氛围好，高考成绩自然就好，这是一生都宝贵的资源。

奥赛生物考过一次试，他的成绩位于中游。他平时用于奥赛生物的时间并不多，还是把学习精力用到数理化上。现在和Y同桌，上次两人都觉得考试不满意，所以两个人比着学，互相帮助，效果很好。

还有，给他带的零食，没想到最受欢迎的是一元一袋的方便面，宿舍同学竟然用6元的零食抢着跟他换着吃！孩子们好可爱，他们在一起很有意思，很开心。

和孩子谈话，一是强调奥赛班的优势，学习奥赛要能吃苦，从时间上和精力上都要付出更多，才能取得更好成绩；二是给孩子灌输班主任老师的教学有方和优秀，任课老师的配置最好；三是告诉他放假是为了休整，放松紧张生活，调节心理状态，回到家吃好喝好只是一部分，更重要的是心理调节，要把平时的一些不满和委屈尽情宣泄出来，然后轻装上阵，精神饱满投入下阶段的学习，所以和家长多沟通，心里想什么都告诉我们，这是很好的方法。当然，我们会尊重他的隐私，他觉得不想说的就不说。

他把我整理的《衡中学习问答》和《过来人眼里的衡中》都看完了。他边看《每日新闻》，我边给他讲解新闻背后的东西，让他扩大知识面。晚上在饭店吃饭，我也给他讲解当前一些国内国外形势，让他了解世界。

在外面吃完饭回家后，他玩了一个半小时电脑，然后看我们给他订的杂志。儿子22点多睡觉，早晨8点起来看书学习。午饭后他躺了40分钟，13点50分出发，到学校整理宿舍卫生和教室卫生。这一切都按他自己的计划进行。

关于放假，很多家长看不得孩子玩，总希望孩子吃饭、睡觉之外就是学习。其实，放假就是休闲的时间，孩子成绩好坏和他在学校的学习状态有直接关系。放假了，家长和孩子在家都高高兴兴，然后孩子开开心心回学校，这才是放假应该起的作用！也就是说，孩子在学校里很累、很辛苦，没有油了，需要放假时家长给加好油，再继续前行！

每次返校，我们都是提前把他送回学校，一是在家里多待一会儿也做不了什么，看他恋恋不舍、心神不定，还不如早点去学校，到了学校他就踏实了；二是早到学校，可以早点进入状态，做点自己该做的事。

4. 本阶段总结

他的心态越来越平和，学习劲头很足，生活安排得井井有条，步入了正轨。

答家长问：孩子有没有必要上奥赛

很多家长问我奥赛的选择问题，我给的建议是选择奥赛绝对不要功利，不要将其当作自招或者更好进入名校的捷径。选择奥赛的理由有三：一是要有浓厚的兴趣；二是有学习这科的天赋；三是要学有余力，不能因为奥赛耽误高考课程。一定要明白，上高中不是为了只学奥赛这一科，是为了取得优秀成绩考入好大学。千万不要昏了头！

所以，选择奥赛一定要慎重，不要听别人的，自己一定要有主意！因为通过奥赛进入清北名校的毕竟是少数人，多数人是绿叶，尽量不要去做分母！不要最后落个鸡飞蛋打！

有朋友统计了2018年衡中高考的奥赛生考取清华、北大的情况，附在下面供大家参考。

物奥：77人，清北25人（北大11人，清华14人）。

化奥：73人，清北21人（北大16人，清华5人）。

数奥：59人，清北9人（北大2人，清华7人）。

生奥：40人，清北8人（北大4人，清华4人）。

信奥：33人，清北4人（北大1人，清华3人）。

奥赛总人数：282人，清北67人（北大34人，清华33人）。

衡中家长手记：
和儿子一起成长的衡中三年

1月23日—2月8日：寒假

1. 本阶段要求和注意事项

与人为善，和同学搞好关系，尤其是同宿舍同学；在生活和学习上要多帮助外地孩子。再有半个月期末考试，要做好复习，以平常心态完成考试。如果放假后奥赛班安排学习，要正确对待，为了取得好成绩必须多付出。

2. 孩子在校期间的表现

这次孩子走后，心里一直很踏实，因为见他心态很好，状态也不错，所以这些天就真的把他放下了。孩子大概也是一样的心态吧。返校快一周了，我们没给孩子打电话，孩子也没有给我们打电话。

到了周六，17点50分孩子打来电话。其实孩子是没事的，也不知道说些什么，只是想听到大人的声音。从孩子的声音里，感觉到他很开心，完全是发自内心的开心，所以我在电话里告诉他，感觉到他发自内心的快乐了。他在电话那边笑了，很开心地笑了！

我问他生活还好吧，学习紧张吧，他说带的零食没怎么敢吃，怕上火，但水果按时吃了。他说学习还是很紧张的，下周四考试。

听到宿舍里很热闹，我让他和同学们去说话。周六的这段短暂时光，是孩子们最放松、最开心的时刻了，我希望还给孩子！

期末考试如期进行，知道他暗暗加劲，尤其是放假那天他还很专注地学习，可以看出他对上次考试成绩不满意。这次考完试要开家长会，他肯定想以更优异的成绩回报父母，所以我们对他的成绩还是放心的。

周六上午考完英语，18点成绩就出来了。昭雨班级第2名、年级第15名。比上次进步不小，符合我们预期，我们很满意。上两次成绩不好的化学、物理提分很快，这次化学是满分，他的努力有了回报。各科成绩没有弱项，可见，如果某科多下功夫，就会取得更好成绩。成绩稳定性还是很重要的。能一直保持在年级前30名的，只有C、Y、王昭雨、BY、GY五个孩子。

2月7日放寒假，但6日一直没接到电话，猜想是宿舍打电话的孩子太多，他让远路的同学们先打，所以就没时间给我们打电话了，反正他也知道我们会按时去接的。

7日上午开家长会,这是孩子上衡中以来第一次家长会。每位家长坐在自家孩子的座位上,孩子站在旁边,一起开家长会,班主任参加,这就是衡中家长会的模式。家长会分以下几部分。

(1) 班主任介绍各科老师

他们班老师配备是高一最佳的,班主任信金焕教语文,是全国三八红旗手;数学老师是全省最年轻的特级教师;物理老师是学校最权威的老师;生物老师是生物奥赛老师,所带的2009级学生取得了全国生物奥赛金奖;化学和英语虽然是年轻老师,但也是衡中的佼佼者。

(2) 光荣榜

介绍三好学生、优秀班干部、进步奖、连续两次进步奖。

(3) 孩子对爸妈说

班主任介绍孩子们半年来的生活,一路走过很不容易,酸甜苦辣尽在其中。每位家长收到孩子给爸妈写的一封信,同时《懂你》的歌声响起,此情此景,眼泪止不住流下来。

(4) 班上同学存在的问题

一是有回报父母之心,无刻苦自励之志。二是四多四少:知道得多,做得少;想得多,做得少;说得多,做得少;关注杂事多,关注学习少。三是努力程度不够。四是自制力差,缺少学习主动性。

(5) 提醒家长注意的问题

一是关注孩子成绩,更要关注孩子成长;二是相信自己孩子是最棒的,更要督促引导孩子成为最棒的;三是疼爱自己的孩子,更舍得锻炼自己的孩子;四是关爱自己的孩子,更要关爱自己孩子成长的集体;五是鼓励孩子为选择奥赛做无怨无悔的拼搏!

3. 孩子放假在家的表现

我们告诉他,对他的成绩满意,对他半年的表现满意。

8日中午,和信老师、于老师一起吃饭。信老师夸昭雨踏实肯学,尤其是有一次语文考试,他是班上唯一得满分的,语文得满分是很难的!她安排昭雨和Y一桌,是为了让他们一起竞争、一起进步。于老师说曾问过班级学习奥赛生物的学生有没有什么目标,只有昭雨很肯定、很有信心地回答有。她专门把一些生物书给了昭雨，要求昭雨假期多看多记，好好扩大知识面。我也告诉老师，我和孩子已经做好各种准备了，选择了奥赛就会义无反顾地走下去。

假期这些天，昭雨自己制订了详细的学习计划，3天就完成了老师布置的作业，然后开始看生物奥赛课件和课本。即使除夕和初一，他也没停止。快开学的前几天，他复习讲过的内容，准备开学后第一周的一调考试。开学前两天，他去张老师家里，预习了下学期数学。两天的时间，昭雨只是晚上回家睡觉，其余时间都在老师家里学习。

儿子不失时机地学习，哪怕春节在去他姥爷家拜年等客车的时候。当天有风，凉凉的，他仍然蹲在路边看书。我们看着孩子如此专心地学习，心里热热的，发自内心地佩服孩子的毅力，也为有这样的孩子而自豪！

春节期间，把儿子获得的奖状和喜报挂在房间里，炫耀一番，来拜年的朋友们都会赞不绝口，也算是对儿子的肯定和满足自己一点小小的虚荣心吧！

一晃两周的寒假过去了，又开始了新的学期。儿子满怀信心地开始了新的征程。

4. 本阶段总结

半年的衡中生活，我们看到了一个全新、成熟、完美的孩子。儿子初中养成的良好学习习惯得以发扬，成熟理性发挥得淋漓尽致，最出乎意料的是他的自理能力很强，能正确地处理各种事情，能很融洽地和老师同学们友好相处，这是最让我们欣慰的。

他的学习成绩也符合我们的预期，尤其是稳定性体现了他踏实的特点：一直位列年级前30名！全年级也只有5个孩子能做到这点！希望他在正确的道路上稳定快步地走下去！

2月21日—3月6日：物理成绩连续下降

1. 本阶段要求和注意事项

其实有些老生常谈了，还是要求他和同学们搞好关系，尤其是宿舍同学，要像兄弟一样真诚相待，多为别人着想，多去帮助别人。同时，要求他尊重老师，用崇拜的目光去看待每位老师。对一调考试，以平常心去对待。我们告诉他要有信心，这次肯定会考好，因为假期的付出一定会有回报的！

2. 孩子在校期间的表现

开学时，昭雨很平静，没有以前返校的恋恋不舍了，说明已适应了这种生活。

返校后，奥赛班学生和家长参加了在求真馆召开的奥赛动员报告会。首先由奥赛金奖获得者谈感想，随后，学校老师、领导谈学校对奥赛的重视和支持，给学生鼓劲，希望家长多支持，给孩子信心，共同让奥赛成绩再上新台阶。

一调周五下午考完了，22点多我们给孩子打电话，要他多穿衣服，顺便问他考得怎么样，他说成绩出来了，但时间到了，没有来得及说多少名就挂掉了。从他说话的语气，感觉成绩不是太理想。

23点40分，从网上查到孩子成绩：班级第6名、年级第33名。这次主要是物理考得不理想，94分，拉分较多，且他的强势科目语文和英语也没有发挥好，导致总成绩不理想。感觉他心里有压力，我们也很着急。

周六上午，请教了很多朋友，问物理该怎么办，有人说找班主任，有人说直接找物理老师，有人说通过别人找物理老师，有人说让孩子自己找物理老师，综合多方意见后，我采纳的是让孩子自己去找物理老师，说说自己的困惑，让老师帮助找找原因。我们暂时不找老师，由他自己处理这个问题。

中午他打来电话，我说成绩不错，我们满意，并给他分析：一是我们期望值有些盲目偏高。假期是学习了，但学的是奥赛生物，和这次考试无关，时间没用到这方面，开学前准备复习的时间又去听数学课了，物理、化学都没有复习，所以成绩这样是正常的。二是成绩真的不错。前50名甚至前100名都是优秀孩子，进衡中后的6次考试，能保持在前40名的只有5个孩子，这里面就包括他！稳定是最重要的！三是这次考试题偏难，分数普遍不高，年级前面的孩子分数也

衡中家长手记：
和儿子一起成长的衡中三年

不高，这是因为学校要先给孩子们一个下马威，打击一下假期后的浮躁，然后让孩子们认真去学习，无疑，学校的目的达到了。四是成绩不很好是因为物理有些分低，强势科目语文和英语的优势没发挥出来，这是特例，不证明没学好，更不证明哪科弱，这是很正常的情况。

我还告诉他，这次各科成绩都不错，只是物理成绩偏低，且连续三次考试物理都不是很理想，肯定存在一些问题，建议他找一下物理老师。

他说和物理老师约好了，周一下课后老师让他过去。他还说要一本去年高考的作文书，等放假回家看看。他妈妈说给他买一本物理讲解方面的书，周日中午给他送过去，让他平时多用些时间看看。这些话说完后，感觉孩子心情好多了。

周日是元宵节，天很冷，我们中午去衡中看他。主要是当面和他说说话，对缓解他的心情、减轻他的压力效果是最好的。

去之前，我还给他写了封信，鼓励孩子，给孩子自信，让孩子抛开杂念，放下包袱和压力，按自己的计划去学习，同时告诉他我们会一直在他身边陪着他，帮他克服一切困难，我们很爱他。

给孩子带了衣服和物理书，没有带吃的。我觉得带过去就凉了，还不如让孩子去食堂吃热热乎乎的。

昭雨下课已12点10分了，怕孩子在外边冷，我们就去门卫室说话。我和他妈妈告诉他不要把这次考试当回事，要保持好的心态，还告诉他班主任对他评价很高，说他智商高，而到了高中智力起的作用是很大的，老师对他期望很高。看他衣服穿得也不少，手也不冷，一直说到12点20分，让孩子去吃饭。看着他开心地走了，我们也放心了。

在校门口见到了信老师，和她说了几句话我们就回家了。一块石头落地了！

周末这两天，真的是为他付出了很多：为了把年级前40名成绩找到，周六一天我都在查询成绩，大概找了近200个同学成绩才找到，查询成绩的页面只能查3个学生，查完3个成绩后就要关掉所有网页，再打开重新去查询，这项工作做了一天，中午也没睡觉。

这就是我为孩子的一点一滴付出！我相信付出就会有回报！

关于努力的问题，有时候你努力了，成绩却退步了，只有两种可能性：第一，你努力了，是相对于自己而言努力了，其实你只用了七分力，而其他人用了八九分力，所以，你还是努力不够。第二，你确实努力了，也真的努力了！但冰冻三尺非一日之寒，需要一个量变到质变的过程！所以，不管暂时结果怎么样，坚持很重要！一分耕耘，零分收获；两分耕耘，零分收获；三分耕耘，零分收获……一直到十分耕耘，才会有很大的收获。

显然，昭雨这个寒假确实是努力了，但开学后没有考好，缘于假期看生物奥赛多一些，尤其物理复习得少，所以，要冷静分析，不能因为成绩不好，就简单粗暴地责怪孩子、埋怨孩子，这样对孩子是不公平的，也会引起孩子的反感！

3. 孩子放假在家的表现

回家路上，他告诉我们找物理老师了，老师说他基础知识不太扎实，让他多看看基础知识，另外考试时要先仔细审题，然后再做。他按老师的建议去做，这几次小测物理成绩很好。

这次孩子放假，周五晚上和周六中午他都没打电话，也不知道放假不放假。周六下午到衡中后，15点刚过，他就出来了，又是全校前10名。

他说之前都没有时间打电话，今天把东西收拾好，下课就马上出来了，走晚了学生会很多，下楼梯太拥挤，所以要早出来。我们到家才15点半。回家后休息一会儿，他就开始看书了。晚上我们去饭店吃饭。

这一周他感冒了，有些咳嗽上火，在学校他吃药了，还向以前的同学要了清热去瘟胶囊吃，回家时感冒基本痊愈，但去饭店吃饭时，他还是不吃辣的、咸的，只吃些清淡的，自己很注意。在家一直喝水。

孩子22点半睡觉，第二天早晨8点起床。9点去张老师家学物理，12点才回家。因为要带的东西不多，14点10分出发，到学校14点35分。我在路上告诉他，他同学L说他和Y是班里超厉害的，水平最高！我们通过这种方式给昭雨增加自信。

高一的孩子入学半年了，孩子和家长都已适应。返校后，孩子少了依依不舍，家长也不再流眼泪了。

孩子进校后，我和门卫师傅说话时，得知今天下午召开的优秀学生奖学金颁奖会，各个初中学校校长、各个赞助单位领导都应邀参加。在门口见到了昭雨第一个高中班主任陈芳老师，我和她打招呼，她竟然还知道我是昭雨的爸爸，真的很高兴！我一直在门口待到16点半才回家。其实，高中三年时间，我经常送完孩子和门卫师傅一起聊天说话，这成了我了解真实衡中的一个最好的窗口！

4. 本阶段总结

衡中家长手记：
和儿子一起成长的衡中三年

  一调考试不很理想，他能及时调整过来，暗暗用劲去学习，对于最不理想的物理，通过找老师总结，能很快追上来，说明他很会调节自己的心态；感冒了，能按时吃药，多喝水，并从饮食上注意，说明很会安排自己的生活。孩子一点点变得成熟了。

3月7日－20日：步入正轨

1. **本阶段要求和注意事项**

天气变化大，还是要他注意身体、多喝水。颁发优秀学生奖学金他是二等奖的第一个，要他正确去对待，对奖金看得淡一些，重要的是学习成绩。感觉他很看得开，对这事无所谓，但还是给他事先打预防针，以防心理不平衡，因为无论按这次考试还是以前历次考试，他都该是一等奖的，不知道学校是按什么标准定的。

2. **孩子在校期间的表现**

孩子走了一周了，周六17点半才打来电话。当时我们徒步衡水湖，是他奶奶在家里接的电话，昭雨说了几句话，又打了他妈妈的手机。正好我们环衡水湖回来，在外面吃饭。

他说老感觉学习时间紧，该学的太多。平时用在物理、数学上的时间较多，语文老师管得紧，也不敢不做语文作业，英语只是中午吃饭前看一看，奥赛生物也不敢放松，可也只有生物的时间可以挤一挤，所以觉得时间太紧了。

现在数学在讲数列部分，这是重点、难点，我们告诉他，每个孩子都会觉得难，寒假补的这部分数学也正好用上了。

因为学习紧，他一切正常，没心思去想别的事，一门心思用在学习上。这就是衡中希望学生做到的吧，达到心无旁骛、澄怀观道的境界！澄怀观道：澄，澄清；怀，胸怀；澄怀，静下心来，去除杂念；观道，悟出道理。就是让自己的意念变得非常清澄，没有一丝一毫的杂念，在这样的状态下才能体会山水中蕴含的自然之道。

3. **孩子放假在家的表现**

老师发的获奖通知上面是一等奖，要求家长给赞助企业的老总发信息，表示感谢。

下午带孩子去洗澡，回来的路上，问他在学校的情况，晚上是否出现过遗精，他说没有。我告诉他，如果有这些都是正常的，不要有心理压力，这是青春期正常的生理反应。很多家长对于孩子生理现象总是不好意思说，都什么年代了，还这么封建！食色，性也，大大方方地和孩子谈，尤其是女孩子的家长，更要注意这些。

半个月紧张的学习，昭雨在周末这天一直睡到早晨9点才醒，因为返校后的那周要进行奥赛生物小测，所以回家后他复习奥赛生物了。风特别大，这次接送都是坐公交车，车上大部分是衡中孩子，看着他们的校服，觉得很亲切。车上人不太多，大概20分钟就到学校了，坐公交车是一个不错的选择！

周日下午高二有成人礼，所以我趁机进了学校，观看戴成人帽、行成人礼仪式，觉得衡中很多事都做得很到位，真的是人文关怀。

4. 本阶段总结

一切都趋于正常，所以觉得也没有什么可说、可嘱咐的了，只希望他按部就班学习、生活就可以了。

关于日常生活，每次我们说得最多的就是多喝水、要吃水果，虽然是老生常谈，但很多孩子生病都是因为喝水少，尤其春天干燥，喝水少容易上火，就会感冒。还有吃水果，多数时候还是要以苹果为主，但春秋适合吃一些梨，可以生津止渴、润肺化痰。他大便干燥时，我们就给他带一些香蕉吃。他也比较听话，水杯经常不离手，问老师问题时，他也会端着水杯。其他同学问问题，他在旁边听着，也会不失时机地喝水。

水果也是每天吃一个。他晚上回到宿舍第一件事就是吃水果，经常是边打电话边吃水果，电话这头我们总会听到他咯吱咯吱吃苹果的声音。

儿子能很好地安排自己的起居生活，注意身体健康，这是我们最感欣慰的。

3月21日—4月3日：期中失利

1. 本阶段要求和注意事项

马上迎来奥赛和期中考试，告诉儿子以一颗平常心去对待，只要努力了就可以！天气变化较大，要注意加减衣服，身体健康最重要。

2. 孩子在校期间的表现

3月25日，昭雨初中母校七中的初三学生去衡中参观，我也跟着去体验，主要是为了看看孩子们跑课间操。在校门口，我见到了七中的老师，觉得好亲切！

刚进入校园，正赶上学生下课，普通班的孩子站在窗户前向外看，但奥赛班的孩子没有观望的。孩子们站队跑操前，都拿着书在背，昭雨没有注意我，其他同学告诉他时他才看到我，我示意让他继续背书。

衡中的跑操堪称衡中一景，是衡中素质教育和衡中文化的组成部分！高中三年，每天早晨5点45分、上午10点10分，这是固定的跑操时间（天气原因除外）！学生一排排地站好，保持紧凑的队形，跑起来步调一致，每个人不能太快也不能太慢，需配合默契，否则会乱了队形，导致摔倒！衡中跑操体现了孩子们的自律性和团结性，更体现了一个班级的凝聚力！孩子上了清华后，体育一直很好，完全得益于衡中三年的跑操，他的自律、团结和团队意识，也归功于衡中跑操的锻炼。

跑操结束，昭雨找到他初中的班主任田老师，和老师说话。毕业于七中的其他孩子也过来，把老师围在中间，有的女生激动得哭了。田老师看着这些学生，很高兴，鼓励他们好好学习。此情此景，让人感动！

周六等他电话，没有打过来。但周日中午昭雨打电话了，让给他送数学书，说18点20分去门口拿。17点40分我们就到了，门卫师傅告诉我一会儿进校园吧，还可以在食堂陪孩子吃饭，我们很高兴。

等孩子的时候，见到了上届已保送的邢台学生的家长，向他了解了孩子一些情况。他说孩子成绩最好时十多名，最差时考过600多名，一般在50名到100名之间。还说学奥赛是没有错的，多了好几次机会，另外学习奥赛并不会影响其他学习，占用的时间都能补回来。听到这些，我们对昭雨学奥赛更有信心了！

衡中家长手记：
和儿子一起成长的衡中三年

在校园里见到昭雨，他很惊奇我们进了校园，我们说陪他吃饭，他说别去了，怕巡查老师看到，也怕同学说搞特殊。

看他有些感冒，他说上火了，只是有点打喷嚏，吃点药就可以了。给他带了两个汉堡，他只要了一个。他奥赛生物考试不理想，错了50道小题，我们告诉他别在意这些，因为学得太多，考试的内容不可能都会做，认真去学就可以了。下周就要期中考试了，认真复习。

本来想陪孩子吃饭，好好和孩子说说话，但孩子不愿意，我们也只好作罢回家！分析原因：一是他不想打乱自己的计划和安排；二是确实怕学校检查看到；三是不想在同学中张扬；四是怕班级老师看到我们认为他搞特殊，不能自理，离不开家长。

孩子的思想已很成熟，现在已完全适应了衡中生活，融入其中，想自己去独立完成学业，不想依赖家长，证明自己已经是大人，完全有能力去做好这一切！

为孩子的成熟、长大而自豪，也为自己老想尽量去关心孩子担心孩子还小而惭愧！一定要克服想孩子、离不开孩子的思想，放手让他自由飞翔！

这周期中考试，平时他学习很紧张，感觉成绩会不错，周五吃饭后还蛮有信心以为他会在20名之前，可22点他打电话说考糟了，尤其物理最糟，才考了74分，感觉到他心情不好。成绩出来后，名次为94名！确实出乎意料！儿子语文107分、英语132分，这两个强势学科，也没有发挥出水平，只有数学141分和化学108分还算不错。物理连续三次都不理想，一次比一次下滑，尤其这次，更让人放心不下。

心情郁闷，也想着怎么能帮他提高物理成绩，一晚上都没睡好。

第二天和他妈妈商量找同事的爱人张老师，暑假他给儿子补的物理很不错，于是打电话，约下午、晚上、第二天上午三个时间段，看哪个时间段带孩子过去。中午张老师回话，说下午有时间，在家等孩子过去。因为13点半开家长会，我们12点40分就到衡中了。

为了节省时间，昭雨妈妈去莘元馆开家长培训会，我在14点和昭雨一起找物理尹老师了解情况。尹老师说，昭雨在老师心目中是善于思考的孩子，能力很强，物理是因为老有压力，导致不能正常发挥，尤其这次物理很难，影响了成绩，以后放平心态，成绩一定没问题，还说要把数学的方法用到物理上，两科是相通的！尹老师说得很有道理，昭雨一一记在心上。

回到教室快 15 点了，还没有开家长会，于是临时决定，她开家长会，我带孩子先走，去张老师那里补物理课。打车去了张老师那里，补了一个多小时物理，主要讲解刚考的试卷。他说昭雨思路和知识点上一点问题都没有，只是做题不熟练，考试时占用时间过多，影响速度，造成紧张出错了。所以，以后要多做题，提高熟练程度，增强自信心。

坐公交车到家已经 17 点多了，真的觉得累了。在张老师家时，坐着我都睡着了。

路上我对他说，从两个老师的分析看，你的物理能力确实是没问题的，学习方法也没问题，就是给它的时间有些少。做题太少导致不熟练，下面要给物理多挤些时间。好好坚持，不在乎这一次成绩，也不在乎下一次成绩，只要真的努力了，物理成绩就一定会上来的。

3. 孩子放假在家的表现

因为他感冒一直没太好，还有考试不太理想，所以回家后主要让他放松和休息。

找老师补课以后，他心情也好了，晚上还给邻居上初三的孩子讲了课，其实就是在一起聊一聊，让邻居孩子放松心情去迎接中考。

第二天上午昭雨看了会儿奥赛生物，心情已调节好了。下午坐公交送他返校。

4. 本阶段总结

本以为一切正常了，孩子在正确轨道上前进，很放心，没想到成绩出现了滑坡。其实，这是正常的，不经历风雨怎么见彩虹？任何人的一生都不会是一帆风顺的，总会遇到困难和挫折，在不断战胜困难的过程中，人才会慢慢地成熟长大。希望他能好好调节自己，重拾信心，步入正轨！

衡中家长手记：
和儿子一起成长的衡中三年

4月4日－17日：远足

1. 本阶段要求和注意事项

天气越来越热了，要及时增减衣服；学习上要多看生物奥赛，还要多给语文和英语一些时间。

2. 孩子在校期间的表现

一个周四的早晨，6点40分左右，家里固定电话响了，是信老师！当时我心里很紧张，老师这样早打电话是不是昭雨有什么事？

老师说这周六远足，让我作为家长代表给孩子们做誓师动员报告，还让我给孩子录像。如果能走下来，希望我跟410班一起远足，她代表班级邀请我。我信心十足地一一答应了：做动员报告不在话下；上月才完成了环衡水湖徒步行；没有录像机我可以去借！

上午找了好多人，终于借到了录像机，并写好动员报告稿发给信老师。周五开始学习如何使用录像机，并把衣服、鞋子等一切准备好。

4月17日周六早晨6点到了衡中，在校吃了早饭。6点40分参加远足誓师动员大会，我作为家长代表给同学们做了动员报告。7点10分，跟随队伍开始远足，我给孩子们全程录像，记录下他们的点点滴滴。

路上和信老师一起走，我们交流了很多，关于一些教育理念，还有昭雨的一些情况。她说昭雨很内向，参加活动不太多。我说他就是这样的，偏内向一些，在初中时，班主任就刻意让他当班长，多给他锻炼机会，希望信老师多给他参与机会。英语老师苏老师也跟着一起远足，她说昭雨很踏实、很认真，是最让人放心的孩子。同行的还有高三的几个奥赛保送生，和他们一路交流学习奥赛的经验和方法，受益匪浅。同行的家长也有一些，但全程走下来的很少。

16点左右，胜利返回学校。信老师希望我周日晚上参加410班班会，给孩子们加油鼓劲，我答应了。

3. 孩子放假在家的表现

远足回校后，把孩子接回家。周六一天下来，因为跑前跑后给孩子们录像，我是真觉得累了，但昭雨说他不累。吃完晚饭后，我就早早睡觉了。

到了周日还感觉很累，下午给他写了远足实践报告。因为信老师18点坐火车去杭州开会，让我和苏老师联系班会的事，苏老师说她没有开过班会，让我帮她想想怎么开班会，于是我又做了开班会的设想和构思。

18点把昭雨送回学校，然后等苏老师。19点多苏老师和我还有班长J在办公室一起做班会的准备，基本按照我的思路，主题是"路在脚下"，分"远足风采""远足之星""心心交流""苏兰寄语"四个部分。班长21点去教室，然后我和苏老师去教室。

当我刚到教室门口时，里面响起热烈的掌声，声音响亮，经久不息！这是我40年来受到的最热烈的欢迎！我很受感动，给孩子们深深鞠了一躬。

"心心交流"是我的节目，我深情地对孩子们说了"佩服""关注""希望"6个字！佩服他们坚强地完成远足，佩服信老师和苏老师坚持走完全程，更佩服410班每次成绩的优秀！关注410班、关注衡中的变化、关注每个孩子和老师，你们不是孤单的，在你们身边有很多很多人关心着你们！因为佩服和关注，所以对你们寄予很高的希望，希望你们把这次远足不怕苦、不怕累的顽强拼搏精神用在学习上，最后都能走进清华、北大的殿堂！

班会要结束时，苏老师拿出信老师出差前写给孩子们的信，孩子们很感动，掌声不断！

4. 本阶段总结

远足：①我和信老师、苏老师交流很多，她们对昭雨有了更深的了解。②和几个奥赛保送生交谈奥赛的学习，受益匪浅。③衡中对我有了一定的了解，以后会有机会多多参与类似活动，帮助学校、帮助班级、帮助孩子。

昭雨：昭雨学习很稳定，情绪和劲头都很好，远足也证明了他的身体一样很棒。儿子到家后，自己按计划看奥赛生物，一切井井有条。

附1：信老师写给远足后的410

410的孩子们：

当你们开班会的时候，我早已坐上了开往杭州的火车，非常遗憾这个远足后的特殊班会不能和你们一起度过，所幸苏兰老师和昭雨爸爸能够和你们共同分享远足的收获！我相信每位同学本次远足的收获将终生难忘、受益终生。我很为拥有你们这一批孩子而感到骄傲!

翠微,你的脚磨了两个大大的血泡,回来后你满含泪水的眼睛告诉我你很难受!但老师告诉你,在老师眼里你是最坚强的!

尤龙,说实话,去的时候,看着白白胖胖的你,老师甚至怀疑你能否坚持下来,但是回来的路上,你让整个410斗志昂扬、充满力量!

建鹏,回来的时候你已经很累了,但你跑回去捡拾垃圾的那一刻让老师为你动容,只可惜老师没能用相机抓住那精彩的瞬间!

小雷,你的嗓子真够雷人的,一直雷到最后,一点不比常宇差!

子悦、博阳,回来时你们都吐了,但你们不喊苦、不叫累,勇敢地坚持了下来,你们是410全体同学的优秀代表!

克嘉,一直在闹肚子的你去的时候就在坚持,回来的时候却在不停地照顾着大家;还有乔石、王卓、建鹏、鹤松、冯悦,你们是410的班干部,也是410挺起的脊梁!

还有很多很多发生在410远足中的动人故事,说也说不完。但是,老师最想告诉你们的是:远足不仅是一项活动,它更是彰显了410这支王者之师灵魂的一次战斗。我希望你们不要随着远足的远去、时光的流逝而忘记,而要在以后的学习生活中,让410灵魂的旗帜高高飘扬在衡中的上空!

最后,感谢昭雨的爸爸,还有文思的妈妈、异凡的爸爸,因为你们这些家长的支持,410这个大家庭才能如此强大!

老班

2010年4月18日

附2:作为家长代表的动员报告

真金不怕火炼,远足方显本色

老师们、同学们:

在这春暖花开、绿草青青的季节,我们盼望已久的八十华里远足活动就要开始了,我和同学们一样,心情非常激动。作为家长代表,我感谢学校给同学们提供了一次锻炼体魄、磨炼意志的远足机会，让我们以热烈的掌声对领导和老师表示衷心的感谢！

这次远足，是对同学们身体素质的挑战，更是对毅力和意志的挑战。"千里之行，始于足下。"当年，英勇的红军战士爬雪山、过草地，创造了举世闻名的二万五千里长征。2008年汶川大地震，山体滑坡，道路堵塞，从成都到汶川，漫漫600里长路，英勇的战士们一口气走了下来。今天，热情的同学们雄赳赳、气昂昂远足八十华里，我们要以革命先辈和英勇战士为榜样，发扬不怕苦、不怕累的精神，远足出我们衡水中学莘莘学子的"一路风景"！

这次远足，是对同学们团结协作精神的挑战。远足活动是一项集体协作活动，要有高度的组织纪律性和团队合作性。我们要有集体意识，一切行动听指挥，按照学校规定的时间、线路活动；更要发挥团结合作、互助友爱的团队精神，互帮互助、互相勉励，共同完成远足任务。

这次远足，是对同学们环保意识的检验。今天我们走进大自然，感受大自然的美好风光，我们要树立绿色环保意识，争做环保卫士，不乱扔垃圾，将果皮、废纸、饮料瓶等装入塑料袋带回学校统一处理。

没有比脚更长的路，没有比人更高的山。同学们激昂的斗志和饱满的精神告诉我：你们一定会成功，一定能成功！

同学们，路在脚下，让我们远足，朝着我们的目的地出发！

410班王昭雨家长　王庆忠
2010年4月17日

附3：作为家长的远足感想

路在脚下
——参加衡中远足活动有感

4月17日，作为家长代表，我有幸参加了衡水中学"第十三届八十华里远足"活动，为同学们做远足前动员报告，全程陪同同学们远足，并参加了远足主题班会。融入孩子班级的一天，让我感悟很深、受益匪浅。

通过远足，我为同学们不怕吃苦、坚持到底的精神所感动。八十华里的行程，对同学们是一个很大的挑战。但自始至终没有一个同学叫苦叫累，都靠自己的脚板走完全程，令人佩服。同学们明白路就在脚下，只要坚持不懈地努力，困难就会一点一点被克服，成功就在坚持奋斗的大路上。成功来自苦难，贵在坚持，只有持之以恒，方能水滴石穿。好的体力与体育课上的认真锻炼不无关系，更与同学们的坚强意志分不开。我为同学们不怕苦、不怕累的精神所感动！

通过远足，我为同学们的环保意识所感动。这次远足活动的目的之一是倡导绿色生活、宣传环保。四月春暖花开、麦苗青青，同学们看到了鸟巢，听到了鸟鸣，看到了沿途投来的羡慕目光，大家的口号喊得最响亮，愉快的歌声随风飘荡。远足途中同学们不忘环保，一边走一边捡拾着路边的垃圾，离开休营地时更是精心收拾卫生，一个个如绿色使者。看到同学们手提垃圾袋不停捡拾垃圾，我感觉特别舒心。

通过远足，我为同学们的团结协作精神所感动。同学们以宿舍为集体，大家将食物互相分着食用，争着抢着为班级举旗，争着抢着为劳累的同学背包，争着抢着搀扶身体不适的同学，一路行走、一路高歌、一路行走、一路口号，互相鼓励、互相帮助，体现出了良好的团队精神。当我给老师和同学们一起拍全家福时，闪光灯一闪的那一刻，我感觉到凝结了他们的心和爱。

善于奋飞的人，天上有路！敢于攀登的人，山中有路！勇于远航的人，海里有路！不甘心的人，心中有路！如果说远足是一次生命的体验，那么生命就是一次永恒的远足。

经过这次远足，我相信，在以后的人生道路上，孩子们会走得更加坚定，我也会努力拼搏、勤奋工作，以取得更大进步！

410 班王昭雨家长　王庆忠
2010 年 4 月 17 日

答家长问：衡中八十华里远足有必要吗

1. 远足活动简介

衡水中学八十华里远足活动，是衡水中学传统的特色德育活动，是全面素质教育的重要组成部分。活动旨在对学生进行爱国主义、集体主义、环保和励志教育，培养学生的爱国意识、环保意识、集体意识和顽强拼搏精神，促进学生德智体美全面发展，给学生以终生难忘的教育。

衡水中学举办远足活动已经有21年了，在活动中也曾出现过学生身体不适等危险情况。但是，学校从来没有因为个别而放弃整体，从来没有因为有学生晕倒会造成安全事故而取消远足活动，而是从活动的源头上进行改善，在完善活动方案上狠下功夫。

学校为活动做了非常周密的安排，制订了各种预案，提前一个月进行筹备，细致入微地考虑到每一个细节，比如，维护、修整远足道路中的坑洼和坡道，搭建临时厕所并及时回填，在宿营地清理玻璃碎片，等等。

人员组织上，除高一年级200余名教师全部参与，学校所有能参与的职工和领导都投身其中，各司其职。

同时，这项活动也得到了市里相关部门的大力支持！

两家医院派来了急救车和医务人员，交管部门派了40多名交警协助维持交通秩序。在队伍穿越106国道时，交警临时封闭道路戒严半小时，以保证学生安全通过。

学生安全是第一位的！基本上全国大部分学校不会组织这样的活动，因为吃力不讨好，关键是怕出事，但现在的孩子们最缺乏的就是这类锻炼。看看日本幼儿园的孩子，大冬天赤膊站在河水里，父母就在旁边鼓励，如果在我们国家，学校估计早被家长告了。

所以，为了所谓的安全，为了不出事，为了不担责任，绝大多数学校都已经取消了春游、远足等活动，就连体育课和运动会上风险稍高的项目也都取消了。

在这样的情况下，衡水中学能够坚持组织这样的活动，难能可贵，并且经受住了考验。

组织大型活动当然有风险，但有风险还继续坚持，正说明了学校的责任与担当；有风险还坚持组织了21年，共计5万余名学生参与其中，没有出过任何安全问题，正说明了学校组织的科学与严谨。

这是坚定地把素质教育放在第一位的学校才能做出的举措，这是全面贯彻以学生为本的教育理念的学校才能做出的举动。

2. 学生感言

衡中家长手记：
和儿子一起成长的衡中三年

（1）八十华里远足已被我们踩在脚下，从中我对坚持的内涵的理解又深了一层。远足前我曾担心自己不能走完全程，可事实是，我坚持下来了！坚持其实很简单，最重要的是心灵上的支撑与坚持！"八千里路云与月"，只要坚持就会成功。远足我都坚持了下来，那么学习上的小问题又有什么不可战胜的呢？在远足中，我不仅感受到了同学之间的团结与友谊，更感受到了生活的美好。过马路时，有交警叔叔为我们的安全保驾护航，我们是否也该表达一些敬意与感激呢？"红军不怕远征难，万水千山只等闲"，我们既无万水千山，又无处境的窘迫，我们没有理由放弃，必须全力风雨兼程。远足中，我学到的不仅是坚持，更有耐力；学到的不仅是团结友爱，更有书本上学不来的知识。

（2）八十华里远足，让我体验到成功的幸福，感受到了坚持的力量，体会到了团结的可贵。步步脚印，踩出了我们坚毅的品格；滴滴汗水，淌出了我们坚定的信念。我想，今后没有什么可以阻挡我们前进的步伐。

（3）远足，让我真正明白了没有比脚更长的路，没有比人更高的山。我将在今后的学习中，发扬远足精神，为中华崛起而读书。

（4）远足，是对毅力的挑战，是对体能的考验，是自我的抗争，是与极限的角逐。风雨洗礼之后，我会更顽强；荆棘磨砺之后，我会更执着。

4月18日－30日：学习遇瓶颈

1. 本阶段要求和注意事项

天气逐渐变热，及时减少衣服；不要上火，学习按部就班，合理安排各科时间。

2. 孩子在校期间的表现

周一、周二两天，赶着编辑录像、刻盘，去电视台找人，去单位信息技术部找人，学习剪辑刻录，利用两天时间做完远足活动的剪辑，晚上去衡中把光盘给苏老师。完成任务，长舒一口气！

和苏老师说起昭雨，她说昭雨很单纯，说他单纯的样子很可爱，喜欢一心用在学习上。

回家的路上，遇到东区一个家长，他孩子原来在410班，后转到东区。了解到东区厉害的原因了：一是老师抓得紧，因为只有两个实验班，好管理；二是东区孩子家庭条件都不太好，生源却不差，爱学习，学习气氛好。从中领悟到，昭雨学习压力不小，但转变成的动力不足。找到他学习成绩下滑的问题所在了！

周日他打电话说生物学起来很难，其他科也不易，所以时间不好挤。我要求他尽量挤时间，不要急。难，对每个人都是一样的。后来问L妈妈，她说L打了半小时电话，也是说现在数学、生物、物理都难。

周五中午，昭雨打电话问这周是否放假，他们班每次放假老师都不事先说，要等到周六上完课才说放假。老师是怕影响孩子学习吧。

30日14点接他回家。路上遇到他曾经407班的一个同学，背着、抱着好多东西。昭雨和他说话，却不知道帮人家，经我提醒才去帮着拿东西。

现在他习惯坐公交车了。

3. 孩子放假在家的表现

回家后吃点东西，他便开始玩电脑。后来我和他说了东西区成绩优劣的原因，还有他们班现在的学习现状，他都认可。我告诉他，只要努力，就可以在班级考到前几名。回去就二调考试，要求他考到年级前几十名、班级前几名，并让他做班里最用功的人，要进一步提高自己的学习效率，单位时间要有更好的学习效果，也算是给他的压力吧。

我还给他讲，我积极参与学校活动，其实一切都是为了他——当老师认可我后，会更加关注他。

我们每个家长都希望老师多关注孩子，这样的想法和要求没有错，但班级有70个孩子，老师也希望都关注到，但精力是达不到的！所以，我们家长多给班级做事，分担老师的一些担子，让老师更有精力管理班级，这是家长应该做的！做事，包括出钱、出力、出时间，而不是只在群里每天说说漂亮话，尤其是说几句赞美老师的话！

因为返校后要二调考试，所以放假这两天他基本都在复习。两天时间在家，打破学校的规律，儿子又有些上火，临走时还在吃去火药。我告诉他，不要担心，返校考完试后就会好的，不要在意。他妈妈说孩子上火，是我给的压力太大，其实不是，我也给他减压了。我对他这次的要求并不高，只是让他恢复到正常水平，他只要考试时正常发挥就能达到目标。

4. **本阶段总结**

这段时间数学学立体几何、物理学电磁、生物学遗传，都是难点和重点，所以孩子们都感觉好难，他能调整好心态咬牙坚持下来即可。

5月2日－15日：二调考试再次失利

1. 本阶段要求和注意事项

二调考试要求在年级前几十名、班级前几名，恢复到正常水平。要求他更要抓紧时间，做班上最用功的人，同时还要提高学习效率。

2. 孩子在校期间的表现

二调考试结束了，总觉得这次成绩应该会上来的。周二晚上一直等到24点分数也没出来，第二天早晨才看到昭雨成绩，竟然是第89名！我一下子愣了，太出乎意料了！

期望越高失望越大！都开始怀疑自己、怀疑孩子了，会不会就此沉沦下去？会不会一蹶不振？我该怎样去面对现实，怎样去教育别的孩子呢？！一天的时间都心神不定，我不知道该怎么办！

朋友劝我，这次考试还是对以前知识的检验，孩子刚刚知道怎么去做，还没有去实施，需要给孩子时间，所以不要着急，要相信孩子！

在孩子成长的过程中，会遇到各种各样的问题，不可能一帆风顺，总是要在曲曲折折中前进！我有些明白了，但怕孩子承受不了，于是给信老师发信息，说昭雨这两次考试不理想，是不是学习方法、学习态度和学习效率有问题，问平时有哪些情况需要改进。信老师回信息说多了解了解，然后帮他分析。

儿子来电话说他并不觉得成绩如何，数学因为一道10分的题不应该出错，太大意给算错了，所以造成名次不理想，觉得心里也没有什么，很平常。

没想到他如此看得开，比我强多了，这真是皇上不急太监急啊！孩子没什么问题，我心里也踏实了许多，但愿他真的做到心里淡然，好好努力学习！

这次考试，七中其他孩子有的考得不错！想一想，衡中孩子水平差不多，不可能自己孩子总在前面，其他孩子努力了，一样取得好成绩！没有哪个孩子、哪个家长会甘心落后的，包括我和孩子，所以成绩出现起伏很正常的。班里其他孩子也有和昭雨一样发挥不好的，情绪不好，开始怀疑自己，信心缺失，压力很大，至少昭雨没有像他们那样，能够正确对待，这已经让我很欣慰了。

周日是衡中开放日，本来想去，可觉得孩子不太喜欢我们老去学校，所以便忍着没有去，不想让他不高兴。

中午孩子打来电话，说母亲节祝妈妈快乐。孩子真的懂事了！其实孩子能好好做人，有感恩心，这比什么都重要。

周六全校开学星评选大会，14点半开完会，家长开始接孩子。本来J说好这周和他一起回来，但感冒发烧了，不能来了。回家在车上给J妈妈打电话，问孩子身体怎么样了，告诉她孩子有什么事直接找我。

3. 孩子放假在家的表现

晚上带孩子出去吃饭了，其实吃什么并不重要，主要是想给孩子换个环境，放松一下。

因为周日返校后，下午要考生物奥赛，所以他回家主要看生物奥赛。他说信老师找他了，还一起找了好几个孩子，都是学号在班级前10名但这次考得不理想的，信老师说班级这次考得不好，都是因为你们几个发挥得不理想，指出他们几个浮躁、不刻苦、努力不够，要求今后要多努力。信老师做得真好，她没有只找昭雨，而是找了好几个孩子，这样昭雨便不会压力很大。

我问昭雨，这次考试时有压力吗？他说没有，主要是数学一个10分题根本不该出错，还有生物有好几道题也不该出错，还说他这次物理考得很好，心里很满足！我马上说，物理考好最重要，走出了这个魔咒，以后会一片阳光！

真的没想到他心理素质这样棒！能很好地把握自己的情绪，能很好地释放自己的压力，能正确认识到自己，知道自己最该解决的是物理的心魔，这次成功解决，真的不易！但我也提醒他，不该出错的题出错了，更不可饶恕，那就是不会，至少是平时练得少。所以这样的题，要当作不会的题目，必须多练几次，熟练了自然就不会出错。他点头认可。我还告诉他，J主动说到咱家来，是因为他把你当作了哥们，要好好珍惜！他是班长，在班里要多维护他，要让他感觉到你对他最好！Z也不错，要和他很好地相处！Y、J、Z，应该是宿舍里你最好的三个哥们！

4. 本阶段总结

信老师找孩子谈话了，心里很欣慰；昭雨能正确认识自己，没有背负很大的压力，心里更欣慰！

孩子成绩出现起伏，最忌讳的是家长不分青红皂白训斥一顿。家长难过，孩子更难过，孩子需要的是理解和安慰，需要的是帮助和支持，而不是指责和埋怨。家长的指责和埋怨是在孩子伤口上撒盐，他能对你有好脾气吗？所以说，我们家长别总怪孩子不懂事，是我们处理问题的方式过于简单、不理性导致的，该反思的是我们家长自己！

附：写给儿子的信

又一次月考结束了！也许成绩不如你所愿，没有和你的付出成正比，儿子，可我要告诉你：你已尽力了，也取得了进步，你在一步步迈着坚实的步伐向目标前进！这是最重要的，也是爸爸最欣慰的！

儿子，爸爸与你朝夕相处的十几年里，一天天看着你长大，我们是父子，更是朋友。我明白你很坚强，为了不让我们担心，每次回家你都说在学校一切很好，总是把所有问题自己一个人扛；我更明白为了学业你付出了多少努力，也明白在付出了很多努力后，不进反退的挫败感是多么刺痛；我还明白为了实现自己的梦想，你所承受的压力有多大！

儿子，我知道你承受着难以形容的压力——每天作业涂卡读成绩，每周周测总成绩排名，每次月考总成绩排名，单科成绩排名，进步退步幅度排名，还有同样重要的生物奥赛学习……每次的成绩，总会有不尽如人意之处，迷茫，困惑，泪水，委屈，多种情感交织的滋味是很难受的，但这也同样铸就了你的坚强！

从走进衡中校门的那一天，我们心里就清楚，到这里来，要的是什么，为的是什么。衡中的校训是"追求卓越"，这一样是你的追求，要一直向心中的目标一步步迈进！

儿子，放下包袱，轻装上阵，拿出你的自信，我们曾经辉煌过，那证明我们有实力，暂时的挫折，是我们奋进的动力！逆境是人杰的摇篮，磨难是成功的良伴，挫折是英才的乳汁，悲痛是奏凯的琴键，这些战斗性的话语会激励着你，在逆境中扬帆起航、迎难而上！

路漫漫其修远兮，吾将上下而求索！正如你们的口号：410当自强，争第一创辉煌！

你的爸爸
5月5日

衡中家长手记：
和儿子一起成长的衡中三年

5月16日—6月4日：成绩到谷底

1. **本阶段要求和注意事项**

马上生物奥赛考试，不要太看重成绩，主要看自己掌握了多少知识。以最好的状态投入学习，迎接本学年的最后20天！

2. **孩子在校期间的表现**

这次孩子回来，问他我去应聘衡中客座讲师可以吗，他说可以，于是我下午给信老师发信息说应聘衡中客座讲师的事，主要讲中学生心理健康教育，她回信说当然可以，并感谢支持。我这样做，就是为学校做些力所能及的事，也算是为学校做点贡献吧！

孩子感觉生物考得还可以，植物最好，其次为动物。因为要期末考试，学习紧张，他没再给家里打电话。

我在衡水市家庭教育公益大讲堂讲课，其中一条是如何正确对待分数和名次，讲的就是自己遇到的真实事情，所以对孩子这次期末考试，心态很好。考试时都没有去关心，考完也不急于查成绩。

后来孩子打电话说考糟了，感觉很郁闷。当看到儿子名次是106时，我只是觉得不理想但能忍受，心里很平静，但是他妈妈接受不了这个结果，担心儿子以后怎么办。我对她说，如果你心态调整不好，就不要和孩子说这事，你可以选择沉默，一切由我来和孩子沟通。

放这种长假是最麻烦的，因为返校后换宿舍，所有东西都要拿回来，还要帮着J把东西拿回来。去接孩子的人好多，一般每家都是两个人。校园里人山人海的，宿舍楼更是堵得一塌糊涂，搬东西下楼的人出不来，想进去搬东西的人进不去，天气又热，一会儿身上衣服全湿透了，真是考验家长和孩子啊！我们上午9点多去的，到家已12点半了，平时把儿子接回来只需要20分钟。

3. **孩子放假在家的表现**

中午吃完饭午休，我一字未提考试的事。下午我们一起去书店的路上，我问他是不是压力太大导致成绩不理想，他说是。我又说心态真的很重要，现在我的心态最好，其次是你，最次是你妈妈。心态不好的原因是中考成绩太好带来的压力,还有上学期成绩一直很好,这是好事,却无形中也成了压力,另外学习生物奥赛占用一些时间,导致学习高考科目时间紧张,也会有压力。把心态放平,现在反正都100多名了,不要多想了,好好找找原因就可以了。感觉他似懂非懂的。

第二天让朋友联系信老师出来吃饭,一起说说孩子的情况。因为正是高考,学校里很多事,信老师说要等到高考结束才有时间。

周六晚带孩子出去吃饭,再次谈到这次成绩的下滑,一起认真分析原因。

昭雨说时间太紧了,学案和作业都做不完,根本没时间去预习、复习,连改错都没时间。我说你没时间改错,不会的还是不会,考试前心里就没底,坐在考场里忐忑不安,看到卷子上出现一些平时不会的题就发慌了。不会的因为不会做错,会的因为紧张也做错了,这就是考不好的原因!而且你现在是被动地学习,没有一点主动性,所以效率不高,且理不清头绪。又对儿子说不要老去看Y同学,他是学奥数的,数学、物理好一些是正常的,可以比比同桌Z。儿子说换同桌了,另一个变成C同学了。我马上说信老师对你真用心思了,把班上最好的两个学生安排在你两边,他们是十大学星之一!衡中每年评选十大学星,一共50多个班级,高一、高二各五个,而410班就占了两个,就是他们两个。

我接着一点点问他,他们两个是怎么挤时间的,他们做作业快吗,让他找出和他们的不同点,这就是需要向他们学习的地方,这才不枉费信老师的一番苦心。

他说他们做作业很快,我问是不是都会做,他说有的也不会,就空着,省出时间去学奥数。

我说上次让你提高单位时间的学习效率,其实就是说的这些,只是那时不知道该怎么具体去做,现在就该知道了。作业要快做,字可以写得潦草一些,能少写字就少写,养成简练的习惯。记得初中老师就说过你太追求完美,答题时写得太多,画蛇添足,显得啰唆,无形中占用好多时间。初中时因为时间很宽裕,这个问题暴露不出来,但到了高中,时间重于一切,这个缺点就很突出了。

我还说,你要明白自己的优势所在!你是理科生里文科最好的,是文科生里理科最好的,你是均衡型的。你的成绩之所以名列前茅,是因为你的语文、英语、生物突出,靠这几科弥补你数理化的相对弱势!所以,同桌Y和C学的是数学奥赛,明显理科思维优于你,那就不和他们比数学,你和他们比语文、英语、生物,发挥自己的长处,就会越来越有信心的!

问题症结终于找到了！我们都很开心！回到家里他也有笑容了，还唱起了歌，这是孩子久违的笑声和歌声！积聚在他心里的郁闷和困惑一扫而光！

　　我还告诉他，以后同桌变动、宿舍变化、老师变化等所谓的"小事"都要说一说，我们可以从中发现一些端倪，及早发现问题，以便及早解决问题。

　　剩余的两天晚上时间，昭雨去张老师家听数学、物理考试卷子讲解和预习数学课程，因为奥赛生要利用假期学习奥赛课程。紧紧张张中开学了。

4. 本阶段总结

　　昭雨三次考试成绩下滑，终于找出问题症结，这是孩子成长中必不可少的环节，迟早要来，早来比晚来要好。

　　分析孩子的问题，家长一定要有耐心！和孩子耐心地聊天，在一点点的谈话中发现问题所在！当然，家长的用心和智慧，也是必不可少的！如果自己想不出办法，可以请教其他人，让别人帮助自己，也是很好的办法！

6月9日—7月3日：初见曙光

1. 本阶段要求和注意事项

按新方法学习，增强信心，埋头赶上。

2. 孩子在校期间的表现

6月9日奥赛开学，临时宿舍临时教室，宿舍环境不好，蚊子很多。J妈妈是张家口的，不知道还会有蚊子，我们便应允给孩子买蚊帐送过去。

第二天中午我给J送蚊帐，J自己到门口来拿，昭雨没跟过来，我猜想他不会来的，他就是这样冷静的孩子。

6月15日所有高二、高三孩子开学，可以借机进入衡中。前一天晚上和昭雨约好中午12点前到学校，给他带些吃的、喝的，他中午就不用在食堂吃了。我们11点半就到了，昭雨妈去宿舍帮孩子整理床铺，我在门口等他。不到12点，Y和7个孩子出去买东西，Z和一个孩子出去吃饭。他们说上午上自习，昭雨现在还在教室。一直等到12点15分，他才出来。

知道我们在等他，而且只是在上自习，但他依然按自己学习的时间点出来，这就是他，冷静的处乱不惊的孩子！我很佩服他的冷静！

在宿舍里，昭雨吃了给他带的好东西。因为快端午节了，我们买了好多粽子，让他给同学们分发。12点45分，出去吃饭的宿舍孩子还没回来，他说他准备睡午觉，我们就走了。路上见到Y一帮孩子在路边吃着棒冰、面条，开心地说话，孩子们很快乐。

假期本想和信老师出去坐一坐，了解孩子一些近况和成绩不理想的原因，后来因为我和昭雨找到了原因，就想观察一段时间，看看效果再和老师一起沟通。因为下次暑假时间长，一起沟通会更有针对性。

和信老师通电话证实她把Y、C安排和昭雨同桌，也是想让他看看他们是怎么学的，找到自己的不足。开学后，他依然和Y同桌。

由于他们开学早，所以觉得这次在校时间长了，周五晚昭雨打电话问这周放假吗，我说考试后放假，多坚持些天吧！

考试前几天，我心里一直不踏实，不知道孩子会考成什么样，一是觉得找到正确的学习方法了，孩子照着去做应该没问题；二是担心万一发挥不好该怎么办。其实，我这些疑虑就是信心不足的表现。担心孩子和我有同样的焦虑而影响考试，于是我给信老师发了一条信息，意思是把温总理面对经济危机时说过的一句话"信心比黄金更重要"送给昭雨，如果信老师觉得合适就转告他。

信老师回信息说本周周测昭雨成绩班级第一，并说把这句话转给他。看到儿子周测成绩第一，意味着新方法初见成效，我和他妈妈心里才踏实，也觉得孩子一调成绩会有长足进步！我们心里的目标是儿子进入前50名即可，也觉得完全能做到！

考完试当晚，孩子打电话说这次考试感觉还可以，比上次强，充满了信心！

3日8点半开家长会，见到儿子后，他说成绩是班级第8名、年级第20名。数学加分错误，少算了10多分，老师说分数已出了，就不要改了。如果按正确分数，他是班级第3名、年级第6名。我说咱们心里知道就可以了，需要关注的是学到的知识，分数名次不重要。你这个成绩我们已相当满意了，说明我们对症下药，并取得了成效，知道这样走下去是对的，证明我们找准了方向，可以去坚持了！

我们还去他的教室看了看，发现比高一格物楼好了很多。他们班教室和高三普通班在一起，问他什么感受，他说高三普通班比我们强多了，学习节奏紧张，学习气氛浓厚。

天很热，近几天持续高温，我们是坐公交车回家的。

3. 孩子放假在家的表现

学校里教室和宿舍都是空调，温度太高，回到家他反而不适应了。我们把空调调到他适应的温度，仔细问他学习生活的安排，他一点点跟我们说。

他说早晨起床后，基本上是第一个到早操集合点的，班里比他去得早的一般是K，去了后就背英语；早读时间按规定背语文和英语；吃饭时间晚去5分钟，去了不用排队，饭菜也不凉，正好可口；早预备看物理；中午下课后写会儿作业去厕所，等到大部分同学买完饭后，才去吃饭，饭后直接回宿舍；晚饭晚去5分钟，饭后直接去教室；晚自一晚自二都是固定科目，按老师要求；晚自三是一天中最灵活的支配时间，基本分给数学和物理，以最快速度完成作业和学案后，整理错题，重点看自己不明白的地方，查漏补缺。

我们觉得化学和生物没有安排时间，问他是否早预备拿出一些时间看看化学。作为一个参考，昭雨表示可以试试。问他信老师把我的话告诉他了吗，他说有一天信老师给他一张字条，上面写着："你爸爸把一句话'信心比黄金更重要'送给你，你有一个伟大的爸爸，他有一个优秀的儿子！"信老师做工作很细、很到位，效果很好。

下午送他到张老师家里。因为昭雨这次考试物理和数学没错误，所以张老师给他讲今年的高考题，一直到快 22 点才回家。

这次物理是满分，我给尹老师发了感谢的信息，还给同事爱人打了电话，表示感谢。这次 S 是班级第 1 名、年级第 2 名，因为她的学号是 22，排在后面，所以心里也憋着一股劲。

昭雨还说让我近几天写好去衡中讲课的稿子，发给老师，要用到一本打算要出版的书里，所以要赶快写好。

4. 本阶段总结

从被动学习变为主动学习，尽快做完作业，挤出时间查漏补缺，这一点，让昭雨的成绩从第 106 名升到第 6 名。方法、思路真的很重要！孩子成绩上来了，自信也有了，这次回家，又见到了以前那个自信快乐的他！

单从他去食堂吃饭的细节安排，可以看出他是一个很会思考、善于观察的人——错开吃饭的高峰时间，不去无谓地浪费时间，提高自己做事的效率！

7月4日—18日：准备奥赛集训

1. 本阶段要求和注意事项

既然方法见效，那就坚持下去，还要根据情况进行调整，以取得更大进步！

2. 孩子在校期间的表现

因为儿子18日去新乡河南师范大学奥赛集训，所以这些天都是围绕他的集训展开我们的工作。以前说等考完试他们再去集训，其实是学校怕他们知道不考试会不好好学习，所以时间临近才通知不考试提前走，这也让我们的准备工作提前了。

首先，从河南师大网站初步了解学校没有电扇、空调，没有蚊帐、凉席，所以下班后就去商场，我给他选了小电扇，他妈妈给他买了凉席。

其次，准备穿的衣服、常用药及日常用品。这些都是昭雨妈妈负责采购的。孩子打电话让准备电话卡、药、钱等，我们早就给他准备好了手机，以备他出门用。昭雨妈妈还给孩子准备了一个月的奥赛试题，让他每天都做一套，这些题都是她从网站下载并打印出来的。

最后，把准备好的东西装进行李箱里。

出发前两天，给河南师大打电话，负责接待他们的李老师说，他们住公寓，有电扇、凉席，条件还可以，东西基本齐全，不用带太多东西，所以电扇、凉席就没有带。

出发前一天上午10点半，我们把所有东西送到学校，见到于老师后在安全注意事项上签了字。和于老师说起孩子生物奥赛的事，于老师说刚开始对昭雨期望特别高，期望他拿国际金奖，后来几次考试觉得他的成绩比预期要低，和他聊过，知道他在生物奥赛上投入的精力不够，需要看他高二时的努力程度。

昭雨妈妈去宿舍帮他整理东西。因为和宿舍门卫师傅熟了，所以让她进去了。我在校门口等他下课。门卫师傅一会儿要下班，我怕出入不方便，就和师傅商量中午别回去了，一起出去吃饭，他答应了。昭雨下课后回宿舍，我和门卫师傅吃饭回来，昭雨妈妈已经在门口等着了。13点，确定没事了，我们才回家。

她说昭雨到宿舍都12点半了，边吃边说话边收拾东西。其实好多东西他已安排好了,该带哪些心里很有数,但生怕让学校看到家长进宿舍,所以老催促她赶快离开。她临走时,昭雨问爸爸有什么嘱咐的吗,还说18点15分下课后给家里打电话。

  18点半他打来电话。昭雨妈妈叮嘱他要和在衡中一样紧张学习,充分利用时间,学生物同时也要看数学、物理,不要到校园外边玩,不太安全。我叮嘱他多买水果吃,尤其要多喝水。在空调屋里不热,不会觉得口渴,但一定要强迫自己多喝水。自己照顾自己,还要多照顾其他同学。出门在外互相帮助,多为他人着想。我告诉他把脏衣服拿出来,明天中午我去拿回来,还说车明天早晨7点出发,我们可能去。

  因为昭雨开学离家半个月了,并且还要再过一个多月才能回来,爷爷想孙子,就去看昭雨。他们18日早晨5点多就到了校门口,我和昭雨妈妈是6点50分到的,同去的还有S的家长。一直等到8点车才开出来。西区一共21个孩子学生物,14女7男。因为给大家买路上喝的水,昭雨和S都下车了,和家长说了几句话。上车后,昭雨负责给大家发水,感觉是个组长。车去东区接其他孩子,我们又跟着去了东区。随后,车慢慢驶离衡水,我们和车上的老师、昭雨、其他同学互相招手,目送车驶向南方。

  送昭雨走的时候,还发生了惊险的一幕!昭雨奶奶的耳坠被几个骑摩托的小伙子从身边飞奔抢去了,幸亏老人没有受伤!

  这事我记在了心里,等昭雨挣钱的那天,我要告诉他给奶奶买的第一件礼物一定是一对耳坠!为了见孙子,两位老人凌晨4点多起来骑车一小时去衡中,见到孩子那个兴奋劲好像他们也成了孩子。

  回到家已9点多了。中午我再次去衡中取他的脏衣服时遇到朋友,他们家孩子比昭雨高一届。他们正在训孩子,嫌孩子不好好学习晚上看世界杯,嫌孩子整天惦记着吃东西,嫌孩子外出培训要遮阳帽。

  我搭他们的车回家。路上他们问我做什么去了,我说拿孩子的脏衣服,他们说:"我家孩子就不知道把脏衣服拿出来!"

  我没说话,心里想为什么责怪孩子没想到,难道大人就不该想到这些吗?这是很多家长的误区,一味去责怪孩子,却不去实际地为孩子用心做点什么!

  预计孩子13点到新乡,下午就会学习。17点时昭雨打来电话,说15点到达,已安排好,生活条件很好,校园有小卖部也有水果买,很满意。他们中午是在车

衡中家长手记：
和儿子一起成长的衡中三年

上吃的，到了服务区又买了些吃的。

我对他说："好男儿志在四方，等你回来我去接你，希望看到一个健康快乐的你，更希望看到一个学生物后很不一样的你。抓紧这一个月好好学习！"

说心里话，学习奥赛其实是很辛苦的，连寒暑假都没有！孩子在河南师大培训这一个月，正是一年中最热的时候，多数天气都在40℃左右，烈日炎炎感觉都要烤熟了、烤化了！

不过，一个人想成长，必须经历磨砺。在不断打磨和锤炼中，慢慢长大成熟！

7月18日－8月28日：河南师大奥赛集训

1. 集训情况

昭雨7月18日15点到达新乡，打回电话报平安后，晚上又打电话，说住的地方很好，四人一房间，有电扇、洗手间，还有卖水果的地方，让我们放心。

第二天晚上，他打电话说老师不让他做那些卷子了，原因是老师说以后都要考试的，不用做，再说里面有好多没学过的。我们让他听老师的，先别做了。

7月24日晚，我们给他打电话他一直没接，25日中午又给他打电话。他说时间很紧，早晨5点起床，23点睡觉，教室离宿舍20分钟的路程；讲课很多，但有时间复习；身体很好，吃得也不错，还买了水果吃；这几天老下雨不是太热，一切都好。

2. 探望

8月1日，我们和S爸妈、H妈妈一行去新乡看望孩子。其实说来也巧，S是8月2日的生日，他们想去看孩子，问我们去吗，当时觉得太远没想去，巧合的是，昭雨妈妈去邢台建行参加比赛，周五结束，而邢台同学的女儿定好去加拿大留学，所以我们正好去看同学的孩子，于是我周五就去了邢台。我们和S爸妈联系好，8月1日一起去新乡。

天气已闷热了一周，温度达到37℃，这是今年入夏以来最热的几天。我们用了将近3小时到达新乡，在河南师大招待所订好房间后，联系于老师，说中午请老师和孩子们吃饭。

我们坐在餐厅等孩子们，他们本来是12点下课，可12点10分了，还不见人影。我走出餐厅去路边等他们，H妈妈和昭雨妈妈也出来了。

又等了5分钟，昭雨和H一起背着重重的书包走了过来。昭雨脸上起了疙瘩，还有痱子，手里拿着一张卷子，上面密密麻麻地写着化学方程式，这些都是需要记住的。

S和几个女生快12点半才来，原来是出去给我们买西瓜了。孩子很懂事，大人来了给买点吃的，但做家长的还是希望孩子单纯一些，把心用在学习上。

吃饭时，大人一桌，孩子一桌。看着孩子们开心快乐的样子，我们也备感欣慰。

衡中家长手记：
和儿子一起成长的衡中三年

其间，表达着对老师的感谢。

我和李老师挨得最近，所以和他说话较多。交谈中我记住了最重要的一句话："学习生物一定不要用逻辑思维，而是要努力记住该记住的东西，少问为什么。"还了解到东区一些情况。他说东区成绩稍好的原因一是两个实验班好管理，二是一个月只放一次假，学习时间长。

于老师说孩子们都很刻苦，学习之余就做高考科目作业，东区有的孩子已把所有作业做完了！

午饭后，孩子们去上课。约好18点半下课后在教室门口等他们，我们就去招待所休息了。

18点半下课后，我们和孩子一起去宿舍，从教室到宿舍大约需要15分钟时间。

宿舍在阳面，卫生间在南边阳台。因为不开门，屋里没有对流，风很小。左边上下铺共四张床，右边是学习的课桌，有一个台扇。全国大部分地区刚下了一场透雨，虽然新乡没下雨，但当天也很凉爽，不过屋里依然热气腾腾的。

临出宿舍时，他把充着电的手机拔下来。我们说别带手机了，放宿舍里吧，我们来了没人打电话，他说你们不来也没人打电话！因为昭雨来之前叮嘱过他，不许手机上出现陌生号码。

我们把脏衣服拿回招待所。天气热，他的衣服换得很勤。

去招待所的路上，他问房间有空调吗，我们说有，他一个劲说太好了！进了房间，只打开窗户风就呼呼的，他高兴地说太舒服了。他的表情好像困在沙漠里好久突然发现一片绿洲一样兴奋！

我们带他出去，吃了河南特色小吃烩面。回去时，他一路上指着路边的小店告诉我们，他们来这里买过汉堡吃，还说到后的第一天，女生就出来买吃的。老师不让过马路，男生听话不过马路而女生过了马路。过了几天老师说男生可以出去女生不可以，结果是男生没出去女生又出去了。还说老师们看他们太热，就请他们吃西瓜。把西瓜摊都包了，随便吃。老师还给他们买黄瓜和西红柿。年级主任高主任来看他们，请他们吃饭，要了好多菜。孩子们狼吞虎咽，高主任都没怎么吃。多么好的老师啊，多么可爱的孩子啊！

回到宿舍让他换下衣服，他吃了些零食就开始看书。22点半昭雨开始洗澡，看他身上都是痱子，他说自己买了痱子粉。问他作业做得怎么样了，他说把带来的数学和物理作业做完了，别的还没有做。东区老师要求做完，东区来的孩子常常做到凌晨两点多,而西区老师没要求,西区来的孩子最晚 24 点睡觉。

他说睡不好第二天听课就会犯困。花了 5000 元来学习,就要把精力用在奥赛学习上,以奥赛为主!他真的很有主意,能分清主次,知道什么事是最重要的!

他让把铃定到明早 6 点。第二天看他睡得很香,我到了 6 点半才喊他。我把买的水果和洗好的衣服和他一起拿到宿舍,告诉宿舍其他同学,水果一起吃,天热时,睡觉前在屋里泼点冷水降温。

去他们的餐厅吃早饭,昭雨买了三杯豆浆,问我们还吃什么,我们说不饿,他还是又去买吃的了。我买了两个黏玉米,他买回好多油条。吃完玉米就饱了,但看到儿子为我们买的油条,就把油条也吃了。饭后,让他和宿舍同学一起去教室,我们返回招待所。

路上遇到 S 爸妈在和孩子照相,等他们把孩子送回教室。孩子们去上课了,8 点,我们离开新乡返程。

一路上我都在想:他们不愧是衡中的精英!这样苦这样累,他们没有一丝抱怨,没有一句委屈,没有半点退缩!他们在坚持,在忘我地学习。如果换成我们会做到吗?我的答案是否定的!这就是差距,是我们和他们的差距,是他们和实验班、普通班的差距!这个差距决定了他们的优秀!

回来后和一些家长说到孩子们的苦,我忍不住流泪了,用笔记录着这些的时候,我的眼泪依然忍不住流下来!为孩子的苦而流泪,更为孩子的坚强懂事而流泪!

3. 集训期间孩子的表现

我们回来后,他只打过一次电话,在他表弟马浩过生日那天中午打来的,祝马浩生日快乐。

在他眼里已把马浩看作自己的亲弟弟了,我备感欣慰。

他还说了说学习的事,说考试过一次,成绩还不错。一直到回来都没打电话,是因为紧紧张张,完全投入了学习中。

4. 奥赛归来

计划 8 月 18 日中午 12 点,奥赛集训结束返程,孩子们都没顾上吃饭,收拾好东西等着,但大巴车晚点了,快 14 点才到河南师大。孩子们等车时,没有人抱怨,在门口台阶上趴着写作业,一直到大巴车来!

一路上,孩子们累了就睡觉,到服务区时觉得不饿就没有吃饭,到 18 点孩子们还没正式吃饭，有的孩子在车上简单吃了点饼干、面包。

20点半，我看到大巴车徐徐开到了学校，孩子们开始收拾自己的东西。

看着女孩子瘦弱的身躯一手拉着皮箱一手抱着垫子，真的很心疼！我帮她们拿，告诉她们别拿这么多，她们笑着说："叔叔，不多拿不行啊，还要拿四五趟呢！"

等我22点离开学校时，有的孩子还没收拾完！他们根本顾不上吃饭，水都顾不上喝！

因为要下雨，天气特别闷热，孩子们浑身是汗，衣服都湿透了，但为了赶快收拾完，一个个小跑着、小跑着……

22点10分熄灯，一切又开始了，恢复到往日的生活！

他们没有时间回家，没有一点的停歇……

这就是奥赛的孩子，这就是他们的生活！虽然很苦，但累并快乐着！

5. 小细节

大巴车到了校门口时停下来，有家长来看望的几个孩子先下了车，昭雨也跑下来把手机给我们，根本用不着我们向他要。在宿舍里，他自己搬东西，也不让我们帮忙。

他自律性很强，在家里从不玩手机，手机就是为他外出集训用的，并且要求他用的这部手机只许和我们联系。

6. 在校期间孩子的表现

8月20日，高一新生入学，我们借机给他去送衣服和吃的。我们在门卫值班室等他，直到12点25分他才过来。这对于他是很正常的，他有自己的做事安排，不会受外界所干扰。

他想拿到东西就去宿舍，我们没让他走，让他吃汉堡，和他说会儿话。他说集训晚回来了一天，学习科目不受影响，回来一切正常。

我们告诉他从现在开始要重视奥赛生物了，重视顺序应该是奥赛生物、数学、物理，自己想法合理安排，他说老师也是这样要求的。12点35分，他回宿舍了。

7. 孩子回家期间的表现

孩子终于回家了！两个月才回家一次！路上问他想家了吗，他说还没太想，我笑着说即使半年不回家也没事了吧，他不好意思地说半年时间太长了，肯定会想家的。

看起来他的脸色不错，也没变瘦，身体、心情都不错。通过一年的磨炼，尤其一个月的河南师大之行更磨炼人,他真的更成熟了,有了更多的淡定和从容。心中有目标并为之努力奋斗,而与之无关的事,能做到不闻不问、泰然处之,昭雨真的让我越来越敬佩了。

本来准备让他去理发,可看他头发很短,他说在河南理发了。一次和李老师出去吃饭回来后,他自己理的发。他考虑回校后还要半个月才能回家,头发太长了,所以就自己理了。他做事很有计划性。

他说返校后太紧张了,每天都有做不完的事,每天都安排得满满的,所以顾不上打电话,连换床单都顾不上,现在又要学习文科,再加上奥赛,睁开眼就是学习、学习……

中午,让他看了我主办的清华、北大学子做客大讲堂的光盘,让他感悟他们的经验之谈,以借鉴用在自己的学习上。

临走时,我们告诉他,功课再紧也不要乱了分寸,要分清主次,提高学习效率,挤时间。

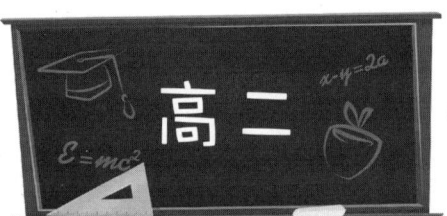

8月29日—9月18日：家庭教育研讨会

1. 本阶段要求和注意事项

一切按部就班学习、生活，保持身体健康。

2. 孩子在校期间的表现

9月1日是他的生日，中午打电话祝他生日快乐。他说生日那天不是已经过了吗，我们说今天是真正的生日，他说没事的。问老师会给他过生日吧，他说不会的，因为信妈出差了没有在。觉得他并不在意这些，一切精力都在学习上。

我经常和他开玩笑说，你就是为上学而生的，因为9月1日是暑假后开学的第一天！他小时候就和我们着急，说不喜欢这个破生日，赶上开学，生日都过不痛快！确实如此，多数生日都是提前给他过，真正的生日那天他都在学校，我们没法给他过。

（注：到了大学之后，都是同学们给他过生日，也很不错，我们只是给他打电话，说一声"生日快乐"。）

9月5日，我去看教师节文艺节目演出，看完我没有去见昭雨，因为不想影响他。和门卫师傅出去吃饭，一晚上聊得特别投机。

11日本来该放假的，因为召开全国中学班主任发展研讨会，所以放假改到下周了。他打电话说水果烂了，正好我12日去衡中参加家庭教育研讨会，顺便送水果看他。中午去他宿舍，把床单换成新的，午休前离开，和S爸妈及Y妈妈一起吃饭。我去宿舍后，S妈妈也想进校给孩子送东西，还和门卫师傅吵了几句，我离校时门卫师傅跟我简单说了几句。担心影响到我和门卫师傅的关系，晚上9点我又去了趟衡中，陪着门卫师傅说话，10点下班后我们一起从衡中回家，把这件不愉快的事情化解了。

我从内心里尊重任何一个人，尤其是门卫、保安人员和保洁人员，他们默默地做着平凡的事情，值得我们去尊重！但很多人做不到像我一样从内心真正地尊重门卫，所以，以后还是慎重地帮助别人吧，省得给自己惹麻烦！

3. 参加家庭教育研讨会

9月12日参加衡中家庭教育研讨会。做报告的四个家长，讲述教育孩子的

衡中家长手记：
和儿子一起成长的衡中三年

一些心得，题目是："家庭，孩子的精神港湾"，并现场咨询交流，现将一些记录整理如下。

高三郑雪文妈妈刘秋莲

1. 面对孩子成绩不理想，多做反思，平和心态

孩子刚入高中成绩不理想时的反思：一是高中开学前准备不足；二是只关注成绩，反而给孩子更大压力。对策：一是摆正心态；二是理解鼓励孩子；三是淡化分数，侧重心态和方法，多去关注和引领；四是对孩子要持之以恒。

2. 理解孩子，营造和谐的家庭环境

看电视时有问题一起争论，然后查资料解决，在争论中交流。孩子爱玩电脑，嫌电脑慢，家长重装电脑，提高网速，但孩子不再上网聊天了。她说爸妈对我这样好，我怎么还能去聊天？所以说，家长、孩子要互相理解，还要多陪伴孩子。

3. 要会宽容，担当责任

对别人宽容受益的是自己。稳重、执着、踏实、努力是必备的优秀品质。

（注：郑雪文，后来高考考入对外经济贸易大学。）

启发：这几点我和昭雨妈妈也一直在做，启发不大。

高三张慕晨父亲张文考

1. 挫折时要激励，培养孩子良好的心态

遇到挫折时的方法：一是向老师请教；二是换位思考；三是家长加强学习，常看电视上的"天下父母"和"专家讲坛"节目；四是和孩子"同流合污"，让孩子尽情表达自己的不满，顺着她的言语以宣泄她的情绪；五是书面交流更震撼；六是家长坚持写日记、写博客。（启发：我觉得很有道理，父亲要给孩子足够强大的力量！）

2. 遇到困惑时疏导，帮助孩子拥有良好的心态

孩子升入高三状态不好时，他们的方法是倾听、提醒、鼓励和疏导。担心孩子，不如去相信孩子。

3. 成功降温，帮助孩子保持良好的心态

在孩子参加学星评选过程中，积极参与、淡化处理、适度赞美和适当降温。启发的爱、以身作则的爱是最重要的爱。

（注：张慕晨，后来高考考入上海交通大学。）

启发：书面交流的方法，我们也用过，但不是很多，以后可以适当去用。我没有写博客，但坚持每次孩子放假为孩子写总结和感悟，记录我们和孩子一起成长的点点滴滴，也算是日记的一种吧！

2008级毕业生张洁雅母亲韩秀梅

1. 信任和支持

当孩子成绩不理想时，会产生自卑、焦躁情绪，开始怀疑自己，这时对孩子说："你还是你，本次没考好，只说明这段时间没学好，要相信自己，你还是优秀的！爸妈与你一起面对，没什么大不了！"同时要多听孩子倾诉，仔细揣摩，了解孩子内心。推掉应酬，陪伴孩子，留出说话时间，让孩子尽情倾诉。家是她的加油站。

2. 关注孩子身心健康

教她在学校怎么吃、吃什么，告诉她身体最重要。少带垃圾食品，多带有营养价值的东西。孩子高中三年没有因为身体原因而请过假。下课要尽量离一下座位。还要保持心态平和，学会倾诉，处理好老师和同学的关系。帮助同学，融洽关系，多交往，多交朋友。朋友是治疗者，需要有特别要好的朋友，可以倾诉。

3. 注重孩子全面发展，发展综合实力

回到家要问孩子心情、身体怎样，有什么高兴事，考好、考坏不要太关注。在乎孩子一生，要真的发自内心深处。

（注：张洁雅，高考考入浙江大学。）

启发：关注孩子健康是最引起我共鸣的，其实我们也一直在这样做，一直把昭雨的健康放到第一位。

现场互动咨询

问：异性交往过密怎么处理？

答：对异性感兴趣是正常的，但要把握好度。教育孩子要遵守纪律和规章制度，不要违纪。训斥打骂不行，要去疏导。

问：孩子成绩不理想怎么办？

答：主要是做到重过程轻结果。一是分析听课。听懂了但做题时不会，说明最基本的知识点不牢固，不会融会贯通，因为听课是对知识点的基本认识，做作业则是能力的反映。二是考试的心态很重要。平时班里的尖子生给孩子很大压力，造成考试紧张不自信。三是考试总结很重要。不与前面的孩子比，要和自己去比，否则会没信心。丢分说明出了问题，要找到丢分原因，以后不犯类似错误。遇到困难不可怕，可怕的是没有信心，方法总比困难多。

问：面对老师严厉批评该怎么办？

答：一要理解老师，衡中要求老师先有父母心，再去教书育人，所以要理解老师，对老师放心；二是配合老师，做好老师的参谋，尽可能让老师多了解孩子，还要做好老师的助手。

说心里话，他们四人讲得不错，但对于我们来说，大部分都已做到了，但我是认真听并认真记的家长中极少的一个！报告会还没结束，很多家长就陆续走了，这是对孩子的不负责任！而听课的家长也没有几个人能认真去记的，可怜衡中领导组织会议的一片苦心啊！

4. 孩子放假在家的表现

不知道他们这届高二放假为什么这样晚，往年都是17点，今年则是18点15分，把孩子接回来天就黑了。回家前，他还是照例没有打电话。天下着小雨，我们坐公交车接他，然后会同群里的几个朋友，几家人出去吃饭。他和H的话不少，两人挨着坐一直说个不停。

回到家已经21点半了。我让他看了看今年全国生物奥赛考试的获奖名单及成绩，让他分析各个科目的分值和分差，分析学习的难点和重点，做到心中有数。之后他玩了会儿电脑就去睡了。

第二天我们上班，所以一直也没和孩子说太多的话，只是把我参加家庭教育研讨会的一些心得告诉他，重点是身体和心理健康，这是我觉得最重要的。他说这些天就是感觉时间很紧，科目太多，该学的太多，以奥赛为主，其余时间只能看看数学和物理，别的科目没时间去看，但周测化学居然还考了第一！

送孩子走时，把给J的被子带去了，但我们忘了跟昭雨说。下午没事，看看表才14点40分我就没有走，在门卫处说话。15点15分电话响了，是昭雨，他问被子到底是怎么回事，我问他在哪里，他说在校园，我说你过来吧，我在门口没有走。

原来他误以为被子都是他的，当J问他被子的时候才明白。因为我们的疏忽大意，让儿子多跑了一趟，幸亏我没有走，否则昭雨还要再跑回来送被子！

看来什么事也不要想当然，不要认为别人会明白就犯懒不说了，话一定要说到，这样会减少很多麻烦事。另外，送完孩子，在门口多待一会儿，也是以防万一的不错方法。

5. **本阶段总结**

放假回家尽量不安排其他外出，因为和孩子说话太少，会影响沟通交流。

我曾经有过误区：儿子放假了，有家长因为孩子的事找我，我就出去帮助他们。后来昭雨妈妈提醒我：我不反对你做公益教育去帮助别人，但不要忘了谁才是最重要的人！自己孩子才是最重要的！等你老了，还是要指望自己孩子的！另外，只有把自己的孩子培养好了，你再出去做公益家庭教育，你的话大家才爱听，才更有说服力！这些话对我犹如醍醐灌顶，从此之后，只要儿子放假了，所有的事情都要靠边站，拿出时间好好用心陪伴孩子，和孩子好好沟通交流。

衡中家长手记：
和儿子一起成长的衡中三年

9月19日－30日：奥赛和高考科目的平衡

1. 本阶段要求和注意事项

返校后要进行奥赛考试和一调考试，会很紧张，要求他以平和心态应对考试。现在天气变化大，要及时加衣服，还要多吃水果、多喝水，保证睡眠。

2. 孩子在校期间的表现

这几天降温很多，中午给他打电话，提醒他天气变冷，要及时加衣服。孩子知道加衣服，但这个电话的作用是让孩子知道大人无时无刻不在关心他，设身处地地为他着想，让他感觉到温暖，这也是和孩子沟通的技巧。

很多家长朋友不知道怎么关心孩子，不知道打电话跟孩子说什么，现在我告诉你：提醒孩子冷热加减衣服，这就是真正的关心孩子！打电话不要只说学习，孩子更需要学习之外的生活关心。

奥赛考完试，他说一共400道题，感觉做得还可以。老师没有公布成绩，其他孩子也不知道考得怎么样，然后就开始了二调考试。

27日晚，"三年大变样最具影响力楼盘颁奖晚会"在衡中莘元馆举行，H家长给了几张票，我和S家长一起去看晚会。晚会邀请了著名体育解说员刘建宏和新闻联播播音员李梓萌作为开奖嘉宾。我很喜欢体育节目，所以特别想看看刘建宏。

22点，学生下课，我想看一眼昭雨，但下课铃声响后，潮涌般的孩子让人目不暇接。孩子们都穿着一样的校服，急匆匆地回宿舍，结果等到熄灯时也未见到儿子，倒是见到了J、N、H，只好带着一丝小小的遗憾离开了衡中。

二调考完给他打电话，他说考得不是太理想，我们心里也没底，猜测会不会100名之后呢。晚上11点查到成绩，年级第61名，不太满意，但也不太差。

随着奥赛课程的增多，投入奥赛的精力增多，奥赛班成绩出现下滑是很正常的，这次奥赛班成绩被实验班超过也是可以理解的。

还是照例放假不打电话，但我们接不到电话，一样知道什么时候去接他，因为有年级衡中家长QQ群！在群里，我们可以互通有无，可以互相探讨孩子的生活和学习情况，一起学习，共同成长！

30日学校开运动会，上午11点闭幕式。因为三个年级一起放假，接孩子的家长很多，所以我10点50分就到了学校。11点15分闭幕式刚结束，昭雨第一个就走出来了。那会儿还没有什么人，我们很轻松地骑车回到家。

3. 孩子放假在家的表现

因为国庆节，他们奥赛班破例放了两天假（其他班级是四天），这对他们来说已经够奢侈的了！在家的两天，他以看书学习为主，吃零食喝水的时间算是休息。吃饭时都是可口的美味菜肴，他也是选择性吃，怕不节制引起上火感冒。

孙子回到家，奶奶总是想方设法让他多吃点，满桌子的菜，让他吃这个，让他吃那个。我就对妈妈说，你的心情可以理解，但还是应该让他自己选，你这样劝他吃，他不好意思不吃，吃了又怕上火，看起来是对他好，其实是害了他！妈妈虽然有些失落，但觉得我说得有道理，就听我的了。

我们每个家长都是爱孩子、疼孩子的，但怎么爱、怎么疼大有学问！尊重孩子的选择，这种爱会让他更舒服！

我们说，那晚利用去看节目的机会下课后等他，但没有看到他，他说知道，一回到宿舍J和N就告诉他了，H还专门从别的宿舍过来告诉他。可以看出，他和同学们的关系很融洽。

关于二调考试，他说老师看题不严谨，有一些题，他做的和别人一样，却没有给分，实际成绩应该提前30名，所以他觉得还可以，对自己很满意。

关于奥赛，于老师说他成绩还可以，潜力很大，还有更大的提升空间，尤其是和H相比，只是努力程度不够，拼搏的劲头不够，需要加把劲。

在奥赛和高考科目选择上，我们和所有家长一样遇到了困难的选择：如何把握奥赛和高考之间的关系？

因为会考，文科历史、政治、地理也要学，昭雨也想把文科学好，当然这也是我的要求。我一直对他说，在你的一生中，文科就这一两个月的学习机会，更要学好，因为你没有机会再学了，而文科这些知识会让你一生受益！

我是学文科的，觉得历史知识、文学知识、哲学思维、地理知识对一个人的修养提升很重要。在未来的日常生活中，三角函数、电磁动能、化学方程式估计是很少用到的，但一些历史人物、文化古迹、地理常识和哲学的思辨能力，在我们交流中、做事中，会用到很多。文科的东西可以让我们活得更有情趣，会让我们的生活变得丰富多彩，而我们的一生不就是为活得更美好、更精彩吗？

衡中家长手记：
和儿子一起成长的衡中三年

权衡再三，我们确定适当向奥赛倾斜，各科挤时间给奥赛，把精力多投入奥赛，同时要从学习奥赛方法上做调整。当前奥赛学习是做练习题和看书的模式，以前他也不知道是该看书还是该做题，现在统一思想快速做题，带着问题去看书，把时间用在看书上，通过看书找到这个知识点可能出题的所有方式，进而融会贯通。

其实，对待这个问题，感觉他是高考、奥赛都不想放弃，他觉得有能力都做好，于老师也说他有这个能力，只是让他适当增加一些奥赛时间；客观讲，离奥赛考试不足一年，离高考还有不足两年，应该把精力投入奥赛上，只要不影响高考科目太多，完全是可以拼奥赛的，但这个决心不容易下，对他、对我们都是一样！

另外还有一个纠结，就是今年参加全国生物奥赛的24名金牌获得者只有前18名才有直接保送资格，所以说，如果参加省队训练的3个月没能取得前18名的成绩，白白影响了3个月课程，得不偿失！但不参加省队，就等于放弃了一次保送机会，一样遗憾！

最后我们达成共识：首先，要取得省一，毕竟省一等奖高考时加10分，也是很重要的。其次，是不是参加省队集训，这又是面临的一个选择，因为要面对不能取得保送资格而浪费3个月时间的情况，这个问题需要去思考，慎重做决定。但做实验的钱让他交了，这表明一种态度：有参加省队的决心和信心，有一种一往无前、舍我其谁的气势，在这一点上不能输给任何人！

2日18点之前需返校，17点饭后坐公交就把他送到了学校。时间还早，我在门卫处坐着说话，也遇到了班级学奥赛生物的其他孩子和家长，我帮他们签名，和家长说话。

18点半天黑了，风起来了，有些冷，我回了家。

4. 本阶段总结

决定奥赛和高考科目同步进行，对目前状况基本满意，下一步看具体情况再做调整，谋求最大、最优的结合点。

10月2日—16日：饭卡、银行卡丢了

1. 本阶段要求和注意事项

适当调整奥赛和高考科目的关系，找到最佳方法；天气变化大，注意身体。

2. 孩子在校期间的表现

昭雨现在已经习惯了衡中生活，电话越来越少，只是有一天打电话说装卡的小口袋丢了，里面有饭卡、银行卡、电话卡，并说饭卡已补。我们很平静地告诉他没事，发生这事很正常，不要着急。银行卡不用管，有时间我们去补办；电话卡再给他买一张。我也没有马上去补办银行卡，觉得也许过几天有同学拾到会交到级部的。

放假前一天，还是一样没有电话，周六下午照常去学校接他。这次高二放假最早，16点他就从学校出来了。公交车上的人也很多，所以我们骑自行车回家。

3. 孩子放假在家的表现

他说这段时间奥赛生物下功夫多，效果也不错，前几天考试名次是第3名。看来上次的谈话和说给他的方法，他用心听了、用心做了，也见到了成效，真的很高兴！

他还说把时间用到奥赛上，其他科目尤其是数学、物理没受多大影响，自己也很满意。

回到家这一天，他状态很好，学习劲头很足，基本都在学习。

他每次回家，我们每个人都加倍对他好，围着他转，买水果的、做饭的、洗衣服的、买零食的，都忙得不亦乐乎。我买了榴梿，爷爷买了糖葫芦，姑姑买了鸡和汉堡，奶奶做了一桌子菜，妈妈买了好多零食。

每个人都希望他吃自己买的东西，他哪样都要吃一些，但还不能吃多，这真的需要强大的自制力和极强的分辨力，不容易啊！

我给他打了三个比喻，这情景就跟学校里一样，每个老师都留作业，还都要求完成，这就需要自己去选、去安排了——不能不做，也不能全部做完（因为根本做不完），怎么权衡是需要智慧的，也就是找到适合自己的学习方法。

儿子点头说是，很赞同我的比喻，说会慢慢调整，找到最适合的方法！

衡中家长手记：
和儿子一起成长的衡中三年

他还说，有一次跑操，不慎鞋被踩掉了一只，为了不影响其他同学跑操，他就坚持着一只脚有鞋一只脚没鞋跑下来。第二天班干部从级部把那只鞋给拿了回来。但他一直是穿着Y的鞋，这次回家换了下来，把鞋子刷干净，回校给Y带回去。还有丢饭卡那天，是用同学L的饭卡吃的饭。

遇到一些突发事情时，他处理得很得当，和同学们的关系也很融洽。这些是我们最欣慰的！

因为还是担心这些天他在奥赛上的表现，所以周日中午给奥赛于老师打了电话，一是问问儿子近期表现，二是问问下一步他该怎么去努力。

于老师说儿子这段时间投入奥赛时间较多，学习状态很好，成绩也不错，取得第3名，她很满意，觉得他有精力把奥赛和高考科目都能学好，所以希望他多努力。还说这些孩子都很听话，昨晚去教室时，没回家的10多个孩子在教室里认真学习，所以她要求回家的孩子也要抓紧学习。

我对于老师说，昭雨特别佩服你，就喜欢听你的话，觉得你说得很对，所以他都按你说的去做，结果奥赛成绩上来了；回到家里抓紧时间学习，也是听你的话。希望老师对他严格要求，多督促他。于老师建议昭雨下一步多做题、多背题就可以了。

和于老师通话后心里更有底了，觉得没什么需要告诉他的，就没有对他说。

问他二调考试情况时，他说主要考试前一直在学奥赛，根本没时间复习高考科目，所以影响了发挥。我告诉他尽量好好考试，不要太关注名次，能在百名以内就可以了，这样的状态就不会遗漏知识点，不会影响以后的学习。

今天有些冷，想去宿舍给他换被子，他不让，让下次家长都可以进校园时再换，我觉得一是他想早点去教室学习，二是他还是不想搞特殊，不让我们单独进校园。下午骑自行车送他返校，公交车上依然人很多。

4. 本阶段总结

这两周时间，他的状态很好，按我们说的方法合理安排奥赛和高考科目，学习处理得很好，奥赛成绩很见成效。

丢饭卡之类的事情，还有跑操掉鞋这些意外事情，都是正常的。孩子在外面上学的几年里，这类事情肯定很多，家长和孩子需要淡定，尤其不要训斥、责怪孩子，这是我们家长一定要记在心里的！

可以这样理性地去处理：一是告诉孩子不要慌张，想办法去补救；二是家长不要埋怨、指责孩子，要安慰、理解孩子；三是和孩子一起想想办法。类似的事情如何避免今后再发生，这样目的就达到了！

　　长这么大，我们谁没有丢过钥匙、钱包之类的东西？谁没有摔倒过、碰破腿之类的事情？所以，遇到这些事情，和孩子交流时，我们家长需要一颗包容心，更要学会淡定自若。

衡中家长手记：
和儿子一起成长的衡中三年

10月17日－30日：三年最差成绩

1. 本阶段要求和注意事项

天气变化较大，记住及时增加衣服。下次放假前三调考试，这些天可以适当多学点高考科目，以取得更好成绩。

2. 孩子在校期间的表现

衡中之所以如此优秀，是因为各种管理都做得很到位，比如在网站上可以查到孩子每次调研考试的成绩，还可以查到孩子每天的消费情况，这样家长可以及时掌握孩子的学习情况，还可以随时看到孩子的吃饭情况，其他比如去医务室拿药情况。因为在校园内是不能花现金的，买东西必须通过学生卡，并且学校超市只卖学习用品和生活用品，绝对不会有其他东西。

有些高中明令禁止不让孩子带手机进校园，可超市里竟然卖充电器和手机充值卡，这不是掩耳盗铃、欲盖弥彰吗！

我们从消费查询里发现，10月17日15点半昭雨去医务室拿药，19日下午又去医务室拿药，不知道怎么回事。因为10月17日14点半他刚返校，怎么17点半就去医务室呢？打电话问他，才知道返校后整理内务时，水房太滑，他不小心跌倒时去抓门，手被划破了，所以才去医务室拿药、换药，我们这才放心。

20日左右，今年第一股冷空气即将来袭，气温下降10℃，天气会特别冷，因此提前给他打电话让他多穿衣服，问他需不需要送衣服，他说已经穿了厚衣服，并且教室不冷，不需要衣服。

三调考试结束了，22点半出成绩，儿子竟然是年级第218名，真的太出乎意料了！当时查了好几次成绩，怀疑是不是查错了，最后确认就是他的成绩！

虽然出乎意料，但我心里很平静，比以前他考80多名、90多名、100名时还要平静，我的心态真的变好了！而昭雨妈妈的心态没有我好，怕她看到孩子这个成绩承受不了，晚上睡不着，所以她问成绩出来了吗，我说还没有，估计今晚不出了，睡觉吧！

第二天上午，她说查到成绩了，我说昨晚就知道了，虽然成绩真的不理想，但我是可以接受的，因为对奥赛多投入必然会影响成绩。

我心里平静了，但还是担心昭雨是不是能够正确对待呢？会不会因为成绩不好而影响心情呢？会不会昨晚睡不好而心情沮丧呢？

去接孩子的路上，我一直在想，见到孩子不要提学习的事，不能给他压力，要淡化成绩，让他放松。

这次只是高二一个年级放假，所以人明显很少。15点45分放学，孩子们慢慢出来了。

往常他都是很早就出来，这次却迟迟不出来，我又开始揪心了——是不是成绩不好不愿早点出来了？但略感欣慰的是，一直没见他们班的人。

等孩子们出来得差不多了，他们班才陆续有人出来，也看到他远远走过来。

看到他神情自然，心里也踏实了，问他怎么出来晚了，他说放学后信老师让每个人写考试总结，找出考试不理想的原因及改进方法。

既然他自己说到考试，我也就顺着他的话问他是怎么总结的。

他说给高考科目的时间少，改错不到位，自助基本不看，以后认真去改错，还要挤时间多看一看自助。他还说这次410班整体考得不好，只有学数学的同学成绩稍好一些，大部分同学都退步了。我说这是正常的，因为多学一科奥赛，时间投入在加大，一定程度上影响了高考科目是正常的。以前实验班考不过你们，一是说明你们对奥赛投入不够，二是说明他们努力不够，这是不正常的。学数学奥赛的成绩好一些，是因为数奥是逻辑思维，对数理化学习有帮助；而生奥是形象思维，以记忆为主，反而影响数理化成绩，造成生奥学生成绩多数不理想。以你为例，这次英语和生物很好，数理化成绩很一般，足以说明这个问题。所以要正确对待这次考试，心里有数，平衡好生物奥赛和高考科目的关系。

又接着问他成绩出来时受影响了吗，他说没有，知道成绩不会太好，因为考数学时后面有两道大题，知道怎么做，解题思路也明白，就是算不出得数来，特别郁闷，以至于影响到了下一科的化学考试，晚上考完物理才没事。当时就知道数学、化学成绩很不理想，不过考试结束，什么都没再想，马上去看奥赛生物了。

他还说平时学得很好，小测和周测成绩都很靠前，但因为做题太少，导致考试时不顺手，并且有的题没有见过，不知道怎样去想。

我问他感觉知识点有遗漏吗，他说没有，我说那就没问题，以后奥赛结束后复习时都会赶上来的。

看来他的心态很好，自己也很会调节，所以我们就放心了。

3. 孩子放假在家的表现

到家先仔细看了看他的手，发现划破的地方早已好了，看不出来了。他穿得太多了，上身穿了四件衣服。那天降温时，班长让他们把所有衣服都穿上，他特别实在，也特别听话，就穿了四件衣服——所有能穿的都穿上了！

晚上我们出去吃米线。考虑这次成绩不理想，所以以放松为主，回家让他玩游戏，之后只是让他看了李晓鹏的系统学习法视频，还有我给他做的《每日新闻》。他已习惯看我做的《每日新闻》了。

看完系统学习法，让他谈感受，说说怎么去借鉴，他说可以把系统学习法用到改错上，以后改错题要思考用到了哪几个知识点，强化知识点的学习和记忆，形成知识树。

第二天上午他一直看书，看的是奥赛生物书。

昭雨上次返校后，没几天就感冒了，不太厉害，主要是上火引起的，有些咳嗽，这也是影响成绩的一个原因吧。所以，这次回来，在吃上不再要求他什么，让他随意去吃、去喝，避免上次每个人都让他吃自己认为该吃的东西，导致他上火，影响了健康。

这两天气温回升，天气较好，所以都是用自行车接送他，在路上我又强调了几点。

一是要有明确的学习思路，上次确定倾向奥赛生物的思路没有错，也取得了成效，所以不要因为高考科目考试成绩不理想就动摇，目标不变，还是要向奥赛生物倾斜。一定要避免哪个老师着急就学哪科的情况发生，自己心里要有数，要主动，不要被老师牵着鼻子走。

二是放平心态，淡化高考科目成绩，看重奥赛生物成绩，所以对于高考科目考试成绩不要当回事。

三是正确对待高考课程，以奥赛为主，在学好奥赛生物的基础上想办法学好高考科目，但不能挤占奥赛时间，这就要提高高考科目的学习效率，主动去改错，有选择地做自助。

他们美术要会考，要求带一张素描画，正好他以前画的画派上了用场。

学校门口竟然有卖画的，孩子们去那里买画，15元一张。估算了一下，两个多小时卖出几百张画，看来有些人真的有经济头脑，商机无处不在啊！

到了11月，天气变化会大，所以这次给他带稍厚一些的被子，还有羽绒服等厚衣服。

4. 本阶段总结

这半个月身体不好，上火感冒影响了他的学习，客观上导致成绩下滑，主观上在平衡奥赛和高考科目的选择上需要时间和方法，造成成绩下滑很正常，希望他能自己总结、调节，找到最佳结合点。

衡中家长手记：
和儿子一起成长的衡中三年

10月30日－11月13日：感人的家长会

1. 本阶段要求和注意事项

天气变化会大，及时加衣服；学习上自己去调节，找到更好的学习方法，以平衡好奥赛和高考科目之间的关系。

2. 孩子在校期间的表现

昭雨现在已习惯半个月不打电话了，只是宿舍换电话号码时来电话说了一声，告诉我们现在的号码。

周一在单位上班，我接到一个陌生电话，是高二年级主任高主任打来的。他说学校周末开家长会，听信老师说我对教育孩子有研究，所以希望我在家长会上给家长做报告。我答应了，并让他把要求说一下。他说一是家长要教育孩子有责任感、有爱心、能感恩，二是讲讲孩子在高二时家长该怎么做。我说一定圆满完成任务。

接到电话后，一天都在找素材，一共找了60篇素材。周二写了一天，完成初稿，然后听取别人意见，自己反复阅读。周五定稿，发给高主任。为表示对信老师推荐的感谢，给她发信息表达了谢意，同时把稿子发给她并恳请多提宝贵意见。

周六上午又读了一遍稿子，中午12点半就到了衡中，去高二级部找到高主任，和他聊了聊我研究家庭教育的历程。下午一起去莘元馆，给1000多位高二实验班家长做报告。当时和王建鹏校长、孙主任一起坐在主席台上。

报告用了20分钟，符合学校要求的25分钟之内。我自己觉得发挥得特别好，台下有1000多位家长，我一点也没紧张，很自然、很清晰、很流利地讲完了。高主任也很满意，后来听家长反应也是效果很好。报告会结束后去班级召开家长会。

信老师教语文，所以每次家长会都开得很煽情很感人，每次都让家长和孩子泪流不止，这次也不例外。

班会分以下几个程序：一是由学生介绍班级情况，410班是优秀团结的班集体。二是介绍每科任课老师，一名学生简要介绍，另一名学生用文字点评。昭雨点评的是于老师，他用生物的语言表述了于老师的兢兢业业和对学生的爱，文字犀利，气势磅礴，荡气回肠，尽显大家风范，这是他的文字和其他孩子最大的不同。三是由任课老师讲述学生学习生活情况。四是孩子写给父母的话。五是做小游戏，由父母和孩子互相写出对方生日等信息。有幸信老师读了昭雨和我们写的内容：双方生日都知道；他的鞋子号码我们知道，他不知道我们的号码；回家最高兴的事他回答是考出好成绩时，而我们的回答是他玩游戏时；家里的收入他说他不知道；目标大学我们回答都是北大；最不开心的事，我说没有，他说是股票。这句话让我最震撼！孩子真的不小了，能理解大人的心！六是家长代表发言，由S妈妈和T爸爸发言。七是Y、S、Q、D共同演唱《感恩的心》，唱到动情处孩子们都流泪了，台上的D哭泣得已无法演唱，哭着跑下了讲台，引得更多的孩子和家长落下了泪，孩子们都站了起来，一起流着泪完成了演唱！八是信老师总结发言，提出家长要从物质上、生活上、习惯上、信心上多支持孩子，并要求家长和孩子定下自己的理想大学，用目标去指引前进！

一个半小时的家长会让人意犹未尽，感觉心里暖暖的！

家长会要求一个家长参加，因为教室放不下太多人，所以一家来两个家长的其中一个基本都不进教室，就在校园里等着。昭雨妈妈开家长会，但我也去了教室，当时想没地方就在教室后面站着听。有的同学见我来了，打招呼说学信息的孩子去集训了，他们家长没有来，可以坐在那里。当时我就想起了一句话：机会总是留给有准备的人！如果我不去教室，即使有空座位，孩子也不会去外面叫我的。

3. 孩子放假在家的表现

回到家，他说晚上还去吃米线，我们尊重他的选择，理发后带他去吃米线。吃饭过程中，我们谈了一些问题，结果第一次用新的目光看孩子！比如说到西方人适宜吃肉我们中国人习惯吃素的问题，我们只知道事实却不知道原因，但他解释说是因为中国人的肠子长，肉吃多了会长时间在身体里排不出去，会产生毒素，所以对身体不好。还比如蛋糕里含有氢化油，是一种对身体有害的物质，我们也就知道这些，他解释说反式脂肪酸是一种不饱和人造植物油脂，不容易被人体消化，更容易在腹部积累，从而导致肥胖。又比如他介绍阑尾是退化的器官，古代人吃的东西太杂、太多不易消化，阑尾是用来消化食物的，现在人不再需要阑尾消化食物，所以就没用了。

听他讲得头头是道，我感慨地说："以前都是你问我们，我们给你解惑，从今天开始我们真的自愧不如了，好多东西该向你学习，你已超过了我们，你是我们的老师了，从内心里佩服你！"

问到他这些天的学习，他说用那个系统学习法还是很见效的，化学提高10分，物理提高5分，这几次测验，每科成绩都很好，尤其英语，不怎么学，但考试基本都是第1名，最差也是第5名。他说在做作业之前，先在脑子里把讲过的内容梳理一下，形成小树，然后再去做题就会轻松很多。我马上夸他悟性特别好，系统学习法到现在我也没太明白怎么用，但他能理解并灵活运用，并取得了很好的效果。

开家长会时高主任提到周一综合征，说放假回家孩子吃得太多、太好，周一去医务室的很多。所以这次他回家，我们买了好多东西，但吃的时候由他选择，吃什么、吃多少都随他。

问昭雨知道Y和谁谈恋爱吗，他说不知道这事。没想到他会不知道！班级好多孩子都知道，他们是同桌却不知道，出乎意料！我就说因为你们是同桌，所以提醒你，希望你不要受影响，无论是否影响学习，这件事是不对的！因为一个人要在合适的时间做合适的事，现在是学习的时期，青春是用来奋斗、用来拼搏的，等到你读大学，更美好的感情在等着你，那时候爱情之花才会越开越艳！并说相信他会明白的，他说很明白，也很赞同我的说法。

昭雨在返校的公交车上看书，车上其他同学看着他看书，他头也不抬；其他家长表扬他而批评自家孩子时，他也不为所动，依然专心看书。他宠辱不惊的定力真的让人佩服！

周日14点10分，我又去衡中给1000多位普通班的家长做报告。会后，王校长对高主任说可以颁发衡中特聘专家证，还可以评选五好家长，高主任也说以后希望家长们多和我交流。

做完报告，我在门口说话时见到了于老师，问她这些天昭雨的奥赛情况，她说期中考试完找昭雨谈了（昭雨没有说），问他考试不理想是怎么回事，昭雨说是偶尔发挥失常，和学奥赛没关系。

我就跟于老师说，我跟他妈妈和昭雨说了，按于老师说的做没错，目标方向没有错，不要因为一次考试不理想而否定自己，要更加坚定信心地走下去！

于老师说相信他有能力把奥赛和高考科目都学好，我说我们也相信孩子，并请于老师多关注孩子状态，发现问题及时提醒他。

4. 本阶段总结

觉得孩子一下子长大了,现在需要仰视他了!以后再谈问题时,真的需要平等交流并虚心向他请教了!奥赛学习让他从知识和处事能力方面有了长足进步,思想更睿智,意志更坚定!

附1:学生对老师的评说词

一、昭雨对生物奥赛老师于宝英的评说词

大风泱泱,大潮滂滂。高考奥赛并举者,唯其无双。和天地并存,与日月同光。

植物繁茫,生理拮抗。遗传定律,进化方向,尽在指掌。分子细胞,生态图像,微生物,系统分纲,何人可挡?

奥赛长路,金牌高峰。路在脚下,又有何妨?险峭千丈,万里汪洋,山海重任,一人担当!

奉献无尽,慈爱至上。生奥学生,为之顽强。会有时,横扫八荒,威震四方。指日待,衡中夜空,璀璨星光!

二、昭雨的同学对物理老师尹建尊的评说词

一方讲台,载不下她渊博的学识;自助学案,蕴含着她无穷的智慧。她也会生我们的气——那是对我们的关注,每一次温柔的批评都是一份关怀与体谅。她却不会对我们失望——那是她对我们的信任,每一句谆谆的教诲都会让我们更有力量。站在讲台上,她细心解析物理的奥秘;电场磁场不那么难懂,能量动量不那么难做。她回眸一笑,一切都很明朗!

三、昭雨的同学对数学老师王占普的评说词

弹指黑板上,粉尘飞扬。黑框眼镜下,尽显睿智光芒。您为我们构建着三维的立体几何,勾画着平滑的圆锥曲线;书写着X、Y、Z,合唱出高亢的导数之歌。加减乘除,算不尽您做出的奉献;指数对数三角函数,数数含辛茹苦。犹记得班级状态不好时您的提醒,犹记得考后讲评中您的人生感悟。我们铭记一道题:若$f(x) =$ 爱,那么自变量就是占普。我们还记得,$f(x)$的值域中有个正无穷。

四、昭雨的同学对化学老师胡艳艳的评说词

她平和,即便当同学们为死理和她较真儿时也不生气,即便在生气时也让人觉得可亲;她可亲,年轻的老师有着渊博的知识,一时的落后难改她一向的执着;她执着,一张讲评试卷每道题目硬让她分门别类细剖析,重病时也坚守自己

的岗位不松懈。她孕育着一个新的生命，还滋养着71个同学的心灵。让我们响起热烈的掌声，献给一个伟大的母亲、一个辛勤的园丁、一个可敬的人！

五、昭雨的同学对英语老师卢洪涛的评说词

左手英文右手诗，一身飞虹通双语。三尺讲台，讲师风范，流利英文脱口秀。听说读写，四马并驱起龙头。眼耳口手脑，五大感官齐上阵。英语文学，笔下斜行，浩繁词汇纷纭语法，看他轻松ＯＫ。年近不惑反风趣，幽默课堂人人夸。大刀阔斧后，更兼精雕细琢。揉碎后，磨化了，春风化雨入人间。他的关怀如此 long, how 爱 410, teacher 他最棒。请相信"跟着涛哥走，英语不犯愁"。

六、昭雨的同学对班主任兼语文老师信金焕的评说词

抑扬顿挫，掷地有声，三峡星河，四海兄弟。当71双眼睛从数字的海洋中抬起，在你的课堂里，我们忘记符号，我们否定公式，我们不再感叹自然规律的可逆性——我们认识自己。那是你一笔一画写在黑板上的方块字里的建安风骨，那是我们一字一句叫在心中的"信妈妈"里的花间柔情。

小舟从此逝，江海寄余生；明朝挂帆去，枫叶落纷纷。

您给一群追求理性的年轻人以深厚的文化底蕴，我为成功而生，不为失败而活，向善，向上，向心；您给一群刚刚踏上征途的年轻人以明确的方向。语文老师，是一个理科班灵魂的塑造者；班主任，是一个班级前进的引路人。当这二者完美融合，在三尺讲台上的书卷之内，在跑操队伍旁的脚步之中，您打造了410的刀锋！

附2：家长会发言稿

希望，与行动同在

尊敬的各位领导、各位老师、家长朋友们：

下午好！

首先感谢衡中为我们提供这次学习的机会，感谢高主任为我提供这次与家长朋友们一起交流提高的机会，请允许我代表高二年级全体家长衷心感谢老师们对孩子们无微不至的关爱和辛勤的培育！

高中三年是一盘棋，高一是基础，高二是关键，高三是决战。高二年级有着

独特的作用和特点,是一个非常重要的学习阶段,又是一个最让学校和家长放心不下的阶段。在这个阶段,孩子的学习目的逐渐明确,学习态度逐步端正,但是,我们不得不面对另一个现实:环境熟悉了,容易出现松懈现象;学习难度增大了,容易出现悲观情绪。所以,学校在这个时候召开家长会,共商教育大计,真的是很有必要。

光阴似箭,高二第一学期已经过去了一半,在这高中最关键的时期,我们应该持什么样的心态、应该怎样去做?今天我和家长朋友们一起探讨这两个问题:一是我们希望孩子成为什么样的人,二是我们怎样帮助孩子成为所希望的人。

一、我们希望孩子成为什么样的人

"我来衡中做什么,我要做一个什么样的人,我今天做得怎么样",这就是著名的衡中三问,我们首先要明确孩子要做一个什么样的人,所以家长要对自己和孩子进行准确的定位。

1. 家长先要定位——我们对孩子的期望是什么

我和一些家长有过接触与了解,发现有些家长并没有明白这个问题。有的家长说只要孩子健康快乐,有个好心情就行,学习差不多就可以了,表现出无所谓的态度。显然这样的家长自己还没有准确定位,这是教育孩子的大忌。因为父母的言行举止会潜移默化地影响孩子:你消极淡漠,对孩子的学习睁一只眼闭一只眼,孩子就会偷懒取巧、消极应付;你信心百倍,孩子就会精神饱满。进取可以让孩子不停地向上看,向上看,至少保证不往下滑。当你觉得孩子能考上二本就可以了,那么孩子就只能考上二本了,为什么我们不要求他冲一冲一本呢!

2. 家长为孩子定位——孩子能考上什么层次的大学

衡中是全国名校,今年考上了78个清华、北大,2300多人被重点院校录取。有的家长和孩子觉得进入了衡中,就等于迈入了大学的校门,这种盲目乐观的思想是脚踏实地学习的最大敌人。虽然衡中高考成绩名列全省前列,但并不意味着我们的孩子一定会进入清华、北大,一定会进入重点院校,因为当前有些孩子的学习情况和学习态度并不理想,要想考上理想的大学需要付出更多的汗水。如果我们还盲目乐观,将来必定会终生遗憾。"知子莫如父,知女莫如母",不能为自己的孩子准确定位,是父母最大的失职。当准确定位后,就需要确定一个明确的目标了。目标太高、太低都不好,低了发挥不出孩子的潜能,高了会增添无形的压力。俗话说"跳一跳,摘到桃",说的就是恰到好处这个道理。一次月考后,

衡中家长手记：
和儿子一起成长的衡中三年

我遇到一位家长，他家孩子的成绩不太理想，我替他着急，他却很平静地说："我只要求孩子快快乐乐的，成绩差不多就行！"我当时很无语，因为"取法乎上，仅得乎中；取法于中，故为其下"，那"取法乎下"呢？肯定是"无所得矣"，什么都得不到。果然，后来几次考试，孩子的成绩节节退步。所以制定目标时，一定要稍微高一点，让孩子跳一跳，有压力才能有进步。当然，还要切合实际，如果桃子太高，孩子怎样跳都摘不到，他就会泄气。每个人都是这样，失败一次可以，失败两次可以，可是多次失败就会怀疑自己的能力。其实不是自己能力不行，而是对自己的要求不切实际，所以给孩子定的目标高度，只要稍微努力能达到就可以了。

二、我们怎样帮助孩子成为所希望的人

希望，与行动同在。明确了做一个什么样的人，然后就要开始行动了。下面谈一谈我们家长该怎样去帮助孩子成为所希望的人。

第一，我们要注意孩子的身心健康，帮助孩子明确学习目的，树立人生理想，培养孩子的社会责任感。

高中阶段的孩子处于人生的特殊时期，课程多，知识难。我们的孩子，无论是在身体上，还是在心理上，都承担了难以想象的压力，所以孩子有时会感到郁闷、感到委屈、感到迷茫，如果家长没有及时发现并给予缓解，就会影响到孩子的身心健康。尤其是到了高二，一些基础差的同学容易产生悲观厌学的情绪，甚至产生烦躁、抵触的倾向。作为家长，我们应该用自己的亲身经历，对孩子进行理想前途的教育，帮助孩子明确学习目的，树立人生理想，告诉孩子除了考大学，还要学会做人、学会生活，培养良好的行为习惯，帮助孩子平稳度过危险期。我们要引导孩子从规范自己的行为习惯做起，时时牢记追求卓越的校训，弘扬吃苦耐劳、自强不息的民族精神。还要培养孩子具有社会公德，勇于承担责任，有一颗感恩的心，用爱心去回报社会。只有思想道德品质、科学文化素质和健康素质同步提高，孩子才会成为让我们满意的人。

第二，要教育孩子遵守学校的各项规章制度，养成良好的学习、生活习惯和尊师爱校的良好品德。

国有国法，校有校规，班级也有班级的纪律，这些规定和纪律是学生提高成绩的保证。只有好好地遵守这些纪律，班级才能成为一个优秀的班级，学生才能全面提高自己的水平。我们要让孩子明白：一个懂得规矩并且自觉遵守规矩的人，

才能时刻按规矩办事，才能使自己进步。风筝要想飞得高，必须由线牵引着，假如没有了这根束缚它的线，风筝只能掉在地上。人也是这样，没有绝对的自由，绝对的自由带来的是绝对的放纵，是没有好结果的。假如一个学生在遵守纪律方面做得不好，不仅是对自己的伤害，也是对那些刻苦学习的学生的伤害，更是对班集体的伤害。遇事多做自我批评，当孩子和其他同学有矛盾时，先让孩子从自身找原因，不要总是帮孩子说话；当孩子受到老师批评时，要让孩子分析老师为什么批评你、自己有哪些不对的地方。"严是爱，松是害"，这是中国的一句古话。老师对学生严格要求，有利于培养孩子的责任感，培养他们严格要求自己、善始善终的良好习惯。老师的批评教育是对孩子负责，表扬是爱，批评更是一种爱。孩子毕竟是孩子，孩子的话有时并不一定是真实可信的，要相信老师的话。我们家长要主动和老师交流，了解真实情况。很多误解通过沟通是完全可以消除的，这样更有利于孩子的成长。

第三，要积极配合、理解支持学校，多和老师联系交流，心往一处想，劲往一处使。

我们希望孩子成才，老师也希望孩子成才，出发点是一样的，目标是一致的。衡中是全国名校，衡中有最智慧的领导、最优秀的老师、最进取的团队，有最好的学习环境、最好的学习条件、最好的学习氛围，所以我们要多支持衡中、多支持老师。平时多关注衡中的一些情况，多了解孩子班级的情况，多与班主任交流，打一个电话，发一个信息，多问一问孩子的学习，多听一听老师的意见，向老师请教学习方法，和老师交流一下孩子在家里的情况，这些都是我们家长应该做的。不要等到孩子完不成作业了、违规违纪了、成绩落后了再被老师叫到学校，到那个时候可能已经晚了。另外，孩子的教育是需要学校、老师和家长共同配合的，但有些家长认为教育是学校的事，自己不需要再做什么了。其实家长是孩子一生的老师，家长只有加强对孩子的教育，与学校齐抓共管，营造一个良好的环境，才能使孩子健康成长。有这样一个比喻，老师好比医生，父母好比护士，医生开药后，护士的护理就显得尤为重要。比如，有的孩子对老师的批评不理解，如果家长不能耐心化解，反而火上浇油；孩子对学校一些严格的管理不理解，如果家长推波助澜，那么就会更加纵容孩子，就会使孩子因为对老师有抵触情绪而不认真学习，最后受伤害的是我们自己。

第四，要积极寻找沟通途径，用心和孩子交流，学会倾听，给孩子最大的关

衡中家长手记：
和儿子一起成长的衡中三年

爱，为孩子排忧解难。

在人生的过程中，经验的作用是不可替代的，我们每个家长在几十年人生中都积累了一笔丰富的经验财富，这些对于孩子来说是最为宝贵和欠缺的。要让孩子分享我们的人生经历，让他少走弯路，所以沟通交流很重要。但在现实生活中许多家长能做到无微不至地照顾孩子，却做不到真正尊重孩子，不会倾听孩子的心声。孩子在学校会遇到这样或那样的困难、挫折，孩子需要倾诉，而父母就是孩子重要的倾诉对象。作为父母不但要听孩子讲学校班级的趣闻逸事，更要听孩子的抱怨、诉苦，这也是缓解孩子压力的一种最有效途径，再说，孩子不跟父母讲这些跟谁去讲？我们要学会倾听，孩子把委屈说出来，可能也就没事了。倾听时，还要心平气和，不要一张嘴就批评，并且没完没了。我们大人都喜欢听好话，孩子一样喜欢表扬和鼓励。倾听之后，要及时分析孩子的愿望、要求，引导孩子积极的成分；对于孩子一些不妥当的想法，通过讲道理引导孩子提高认识；孩子仍然不明白的，允许孩子存疑，等待时机再进行引导。家长朋友们，不要抱怨和孩子没法交流，更不要总是拿工作忙作为借口来疏远孩子。在适当的时候跟孩子好好沟通，互相了解，换位思考，用心去体会孩子，多给孩子一些关爱，这是我们家长最应该做的。每次孩子放假，我们都是把所有的事情推掉，接孩子回家，然后一起陪伴他在家的日子，拿出时间和孩子进行多方面的交流，了解他在学校的情况，成绩如何，生活如何，帮助他以更好的状态投入学习中。有句教育名言"家长好好学习，孩子天天向上"，所以为了更好地和孩子沟通，我们家长还要通过学习不断提高自己，才能够更多地了解他们、懂得他们，真正地做孩子的好朋友。

第五，要多给孩子一些信心，鼓励孩子，做孩子成长的坚强后盾。

学习的竞争是激烈残酷的，在学习过程中，孩子总会遇到这样或那样的困难和挫折。由于孩子的个体差异，成绩有好有坏是很正常的；但孩子由于不刻苦、不愿下功夫，导致成绩不理想，我们就应该严肃批评；如果孩子很尽力了，成绩却还是不太理想，我们就应该给他信心，而不要一味地给他泼冷水，避免孩子产生厌学情绪。其实每个孩子都想考好，都希望自己是最棒的，但第一只有一个。所以我常对儿子讲："我们尽力就可以了，不求无怨无悔，但求无愧我心。"我不要求儿子每次考试都成绩优秀，但要求他脚踏实地学好每个科目的每一章每一节。当孩子成绩不理想的时候，我们就心平气和地与老师、孩子一起分析存在的问题，寻找对策，让孩子既要与同学比，也要与自己比，包括比较每科的成绩，看哪科是弱项，多花些时间补上，找到差距，以后不犯类似错误。这样目的就达到了。

下面介绍一下我常用的分析总结方法。

第一步，想一想。想一想这次考试自己满意不满意，对哪些满意，对哪些不满意。要清醒地认识到：考得不好，说明不了什么，加倍努力，下次一定考好；考得好，也说明不了什么，一时侥幸，还需努力，下次成绩才是印证自己实力的时候！

第二步，看看自己是不是偏科。总结强科的学习方法和经验，将其用到弱科的学习上，提高弱科的成绩。

第三步，分析丢分是智力因素还是非智力因素导致的。智力因素就要调整自己的学习方法，非智力因素就要端正自己的学习态度。

第四步，制订下一步学习计划，明确自己的学习目标。虽然我们无法帮助孩子考取满分，但我们完全能够给予孩子考取满分的信心，我们家长的一个小小鼓励，就会对孩子的学习和生活产生深远的影响。

家长的信任是强大的精神力量，它能激励孩子跨越失败的沼泽地，点燃孩子的希望之火，所以教育孩子要把食指变成拇指，对孩子多鼓励，给他们信心，培养他们积极乐观的人生态度，善于发现他们的长处，引导孩子正确地看待自己的不足，共同制订计划帮助他们改正缺点。

尊敬的家长朋友们，转眼之间，孩子高中三年的学习生活快要过去一半了。赶快行动吧，希望与行动同在！找一个时间，听听孩子的心声，与孩子一起制定目标，然后坚持不懈地行动。我相信，我们的孩子肯定会取得理想的成绩！希望，在孩子手中，也在我们的行动中！

海阔凭鱼跃，天高任鸟飞。祝愿我们的孩子能够步入理想的大学殿堂！

谢谢大家！

附3：家长会感想

每次参加410班的家长会，都会泪流满面！

以情动人，以心感人，以才惊人，这就是410班家长会给我的深刻感受！

孩子们对老师深深的爱，包含在孩子稚嫩的声音中！老师对孩子们深深的情，洋溢在老师的话语中！

衡中家长手记：
和儿子一起成长的衡中三年

孩子们为自己的老师写的评说词，显示了他们的才华横溢！有文采的飞扬、有傲视的雄心、有博大的志向、有机敏的睿智、有指点江山的气概……

四个女孩子同唱《感恩的心》，手拉着手，爱的音符从心底深处流出！唱出的是爱，泪水里是情！一个女孩泪流满面跑下讲台，另一个女孩满含热泪走上讲台，手拉起手，用心去呼唤爱！

所有的孩子都站了起来，所有的孩子都唱了起来，所有的孩子都泪流满面了，所有的家长都哽咽了……

"我还有多少爱，我还有多少泪，要苍天知道，我不认输。感恩的心感谢有你，伴我一生让我有勇气做我自己，感恩的心感谢命运，花开花落我一样去珍惜。"

孩子们，家长知道你们的志向，家长知道你们的情感，家长知道你们付出的艰辛，家长知道你们眼里的泪水，家长更知道你们的泪水不会白流，胜利在向你们招手！

11月14日—11月27日：奥赛和高考科目齐头并进

1. **本阶段要求和注意事项**

天气变冷，多加衣服；更好地按系统法去学习，提高学习效率。

2. **孩子在校期间的表现**

因为高一的生物书家里也没有找到，所以儿子返校后我就买了一本，第二天下午就给他送去了。他们是 17 点 25 分下课，我 17 点到了衡中，直接去了他的教室。

第一次在孩子们上课时进入教室区，静静的，没有一点声音，我也轻声慢步上楼，在 410 班教室门口等着。

直到看到有孩子出来，我才走进教室。看到他正坐着，我把书给了他，说了句："我把书给你送来了，我走了"，没等他回话就离开了。他有自己的安排，我不想打乱他的计划，完成送书的任务就可以了。

周四接到信老师电话，她说在衡中贴吧里看到 410 班家长会的感受，猜到是我写的，写得很好，有时间她会让孩子们看一看；还说 410 班一直在写班级日志，每个孩子都要在上面写些自己的心得和想法，现在已写了两本，都在她办公室抽屉里放着。这是孩子们的真情实感，很珍贵，怕万一丢了，想把它保存下来，所以想请我打印出来，存在 U 盘里就永远丢不了了。她还说通过这些日志，可以更多了解孩子们的内心，对我把握孩子们的内心情感、积累教育孩子的素材会很有帮助。

我很爽快地答应了，周五就去了学校，找到信老师拿到了那两个本子，计划用 40 天完成，元旦时送给信老师，作为孩子们的新年礼物。

出校门时，门卫师傅说昨天下午见到昭雨过来了，问修表的师傅在不在，他让昭雨把手表给他，隔一天上午课间来拿，因为他不确定修表的师傅什么时候来，怕孩子白跑，所以定在明天上午让孩子再取。昭雨走后，他去修表店把表修好，换了一块电池。怕孩子没有表不方便，他马上去教室给昭雨把表送去了。昭雨问多少钱，他说："你不要管了，到时候管你爸爸要钱。"我问："老哥，昭雨知道说谢谢吗？"他笑着说："知道，说了好几个'谢谢'呢。"我真心谢谢老哥，

衡中家长手记：
和儿子一起成长的衡中三年

帮了孩子大忙！

人心都是肉长的，人都是有感情的，你对别人好，尊重别人，别人会感觉到的，也会因此对你好，因此尊重你。人与人都是相互的！希望人与人之间多些理解、多些支持、多些帮助，这个世界就会更和谐、更美好！帮别人就是帮自己！

昭雨还是一直没打电话，我知道周四开始三调考试。周六16点05分考完后放假，我按时接他。昭雨出来得很早，我问他感觉考得怎么样，他说还可以，我说会比年级200名靠前吧，他说肯定进前100名，我说前50名呢，他说不好说，然后告诉我们这些天考了两次生物：一次是遗传学，89分，比最高分差一分；一次是动物学，200道题只错了18道，应该是很好的。看得出他对生物奥赛越来越自信，对自己也很满意。

3. 孩子放假在家的表现

这些天考试多，水喝得少，昭雨有些上火，这次回家他不想出去吃饭了，在家也只吃一些清淡的。因为刚考完试比较累，还有些上火，所以晚上就让他玩电脑放松了。

23点成绩出来了，昭雨是班级第11名、年级第82名，英语、语文、化学都不错，数学、物理、生物稍差。这个成绩我们是满意的，前100名就是第一梯队，只要不掉下去就可以了，毕竟现在以奥赛为主。第二天和他说起成绩来，他也满意。

昭雨现在是正常发挥，优势科目英语、语文依然保持优势，运用系统学习法后化学成绩很见效，数学、物理给的时间少，做题也少，所以成绩不突出是正常的，生物更是一点不看，也属正常。

我跟他说以奥赛生物为重的方向是不变的，数学、物理的时间不能多，只能在单位时间里提高效率、改进学习方法，比如可以试着用系统学习法。还问他观察过Y的学习吗，他说Y课下看语文、英语多，学奥数多，并且不怎么看改错本，我说看改错本是没错的，Y理科强、文科弱，所以是这样学的。我还把高主任的一句话说给他鼓励他："看到昭雨奥赛生物成绩很棒，希望他要做就做最好！"我告诉儿子的目标是拿国际金牌，这是于老师最后一次带奥赛生物班了，因为奥赛取消保送，估计2011年以后不成立奥赛班了。"你们给她一生最大的骄傲！"

（注：事实上，奥赛取消保送后，衡中不但继续成立奥赛班，还由两个班增加到四个班！当时我有些不理解学校的做法，后来看到清、北、复、交这些名校

都扩大自主招生，也更加看重奥赛生了，保送名额虽然确实少了，但降分的人数和分数更多了。降到一本线，对于这些孩子来说，不就是变相保送吗？

这些年，衡中的奥赛越来越强，连续好几年全国第一，每年通过奥赛进入清北的学生都超过50个！很佩服学校领导的高瞻远瞩和远见卓识！）

中午给于老师打电话，问昭雨的学习情况和状态，她说昨晚见到昭雨的数学、物理、生物不太理想，正想返校后和昭雨沟通，我说成绩出来了，班级第11名、年级第82名，她说这个成绩还可以。我问她昭雨奥赛生物考试怎么样，她说很好。我又问我们该给他说什么，她说鼓励他就可以了，这些天昭雨状态很好。我说已经鼓励了，让他取得好成绩，拿到国际金牌让于老师高兴，并请于老师平时多督促他，对他严格要求。于老师答应了。

昭雨看到班级日志了，我把情况也跟他说了，然后告诉他以后写班级日志可以不多用时间，但是要先想想一天重要的事，理理思路，找一件最有意义的事去写、去展开，不在于长短，而在于思路清晰、思想有深度，不说废话，言简意赅。还告诉他从日志里看出，他从不违纪，这是很难得的，说明他很注意细节，对自己严格要求，这点做得很好。

因为高一、高二一起放假，人太多了，所以没有坐公交车，这次接送都是骑自行车。

4. 本阶段总结

昭雨奥赛和高考科目成绩都不错，尤其在保证奥赛名次前列的前提下，高考科目成绩也进入了100名之前。昭雨很满意，按我们的计划按部就班地走。12月6、7、8日高中会考后，文科科目不再学了，更要把精力用在奥赛科目上。

11月28日－12月11日：办理身份证

1. **本阶段要求和注意事项**

   天气变化大，要及时增减衣服，感觉上火就喝苦丁茶，保证每天吃水果；学习按既定目标去做。

2. **孩子在校期间的表现**

   这周孩子进行学业水平测试，因为测试前的紧张准备和正式测试时的认真考试，所以我们两周没打电话，他也没打电话。

   明年5月昭雨参加奥赛考试，有可能用到身份证，于是给高主任发信息，确认这周是否放假、几点放假。确定周六15点45分放假后，便和派出所民警约好周六放假后给他办身份证，所以周五中午打电话告诉他周六放学后早点出来去办身份证。

   周六15点半赶到学校，昭雨快4点了还没出来，派出所的民警要去局里开会，一直催着赶快去办身份证，所以心急如焚。16点10分他出来了，原来是奥赛老师讲课时间长了，下课晚了会儿。我们赶快去派出所。

   拍身份证照片要求很严格，头发的颜色、衣服的颜色、左右肩的高低、脸的端正等都有比例要求，在民警的多次指挥下终于拍好了照片。

   出门后，昭雨说办身份证这样麻烦啊，我告诉他，现实中的事没有一件是容易的，看起来很容易的事，等真的做起来，就会发现其实很难。我还对他说，这还是我提前联系好派出所民警，本来他们早就要去局里开会，因为专门等着咱们给办理身份证，都开会晚点了；如果事先没有联系好，今天咱们到了，民警都去开会了，根本办不了！

3. **孩子放假在家的表现**

   晚饭他还想去吃米线，我们就一起去吃米线，问他怎么吃不够，他说半个月才吃一次，怎么会吃得够！

   他说前段时间生物奥赛考试，两科成绩出来了，都是第一，总体成绩也是第一。还说这两周都在准备学业水平测试，奥赛学得不多。周三测试完后，各科老师对他们的要求都紧起来了，都要求交作业，他们忙了两天才完成。这次学业水平测试前他们都下了功夫，测试时出的题却很容易。

吃完饭回家，他玩了会儿电脑。第二天上午一直看奥赛书。感觉他真的投入奥赛中了，真正地钻进了奥赛里，把学奥赛变成了乐趣，这是最重要的，也让我们很欣慰。因为准备学业水平测试，所以各科目和奥赛上课都不多，学习上没发现问题，需要说的也就不多了。

教育孩子时，我一直相信此时无声胜有声，也就是少说话，甚至不说话。

有问题需要沟通时，那就简单明了，拣重点去说，切忌唠唠叨叨，让孩子烦；觉得没有问题时，那就不要说，没有人规定一定就要说话，一切尽在不言中才是最高的交流、沟通境界。

4. 本阶段总结

我们给他鼓劲，让他更加坚定地学习生物奥赛，要以超群的水平保持在前列，实现自己远大的目标。

凡事预则立，不预则废，很多事情，需要未雨绸缪。比如办身份证的事，年满 16 周岁必须办身份证，并且可以是 10 年的，所以满 16 周岁后尽快给孩子办好身份证，因为不知道什么时候用到，省得到时候着急！

很多时候，是我们家长自己不用心、不动脑子，考虑事情不周全，遇到一些事情、有一些麻烦时却埋怨孩子，这就是家长太不讲道理了！

12月12日—31日：成绩回升，信心满满

1. 本阶段要求和注意事项

天气很快会变冷，注意加衣服；把更多时间投入奥赛，以使奥赛成绩取得更大进步，具备超群的水平。

2. 孩子在校期间的表现

周日14点半把他送到学校，按照惯例我没有回家，还是和门卫师傅在一起说话。

付出总会有回报，用心总会有好结果。在门口坐着，出出进进会遇到很多老师，可以打招呼说说话。16点时，很惊喜地见到了于老师。和于老师谈到昭雨的情况，她说这段时间昭雨状态很好，去教室的时间很早，并且进入状态快，投入的精力也多，对他很满意。我说放假回来又给他鼓劲了，希望他再多努力，并希望于老师多指导他，对他严格要求。

见到老师说上几句话，比打一次电话的效果强百倍。在门口冻了一下午，但意外见到了于老师，值！太值了！

昭雨周二中午打来电话，说老师通知的春节前北京5天培训班和春节后河北师大9天培训班，问我们选哪个参加，我告诉他等我们问问老师后给他答复。

他的古代诗歌散文赏析的课本丢了，我周三专程去石家庄买回课本，当天中午给于老师打电话咨询培训班的事。17点20分我去衡中，直接去了昭雨教室，把书给他，同时把写着培训意见的字条一起交给他，然后便离开了。

字条是这样写的：①北京5天培训班是清北学堂办的，请的是北京一流教授专家，有的是竞赛出题者，很有权威性，但时间短，只是一部分科目老师。②河北师大培训班9天，一天一科，正好算是阶段性复习，针对性较强。③两个培训班唐山一中的生物奥赛生都参加。基于以上三个原因，参考于老师意见，我们的意见是两个培训班都参加，你自己做决定。

同时提醒他，于老师特别点名让他们几个尖子生一定两个班都参加。

衡中管理严格，很难有家长能进入教室，所以当我出现在教室时，孩子们都很亲切。K见到我就领我去昭雨座位找他，男同学Y和女同学Y赶快喊昭雨。

昭雨正和 S 他们一起在讨论问题，见到我表情很平静，直到我离开都是平静的。

每次进衡中都有收获，这次在光荣榜上看到了奥赛生物成绩：王昭雨 272 分，第 2 名 269 分，第 3 名 265 分。数学奥赛前三名分别是 125 分、115 分、105 分。

过了几天，总觉得该给孩子打个电话，问问他对两个培训班都参加这件事的想法，怕替他做决定孩子想不通。打了好几次电话才找到孩子，他说没事，愿意两个培训班都参加。我们心里踏实了。

12 月 27 日全省教育系统心理研讨会在衡中召开，其中有家长教育研讨会，我去听了，发现和上次的内容一样。上次的内容我有录音，因此没有听完就出来了。

凡是衡中的活动，只要能参加，我一定会去。多感受衡中，多了解衡中，等于间接了解孩子。

前些天生物奥赛生去衡水学院学习了一天，昭雨没说，我是去衡中听门卫师傅说的。元旦放两天假，但他们要去衡水学院做生物实验，我和他妈妈一直纠结是否让他回家一趟，等到下午放假那天才知道，市里的可以接回家住，于是去学校接他回家。

放假前进行了四调考试，昭雨名次是班级第 8、年级第 52，比上次进步 30 名，我们很满意，他也很满意。

他告诉我，这次下了些功夫，尤其是数学和物理多用了时间，数学考了 144 分，第 8 名，物理考了 101 分，第 5 名，这两科成绩上升明显。因为下两次考试，他外出培训都赶不上，只能模拟成绩，而数学、物理决定模拟成绩的好坏，所以倾斜到数学、物理上，并且卓见成效。他还说，奥赛考了生态和生理，这两项竞赛时内容很少，所以平时看得不太多，但考试时依然考了第一名！近几次奥赛各科考试，他的成绩很好，一直稳居第一，这是我们最欣慰的！

按照我们的既定目标，稳步前进，奥赛达到了预期目标，高考科目也在可接受范围之内。他的奥赛状态越来越好，有兴趣并且很踏实，找到了学习生物的感觉，自信心也更强了！

这让我想起了他在初中时的情况，那时年级第一基本就是他的，别人怎么努力都很难超过他，他充满了自信和沉稳！现在这一切又回来了，他有了生物奥赛唯我第一的自信和豪情，感觉到了他的坚毅和镇静！

我可爱的昭雨又回来了！太高兴了！

3. 孩子放假在家的表现

衡中家长手记：
和儿子一起成长的衡中三年

回到家，昭雨晚上还想去吃米线，我们尊重他的意见去吃了米线。

一部分奥赛生物同学不想学实验回家了，只有16个孩子选择了假期做实验。他丝毫没有觉得辛苦，说能在家住两晚已经很不错了，况且外地的孩子根本回不了家，说他们要在学校里住，白天去学院，晚上回衡中，更辛苦。儿子知足常乐的心态，令人佩服！

1日早晨7点半，我们就到了衡水学院门口，等着于老师带孩子们从衡中过来。于老师来了后，学生们都进去做实验了，我们和S爸妈一起说话。

S近几次高考科目成绩都不太理想，所以她爸妈很着急，不知道该怎么办。我给他们说奥赛和高考科目都优秀是不可能的，所以要定个切实可行的目标。原则上高考科目不能太差，否则会影响信心。他们说S自己说题目都会，难题做出来了，容易的错了，并且化学和数学老师都反映她不踏实，有些浮躁。我说老师的话是对的，肯定是状态一般，成绩是最好的证明。另外，她对自己的认识不够，没考好没意识到自己没努力。如果认识不深、学习动力不足，下次考试成绩还不会太理想。他们认可我的说法，计划今天不回去了，晚上把孩子接出来，好好沟通。

高中阶段，包括初中时，我常常对昭雨说，同学问你题目的时候，一定要热心讲解。一是同学认可你，才让你讲题，讲题可以帮助同学，融洽关系；二是给别人讲题，对你也是一次再学习和熟练的过程；三是不要怕别人学会了超过你，最好的竞争是良性竞争，大家你追我赶，互相较劲比着学，这样你的水平才会越来越高！

帮助别人，自己也会强大。事物之间是相互作用的，助人也会提高自己。这样去教育孩子，我自己也是这样做的，所以，孩子家长经常咨询我自家孩子的问题，我都会认真帮着分析原因，热心帮助孩子提高成绩！看起来是给儿子增加了竞争对手，其实是给儿子更多的动力。只有在高水平的竞争环境中，儿子才会更加优秀！

因为昭雨说衡水学院食堂的伙食很不错，且中午时间很短，所以我们中午就不管他了。于老师说实验要做到晚上，我们就计划晚上再接他回家。17点他打来电话，说实验结束了，让去接他，我赶快打车去衡水学院，把他接回来。他说好累，站了一天，手里还要拿着实验器具，21点就去睡觉了。

2日早晨7点40分到衡水学院后，我们直接去实验室等于老师，衡水学院的老师已经在了，东区的几个孩子到后，老师便叫他们先做一些基础的东西。

看上去昭雨不是很积极,他就是这样低调的人。也许做家长的都喜欢孩子哪方面都优秀,其实这是难为孩子,给孩子增加无形的压力。孩子各有所长,能做好自己、发挥出自己的特点就足够了。所以于老师来了后,我们就离开实验室了。我不想给孩子压力,要让他在属于自己的天空自由翱翔!

早晨送他走时,就知道做完实验他们会直接回衡中,所以计划晚上把东西直接送到衡中,放到门卫处,他进校时让他带走。没想到18点他打来电话,说实验结束早,现在已回到衡中。我让他先吃饭,20点我们过去把东西直接放到他宿舍。

4. 本阶段总结

昭雨身体一直很棒,学习状态很好,奥赛名列前茅,高考科目成绩也取得了长足进步。

衡中家长手记：
和儿子一起成长的衡中三年

1月2日－15日：班级日志成稿

1. 本阶段要求和注意事项

因为他自己很有主见，对学习、生活安排得井井有条，所以这次没提要求，只是让他注意身体，及时增加衣服。

2. 孩子在校期间的表现

晚上9点我们到了衡中，和门卫师傅说好后直接进入校园，奔向宿舍。宿舍楼门没有关，我们推开楼管的门，吃惊地发现屋里不是楼管老张而是两位女士！我们急忙说找老张，说是高二410班学生的家长，来给孩子送东西。其中一位女士说老张早不干了，换成她了。她把宿舍钥匙给了我们，我们到二楼把东西放到昭雨的铺上，然后下楼和楼管聊天，套套近乎，为了今后方便出入。

一聊天才大吃一惊！真是只有想不到没有做不到！原来她是高三家长，为了照顾孩子才来做楼管的！像她一样的还有两个家长，不过那两个是高一家长！孩子跟着她一起住，午饭和晚饭她给做着吃，孩子会舒服一些。

她是张家口的，专门为孩子来陪读，半年都难得回家一次。这样为孩子付出，让我很震撼，也很佩服！

她说以后昭雨有什么事，直接找她，她都会帮忙的！再三感谢后，我们往家走，在路上22点05分时，给昭雨宿舍打电话，儿子接的电话。因为知道给他送了东西，所以他提前回了宿舍。他说见到东西了。

腊月二十一他们要去北京培训，一些东西会再送去学校的，所以这次就没送太多。

11月12日从学校拿回的他们班的两本班级日志，经过我的努力和同事、朋友的帮忙，日志录入终于彻底完成了，虽然没有按计划在元旦前送到学校，但是现在完成也很欣慰了。因为两本日志内容太多，完全超出了我的意料。同时我还把日志扫描成电子文档保存了！

1月11日中午，昭雨打电话说老师让交培训钱，北京和石家庄两个培训班一共3350元，我说下午去学校正好把钱直接给于老师，让他不用管了。

下午，我去衡中先把钱给了于老师，之后把两本日志交给信老师，把扫描的电子文档和打印的日志稿也复制给了信老师，把 U 盘里我整理的一些有关衡中的资料，比如我眼里的衡中及高中学习方法，也都复制给了信老师，因为她要编写衡中的校庆资料。

谈到昭雨，信老师说前几天和孩子们谈话，昭雨提到考试后的感悟，说基础知识掌握的好坏决定着成绩的高低，因为基础知识花费时间要少，但分数并不低。信老师说他的感悟很深刻，这是好多孩子学习中存在的亟待解决的问题。我对信老师说，感觉昭雨现在状态非常好，我们很放心。

然后又见了于老师，和她谈得很多。她说昭雨状态非常好，平时感觉他很镇静，做事有条不紊，而有的孩子已出现慌乱、理不出头绪的情况，顾了高考科目就会顾不了奥赛，昭雨不存在这个情况。我说这个情况每个人都要遇到，我们遇到得早，化解得也早，早早明确目标，按部就班就去做了。

她还说昭雨非常自信，我说他找到了初中时的感觉，那时他成绩一直稳居第一，在他心里第一就是他的，特别自信！

她说昭雨知识特别扎实，我说我们初中时就做了学习生物奥赛的准备，让他看生物书做生物奥赛题，这些基础的东西，随着学习的深入会逐步显现出他的优势。

她还说昭雨思路清晰、头脑清楚，暑假在河南学奥赛时，生态学里面好多数学公式和化学方程式，于老师都觉得很麻烦、很挠头，问他能听懂吗，他说能听懂，于老师就说等以后咱们学到这里，由你给大家讲这些内容。前些天学到生态学这一部分了，就让他讲课，于老师在后面听课。昭雨讲得很明白、很清楚，并且每句话都抓住要点，一句废话都没有，同学们很喜欢听，也都听明白了。我说昭雨一直心里就有数，很有主意，知道自己该做什么，比如报奥赛时，尽管数学奥赛老师找了他两次，他还是义无反顾地只报了生物。

于老师说今年奥赛生物竞赛题由北师大出题，遗传和生化的内容要多，所以要侧重这两方面的内容。我问于老师我们需要再给他说什么，她说多给他鼓励就可以了，对于这样的好苗子要好好培养！我说咱们一起去帮助、鼓励、支持孩子吧！

去的时候给信老师、于老师和高主任每人带了本台历。新的一年开始了，老师们正好在上面记一些工作安排和日常事务。

这次去学校，意外地知道这周孩子们正常放假，这是没想到的！再有 10 多天，

衡中家长手记：
和儿子一起成长的衡中三年

他们就去北京参加集训了！

另外还有一个收获，在光荣榜上看到了奥赛生物成绩：王昭雨164分，第2名160分，第3名159分。数学奥赛前三名分别是140分、120分、117分。周六把他接回来，感觉他心情、状态都很好。

3. 孩子放假在家的表现

昭雨因为18点要在网上听北大学生解题，所以没有出去吃饭，从18点到20点一直听。150分的题，昭雨能考到110多分，很不错，因为这是国际竞赛题。

这次他回来主要和他谈了我见老师的谈话，把信老师和于老师对他鼓励的话都告诉他，让他更加自信。他说这段时间信老师对高考科目抓得紧，问他怎么去处理的，他说减少高考生物课时间，还有英语的时间。他举例说，老师讲评英语试卷时，改错时不在试卷上改错，直接写到改错本上，同时也完成了改错任务，一举两得。所以，他一直没有放松奥赛生物的学习，时间上也没有少。

他还说生物奥赛现在很难，经常听不懂、弄不明白。我告诉他于老师说了，现在学的是最深、最难的时候，意图就是学深一些，知道自己的薄弱环节，等到下一轮学习时，更加有针对性。另外，你要觉得难，别人会觉得更难，比你不会的人很多。

4. 本阶段总结

这段时间孩子一切正常，能很好地处理奥赛和高考科目之间的关系，身体也很好，状态也不错，从我们观察和老师那里得到的情况是一致的。

现在的家长对孩子的教育很重视，有的不远千里来陪读。关于陪读，我觉得孩子上高三的时候是可以的，因为学习很紧张，在生活上需要家长多照顾一些，孩子有个好身体，会把精力更多地用在学习上。相反，孩子上高一、高二时我是不赞成陪读的，这是培养锻炼孩子独立自理能力的最佳时期，家长要学会放手。孩子是雄鹰，就让他去天空展翅翱翔吧！

1月16日－29日：北京奥赛集训

1. **本阶段要求和注意事项**

因为下下周一（腊月二十一）他们要去北京清北学堂集训，所以要求他这几天一定要保证身体健康，到了清北学堂抓紧一切时间培训，同时要听老师的话！

2. **孩子在校期间的表现**

1月24日（腊月二十一）昭雨去北京参加培训，所以23日我们便去了衡中。约好下课后去宿舍等他，给他带了晚饭，下课后让他直接回宿舍。

17点到了衡中，在门口待了会儿，和门卫师傅说话，看到他们把出门单整理好，准备交给教育处。教育处根据出门单计算每个班级的量化分，分配老师的奖金。

17点40分去宿舍楼，在楼管处等他。18点15分铃响，高三下课，一会儿楼管儿子回来吃饺子，只用了5分钟的时间就赶快回教室了。18点20分铃又响，高一、高二下课了。

昭雨回来，我们一起去了宿舍，他已收拾好东西，还把内衣都换了，让我们带回来。边吃肯德基边说话，他说去了要下功夫学习，我们把带去的手机、钱等都交给他。为了晚上学习提神，还给他带了咖啡。同时嘱咐他，用功学习没有错，但也要注意身体，因为年后还要出去学习，必须有个好身体。

5分钟左右的时间，他吃完了就马上回教室，我们又收拾了一下东西，也离开了宿舍。

和楼管聊天，感觉到孩子们的不容易；见到他们吃饭的情景，才知道孩子们的紧张。有一些高三孩子，打好的饭才吃两口，一看时间到了只好倒掉，饿着肚子去教室。楼管说家长们都想让孩子上名校，主要还是家长的虚荣心在作怪。

楼管真的是好妈妈，在学校陪孩子，腊月二十五回去，初四就要回来（初五开学）。从张家口到这里1000多里地，平时不能回去，真的不容易！

昭雨他们24日早晨6点半就去北京，我们已经把东西都送去了，也不再去学校送他了。

衡中家长手记：
和儿子一起成长的衡中三年

  这次去衡中有三点收获：一是了解到衡中的量化很细致，直接和老师奖金挂钩；二是孩子们真的很紧张、很辛苦，三年太不易；三是不要太看重孩子的高考成绩，只要三年努力了，什么结果都是满意的。

  24日早晨7点他们出发了，一直等到22点也没来电话。22点半，出差的昭雨妈妈打来电话，说昭雨给她打电话了，说了四件事：一是交920元学费，二是去学校拿寒假综合实践活动手册，三是去六楼奥赛教室拿书，四是拿回书包旁边的高考知识点。还说儿子住在宾馆，两人一房间，他和S一个房间。

  S爸爸告诉我，S给家里发信息，说学校老师多么有意思，说话多么好听。看来他们两个的性格不太一样，说话的侧重点也不同。

  有一次和D家长聊天，她说她女儿特别佩服像我这样的家长，只要回到家就说人家王昭雨的爸爸最称职。D家长还说，暑假时学校发了两张优秀家长的发言稿，孩子问她会写吗，她很诚实地说不会，而且你也不优秀。D说老师要是让写5页，人家王昭雨的爸爸能写10页，要不人家儿子就那么认真呢，看来是遗传。我不好意思地笑着问D家长，D觉得昭雨是什么样的孩子，她说了两个字："刻苦！"

  看来昭雨的认真和刻苦，同学们也是认可的，心里很欣慰！

  我一直不避讳儿子的刻苦和努力！儿子到今天为止，取得的这些成绩都是他勤奋努力的结果！天道酬勤，成功属于坚持不懈不断努力的人！我希望儿子一生都要去努力去拼搏！

  27日放假那天，因为昭雨不在宿舍，所以从教室拿了书包后，我就直接去宿舍拿他的床单被罩，然后搭H家长的车回家。

  路上，H家长说不知道学奥赛生物到底有什么用，我问他们为什么当初要让孩子学呢，他们说是孩子自己报的，想学物理，结果学的是生物。

  看来多数学生和家长当初选择奥赛都有一种随意性，并没有经过深思熟虑。

  1月29日昭雨从北京回来，我们14点就去车站等着他，15点他们坐的大巴才到衡水。孩子这些天很辛苦，我们赶快接他回家。

  3. 孩子放假在家的表现

  因为在北京市里，大巴车开不快并经常停车，孩子们大部分都晕车吐了，所以一直到回来都没吃东西。昭雨饿坏了，回家赶快煮方便面吃。

  说起北京5天的培训，他说没有想象的好，虽然大部分老师不错，但有的老师讲课一般。清北学堂的培训，全国各地的学生都有，其他省份的孩子不怎么学，去了就是玩，影响得他们中有些孩子也跟着玩，比如有的同学出去吃饭很晚才回来，有的同学晚上看电视看到凌晨两点。

问他晚上看电视吗，他说不看，有时 S 看电视，他就自己看书，并且每天中午都不回宿舍，在教室里看书学习。

1月30日，我主办的衡水市公益大讲堂请来了10个清华、北大的学生做报告，昭雨也去了。8点我们到后他就开始问他们问题，主要问学生物奥赛的孙赫，孙赫给他介绍了每科应该学到什么程度，应该注意哪些，昭雨受益匪浅。

等到清华、北大学生在大讲堂上开始做报告时，他说不去听了，自己在楼下看书。中间我给他送过一次水，他看书一直看到12点报告结束。

在很多事情上，昭雨都有自己的想法和见解。他觉得从孙赫那里已经得到了自己需要的东西，正好趁机好好消化一下，比去大讲堂听其他清北学生讲更有益处，所以他选择在楼下看书。当然，我也支持他，尊重他的选择。

很多家长，总喜欢为孩子做主，觉得自己才是对的，让孩子遵从。如果孩子不按家长的意思去做，就会给孩子扣上不听话的帽子，还口口声声说都是为孩子好，用道德绑架孩子。久而久之，孩子和家长之间的沟通就会越来越不畅通，根源在于家长的自以为是、不尊重孩子！

春节在家的一周，他从饮食上很注意，不吃得太油腻，也不吃得太饱，并且注意多喝水。平时基本是看奥赛书做奥赛题，大年三十和初一也在看书。

4. 本阶段总结

在北京培训期间能不受外界的干扰，做自己的事，这点难能可贵。春节在家注意饮食，平时基本能做到看书学习。他的自律和自制力，真的令人佩服，这也是他一直优秀的原因！

奥赛学生的苦还体现在寒暑假都要培训，没有假期，学校请全国奥赛名师来校讲课，或者组织学生去名校培训。寒暑假对于奥赛生来说，是强化学习、提高自己的最好时机，但一些自制力不强的孩子就开始放羊了，花着父母的钱开始玩乐，又耽误时间，真的不应该！

衡中家长手记：
和儿子一起成长的衡中三年

2月5日—26日：河北师大奥赛集训

1. 本阶段要求和注意事项

因为儿子先去石家庄培训10天，然后再回学校，所以要求他在石家庄要注意身体，好好用功学习，不浪费时间。

2. 孩子在校期间的表现

2月5日（大年初三）昭雨去石家庄河北师大培训，我们告诉他为了学业有成吃苦是必须的，还告诉他要充分利用好这次培训机会，抓紧时间学习，不管别人做什么，自己一定要把握住自己，做自己该做的事。

在火车站候车室等车时，他在座位上一直看书，不为周边的吵吵嚷嚷所动，这点很让我佩服。

到了石家庄，昭雨打来电话，说住在地下室了。我问不冷吧，他说不冷，我说不冷就行了。其实大部分时间孩子们在教室里培训学习，真正在宿舍的时间很少，即使在宿舍时也是睡觉，住地下室没什么的。

2月14日他从石家庄回来，14点半我们去火车站接他，然后跟于老师说，不让他和同学们坐公交回校了，我们打车直接送他回衡中。

在路上问他在火车上看书了吗，他说看了。问他学得怎么样，他说讲得比北京的老师要好，一是时间长，二是老师讲得很详细。他说吃得不太好，因为师大放假了吃饭的人很少，所以食堂师傅少。

在门口等同学们回校时，意外见到了S，抱着被子。他没有去石家庄培训，怎么也在校门口了？问他家长知道原来他没去培训，初八开学时也没回学校，一直在家，等着他们返校时一起回校。这孩子很有个性。

后来Y家长也来了，也给孩子带着被子。他们的东西太多了，需要孩子自己拿进去，因为学校不让家长进。而我们在衡中开学那天，专门来了学校，当天家长随便进。我们把被子等东西都放到了宿舍，铺位也给他整理好了，返校后，孩子自己什么都不用管了。

做什么事情都要考虑周全，这样大人和孩子都会省去很多不必要的麻烦！

这些天没有事，他没打电话，我们也没打电话。快要放假时，周五晚他打来电话，说这周不回家了，想在学校学习。我们尊重他，告诉他周六放假后我们去学校，带他出去洗澡、吃饭，然后送他回学校。

周六下午，我们到了学校，先把给他的衣服和吃的放到宿舍，然后在门口等他。等到16点半儿子出来后，我们带他去宾馆。洗澡时，发现他身上肉很多也很结实，只是骨架小，感觉不胖而已。

一小时后去附近小饭店吃饭，吃完饭也用了一小时。其实，目的就是为了和他说说话，让他放松一下。

他说这段时间学习很紧张，不但奥赛紧张，高考科目也抓得很紧，但他觉得没问题，按部就班地学习，生活和学习都感觉很好。

不到19点就把他送回学校，我没有马上回家，过了会儿去教室看了看，见他正在学习。教室里有三分之一的学生，都在安静地认真学习。

3. 本阶段总结

因为没回家，所以就少了一些内容。我告诉他，放假不回家在校学习的方式可以试试，关键是要看看下两周在学校的状态会怎么样，只要没什么影响就可以，毕竟要一个多月才能回家一次，看能否顺利适应。

答家长问：有关奥赛的利弊

很多朋友希望孩子学习奥赛，只是看到了奥赛获奖后可以保送降分的优惠，却不太了解奥赛生的辛苦！奥赛的辛苦，通过寒假的两次集训，就完全体现出来了！

整个寒假不到20天的假期，基本都要参加集训，仅有的5天假期还要完成作业，也是在紧张学习！所以，奥赛生比其他同学付出得更多，真的不容易！并且还要承受失利的打击，更不容易！

不过，这也培养了孩子自主学习的能力、自律能力、抗挫折能力，这些优秀的品质，会对孩子一生的发展产生深远的影响！所以，对于学有余力的孩子来说，学习奥赛是很好的选择，取得好成绩是一方面，更重要的是可以培养孩子的自律意识和抗挫能力等优秀的品质！

衡中家长手记：
和儿子一起成长的衡中三年

2月27日－3月12日：看淡成绩

1. 孩子在校期间的表现

他打电话说需要语文书，我利用周日下午孩子们返校的机会给他送书。在教室里没见到他，我把书交给其他同学就去半路迎他，结果也没有等到他。我去他宿舍，在宿舍门口遇到L，他说宿舍里没人了，我便从学校出来了。其实也没事，就是想昭雨了，想看看他，结果没看到。

两周的时间很平静，只是在放假前一天，他打电话说周六12点考完就放假。

12点半他才出来，路上告诉我们，数学题特别难，考的是奥赛题，根本就不会。但他们班数学奥赛生考得特别好，班级平均分落下实验班20多分。

我们告诉他，不要在意成绩，现在以奥赛为主。然后问他上次放假没有回家，这两周受影响了吗，他说没事的，并且说这周还想早晨返校，我们说尊重他的想法。

2. 孩子放假在家的表现

他回家后理完发开始看书，18点开始上网听奥赛课，一直听到21点一家人才开始吃饭。22点他去休息了。

休息之前成绩出来了，昭雨年级第113名。我们和孩子早已达成共识，现在一切为了奥赛，不看重高考科目成绩。所以，我们和孩子都很淡然，平静地接受这个成绩。

周日早晨7点半出发，8点前他去了教室。提前返校。

昭雨打电话说手表带坏了，周六16点我去衡中门口取表修表。门卫师傅主动拿着表去找人修，发现对面的师傅手艺一般，他又骑车去远处修，回来说手表带不好修，先放到那里了。

周日孩子们返校时，他去修表处取回表，我直接去教室送手表。

4楼教室没有他，同学说他在6楼奥赛教室。6楼奥赛教室静静的，李老师坐在讲台上，10多个孩子在认真看书。为了不打扰昭雨，我把手表给他后就出来了。

3. 本阶段总结

奥赛日益临近，学校抓得紧，他自己也紧张起来了，劲头很足。我们很欣慰。

做任何事情，都有舍有得。鱼和熊掌都想兼得，往往会竹篮打水一场空，什么都得不到。在奥赛和高考科目的平衡上，一定要敢于舍弃，尤其是距离奥赛考试半年的时间，必须把精力用在奥赛上，否则参加奥赛就没有意义了！当然，取舍也要建立在奥赛成绩上，如果处于中下游水平，尽早放弃也是明智的选择，避免最后落得鸡飞蛋打的结果，那就得不偿失了！

孩子一个月回一次家，很正常，因为衡水的其他高中，比如衡水二中、衡水十三中、衡水十四中，还有武邑中学、冀州中学，都是一个月放一次假，只有衡中是两周放一次假。

在奥赛冲刺的阶段，需要付出更多的努力，所以我很赞成昭雨两次假期回家一次的做法，这样可以充分利用时间，好好学习奥赛。

天道酬勤，我相信任何成功的背后都是默默坚持的努力付出，轻轻松松就能取得成绩，那是异想天开！鲜花掌声的背后，都有不为人知的汗水！

很多人，包括每年接受采访的状元，他们都会淡化自己的努力，强调自己多么爱玩，该玩的时候玩，该学习的时候学习，证明自己生活丰富多彩，脑瓜特聪明。其实，他们的话千万不要当真，否则你会被坑的！99.9%人能取得成功都离不开勤奋，而且勤奋起了决定性的作用！他们自己说玩游戏、看电影，也许三年只做过那么一两次，难道你认为他们边玩边学就能考取状元吗？

衡中家长手记：
和儿子一起成长的衡中三年

3月13日－26日：有意义的成人礼

1. 本阶段要求和注意事项

继续多抓奥赛，适当放松高考科目；注意增减衣服。

2. 孩子在校期间的表现

3月27日学校要召开成人礼活动，要求家长给孩子写一封信。春节后我们就商量好了，由昭雨妈妈给孩子写信。3月17日她把信写好，我马上去学校给信老师送过去。

通过这封信，体现了我们对孩子的事高度重视。一是准备时间长，大概一个半月的时间，很充分；二是用钢笔写，而不是打印稿，很有诚意；三是信封上的字我写了两遍，用了两个信封，觉得满意了才封口，很用心；四是亲自去学校送到信老师手里，很重视。

3月17日是周五，和信老师发短信联系说去送信，她回信息说晚上要开会，需要准备材料没有时间，我也没回信息直接就去了。反正就是交给她也耽误不了她多少时间，先斩后奏吧！

到了学校，我先给于老师打电话，她让我去6楼奥赛教室找她。我现在最想见的就是于老师，因为想更多了解昭雨的奥赛学习状态和情况。在奥赛教室外，我和于老师聊了半个多小时。

第一，关于昭雨的情况。她说昭雨学习劲头很足，前几天奥赛宣誓，每个孩子表决心写誓言，他写的是"人不辉煌枉少年"，于老师觉得很好，把他这句话用在班级的宣誓誓词里，作为对昭雨的认同和鼓励。

第二，关于昭雨的特点。他做难题的水平很高，知识掌握得深、掌握得细。

第三，东西区孩子的情况。东区10个孩子并过来后，统一进行了一次考试，竟然前10名东区占了7个！于老师很郁闷，怎么会有如此大的差距？郁闷之余，她发现虽然是综合考试，但内容以动物生理为主，这章内容她觉得考得少，平时对孩子没做要求，所以孩子看得少、学得少。再后来的几次考试中，情况就正常了，有时西区还超过了东区。

第四，历年奥赛竞赛时，都会有平时学习好的孩子难以发挥出正常水平的情况。于老师说一是压力大一些，二是孩子太自信！生物竞赛和其他竞赛不一样，偶然性最大，因为一些题目，孩子们的答案不是特别准确，所以太自信了会想得更深、更广，往往会偏离正确答案。孩子总爱问为什么，对平时的题表示怀疑，就容易出现问题。

中间看到信老师去开会，和她说了几句话，把信交给了她，圆满完成任务！

18点20分，高二学生去吃饭，但没看到昭雨过来，K主动帮忙去看昭雨，但教室里已经没人了，也许他从另一出口下楼了。我就在教室区等他。

孩子们吃完饭，他从另一侧楼梯上来了，我喊他过来，告诉他是来给信老师送信的。其实真见到孩子了，却又不知道说什么，只是问他吃得怎么样、学习感觉怎么样，然后就让他去教室了，我也下楼回家了。

每次去衡中都会有收获！这次公告牌上是前几天的奥赛考试榜，他是第3名，95分；A98分，S96分。最近考试他基本都在前三名。

24日中午，信老师打电话通知我参加成人礼，并且安排我两项任务：一是作为家长代表在班上发言，二是代表家长给孩子们准备礼物。

第一件事没问题，第二件事很艰巨，几天时间准备好70多份礼物，很有意义，但也是挑战。我马上联系S妈妈，把信老师的想法告诉她，和她一起商量，最后初步定下买笔，她去准备，我再和其他家长联系。其他家长也没有更好的主意，基本定下来买笔。后来又和信老师、S妈妈商量，最后定为一支笔、一本书，寓意书写人生。

多亏S妈妈这几天把礼物都准备好了，一支钢笔、一本《弟子规》，还买了一本《你的梦想一定会实现》，并把我整理的格言和她自己整理的格言用彩纸打印好，一切都做得非常完美！

这些天，我单位事情很多，她做了这么多事，省了我好多心思和时间，真心地感谢她！

最初是想找几个家长一起出钱买礼物的，但每人想法不同，最后商定我和S家长我们两家给孩子们出钱。

昭雨打电话说26日成人礼排练，然后放假，他不想回家了，在外边吃饭后就回学校。于是我们下午早点去了学校，把衣服和水果先放到宿舍，然后去参加成人礼彩排。

学奥赛生物的学生16点排练结束后要上课，20点半才放假。

衡中家长手记：
和儿子一起成长的衡中三年

昭雨出来后，一起去外边吃饭。他说这段时间生物考过几次试，成绩在班级一次第一、一次第二、一次第四。其实现在的考试含金量更高了，因为东区10个孩子也在他们班。

我提到J这次考试进入了西区前30名，觉得衡中的孩子都有潜力，告诉他只要坚持努力就会有好的结果！J和他一直同班，彼此很了解情况，所以这更坚定了他现在全力以赴学习奥赛的决心，更有信心在奥赛结束后将高考科目成绩全部赶上去！

吃饭用了一个多小时，返回学校快19点了。其实这次于老师要求生物奥赛学生第二天8点前返校即可，但昭雨想多给自己一些学习时间。

27日的成人礼是历年来规格最高的一次，因为团中央、省团委、市团委领导参加，全程录像并作为素质教育内容全省推广，所以，成人典礼活动安排在操场上进行。

这是孩子们长大成人的节日，也是家长们见证他们成人的节日！

当我给昭雨戴成人帽那一瞬间，面对面看着儿子稚嫩的脸上已显示了些许成熟与刚毅，看着眼前和自己一样高的孩子已长大成人，心里涌出很多感慨和自豪！默默祝福儿子快乐成长、一生平安！

给孩子戴完成人帽，我和WS爸爸、HS爸爸一起把礼物搬到教室，把礼物一份一份整理好。仪式结束后，孩子们回到教室开主题班会。

班会由孩子们自己主持，表达自己的感情，诉说步入成人的心声。

我作为家长代表发言，本想脱稿，但这几天事情太多，稿子没背熟，没敢脱稿。身处那个令人激动的场合，我的情绪也被孩子们调动了，很激昂地为孩子们鼓劲，博得了孩子们的阵阵掌声！

班长J说，昭雨爸爸陪着410班一路走来，付出了很多心血，无论是远足的全程陪同，还是将班级日志一字一字打印出来，都凝聚了对410班的爱！

最感人的一幕是把家长写给孩子的信发下去后，孩子们拆开信，用心去读父母的心声！

教室里静静的，舒缓的音乐声渲染着情绪，有的孩子忍不住泪流满面，有的孩子忍不住掩面而泣，有的孩子忍不住趴在课桌上无声地哭泣！

孩子们，尽情地哭吧，让泪水喷涌而出！为了那份父母之爱，为了自己艰辛的成长，为了自己今天长大成人！

昭雨的泪水是班里孩子中最多的一个！好久没有见到儿子的泪水了，从他上了初中以后，孩子就跟变了一个人一样，长大了、坚强了、懂事了，再也没有见他哭泣过！而今天看了妈妈的信，他再也忍不住了，情感随着泪水涌出。泪水打湿了儿子的镜片，他摘下眼镜，任泪水横流。他看完一遍信，接着看第二遍、第三遍，每看一遍，都伴随着更多的泪水！

看着儿子的泪水涟涟，在台上录像的我也忍不住泪眼模糊！

孩子，此刻我们的心与你同在，我们的泪与你同流，我们的爱和你共鸣呼应！

我知道你读懂了爸妈的心，读懂了爸妈对你的期待，读懂了爸妈对你的爱！更知道你明白了自己的责任，理解了你为理想而奋斗的决心，也知道了你为梦想去奋斗的艰辛！

从2月5日（正月初三）去石家庄培训到现在近两个月时间，你只回家待了一个晚上。对于从小备受爷爷奶奶呵护、去衡中前从没有离开过家人的你来说，这需要多大的毅力，是多么的坚强啊！

孩子，泪水不会白流，艰辛不会白白付出，你的理想一定会实现！

信老师对孩子们寄语，提期望和要求，接着一起吃蛋糕。

信老师提到我对410班的付出以及给孩子们带来礼物时，我马上说更要感谢的是S妈妈，于是信老师邀请S妈妈和她一起为孩子们切蛋糕、分发蛋糕！这一点信老师做得很到位，S妈妈特别高兴！

吃完蛋糕，孩子们去操场合影。看着孩子们合影时把手中的成人帽抛向天空，看着孩子们在操场玩老鹰捉小鸡的游戏，看着孩子们围成一圈躺在草坪上，每位父母心里都充满着喜悦和感动！

之后孩子们自由活动，给昭雨和几个同学拍了一些照片，快18点了，我们也要回家了。

临走之前，昭雨妈妈对他说，成人礼的这份激动是暂时的，要马上忘掉这一切，平静内心做自己该做的事，重新投入自己的生活。他说知道。

看着他跑向操场、跑向同学们，我们也走出了校园。

夕阳下，衡中的校园更美了！阳光下的孩子们，更加青春灿烂！

3. 本阶段总结

奥赛到了最紧张的时候，他的状态很好，完全投入其中了。

3月27日—4月9日：成人礼感受

1. 孩子在校期间的表现

这些天一切正常，他没有给家里打电话，我们也没有影响他。4月6日我出差去哈尔滨，昭雨9日放假，我也没能赶回来。本以为这周他该回家了，没想到他还是没回家。开完家长会，昭雨妈妈把昭雨接出来在外边洗澡、吃饭，然后19点送他回了学校。

家长会上，于老师表扬昭雨，说9次生物奥赛考试总评昭雨是第1名，同时还表扬昭雨在期中考试中成绩也表现突出，取得年级第40名的好成绩！而昭雨自己说，他根本就顾不上学习高考科目，作业也不做，这次是超水平发挥。我们也告诉他，对高考科目成绩不看重，即使200名、300名都无所谓的。

2. 本阶段总结

孩子一心扑在奥赛上，成绩很稳定，心态很平和。

附：成人礼前夕送给孩子的话

1. 今天比昨天好，这就是希望！
2. 聪明人善说，智慧者善听，高明者善问。
3. 人生的奔跑，不在于瞬间的爆发，而在于途中的坚持。
4. 一定第一个去做，不一定要做第一。
5. 人生只有一次，不要总演配角。
6. 人生最精彩的不是实现梦想的瞬间，而是坚持梦想的过程。
7. 用最少的悔恨面对过去，用最少的浪费面对现在，用最多的梦想面对未来。
8. 最好的，不一定是最合适的；最合适的，才是真正最好的。
9. 学习要加，骄傲要减，机会要乘，懒惰要除。
10. 低头要有勇气，抬头要有底气。
11. 人生就像一杯茶，不会苦一辈子，但总会苦一阵子。
12. 低调做人，你会一次比一次稳健；高调做事，你会一次比一次优秀。

13. 走自己的路，看自己的景；超越他人不得意，被人超越不失志。
14. 世上最难翻越的山不在天边，而在心底。
15. 人生有几件绝对不能失去的东西：自制的力量，冷静的头脑，希望和信心。
16. 一切伟大的行动和思想，都有一个微不足道的开始。
17. 生活如同寓言，其价值不在于长短，而在于内容。
18. 每个人脑子里都有很多天才的想法，但是"想到"和"得到"之间还有两个字，那就是"做到"。
19. 逆风的方向，更适合飞翔。
20. 每一次创伤都是一种成熟，每一次失去都是一种获得。

附2：成人礼发言

自强 责任 感恩
——衡水中学成人冠礼寄语

非常高兴在这里见证同学们的成人礼，我代表所有家长向同学们表示祝贺，祝贺你们顺利地跨进了成人的门槛！

我要谢谢孩子们，谢谢你们给爸爸妈妈带来的这份喜悦和震撼。我还要谢谢学校和老师，我们的孩子坐在这里，都这么健康、这么优秀、这么快乐、这么阳光，所以我要真诚谢谢老师精心的培养，谢谢学校举办这个隆重的成人典礼，让我们一起见证和分享孩子们人生道路上很重要的一刻！

站在这个讲台上，面对同学们，这是第二次！第一次是远足归来！那次带给我的是感动，你们的坚持感动了我；今天带给我的是震撼，感受情感的震撼和接受心灵的洗礼！

亲爱的孩子们，作为父母，我们有很多的期待和嘱托。今天我最想送给你们六个字：自强、责任、感恩。

首先是自立自强。同学们，成人意味着什么？意味着你们已经长大，意味着你们不再是父母羽翼下任性的孩子，意味着你们要学会自立自强，成为一个合格的社会公民。所以说成人礼不仅仅是一种形式，更是一个希望、一种唤醒、一番激励、一份期待、一个未来。

衡中家长手记：
和儿子一起成长的衡中三年

其次是承担责任。成人不仅意味着成熟，更意味着责任。社会除赋予成年人合法权利之外，更多的是义务和责任。无论是对国家和社会，还是对个人和家庭，你们都要担当起你们的责任。国家要振兴，衡中要辉煌，个人要发展，孩子们，你们肩上责任重大，要勇于承担！

最后是感恩宽容。同学们，你们的每一次进步，都凝聚了父母无尽的心血，凝聚了老师无数的汗水，凝聚了同学无私的帮助，你们要感谢在你成长道路上为你们付出的家长、老师和同学，并带着感恩的心，学会理解别人、包容别人、体谅别人，走好今后的人生道路，实现自己的人生理想。感恩不仅是一句话，更是行动，把感恩之情奉献给你人生中的每人每事、每时每刻。因为一个合格的社会公民，首先是一个懂得感恩、会感恩的人。

最后我要说的是，孩子们，家长不可能永远陪在你们身边，但是我们的心将永远陪伴着你们！作为衡中人，希望有一天衡中因你而骄傲；作为中国人，希望有一天中国因你而骄傲！孩子们，加油！未来属于你们！

4月10日－30日：图书问世

1. 本阶段要求和注意事项

期中考试已结束，下面一个月进行封闭训练，所以这是最艰苦的时期，一定要咬牙坚持住。

2. 孩子在校期间的表现

4月12日出差回来，下午下班后去衡中见了于老师，想了解孩子的奥赛情况。于老师先说了他们封闭的情况，然后问了问我们的目标、对孩子发展的想法，我说在成人礼时我的发言就表明了我们的态度：进入省队、夺取国际金牌就是我们的目标！于老师对我们的态度很满意。

快19点时，于老师把昭雨从教室叫出来了。我问昭雨晚饭吃得还好吧，摸着他的头说头发有些长了，便觉得没有什么可说的了，他也没有要说的，我就让他回教室了。其实好些天没有见儿子了，看到他心里就满足了，而不在于说多少话。

4月23日北大招生主任路老师来衡中，16点我去衡中听他的报告会和高考方面的咨询会。因为事先在衡中贴吧和路老师有过交流，并且在周五把路老师的帖子又重新看了一遍，有了更深的印象。

高考方面的咨询会上，来的多数是高三家长，只有极少的几位高二家长。我主要问了问预录取通知书和国防生的事，对国防生有了更深入的了解。原来北大的国防生好多都是为总参、总政培养的专门人才，前景不错。预录取通知书上，只要和北大或清华签约，就一定不要改，否则会影响信誉。

因为高三放假，所以18点15分咨询会就结束了。我不需要接孩子，就和路老师多说了一会儿话。

18点半，王校长说没事的家长可以一起陪路老师去吃饭。我想和路老师多交流一会儿，看到衡中毕业生考入北大的一个熟悉的同学也一起来了，于是我和昭雨妈妈就留下来吃饭。

本来想去看看昭雨，但和路老师一起吃饭，也就没时间了。本来以为会有别的家长，等到了餐厅才知道只有我和昭雨妈妈两个人。既来之，则安之吧！

在学校餐厅三楼吃饭是第二次，第一次是去年远足我作为家长代表发言，那

衡中家长手记：
和儿子一起成长的衡中三年

天在衡中吃了早餐。

今天在雅间吃饭。每个雅间的名字起得都很好：北大、清华、哈佛、耶鲁等，最豪华的是哈佛厅，当然今天我们肯定在北大厅。

王校长表态说，对于衡中，北大、清华是一样的，学生上哪个学校都高兴，北大也愿意从衡中招收最好的生源，其实目标是一致的，应该更好合作。

路老师也表态说会从衡中招收最优秀的学生，明年可以给更多保送和自主招生名额。吃饭时还有高三年级郭主任、高二西区年级高主任、高二东区年级巩主任和膳食处董主任。

喝到21点多才散，大家很开心、很尽兴，都喝多了。

24日上午我和郭主任一起送路老师他们去车站，火车晚点，郭主任有事先回衡中了，我自己送行。我到超市给他们买了水和香蕉。

把他们送走后，我去了衡中，因为昨晚昭雨打电话说水果都烂了，需要给他送吃的和水果，约定了今天中午他到门口去拿。

12点20分他到了门口，说奥赛才考完试，因为题简单一些，他交卷快，并且说每天都要考两次试。他还说学习状态很好，考试基本都在前列，只是偶尔考过第5名，多数是第1名。

他们集训后，每天都是自习，所以很枯燥，L就给家长打电话说学不进去、心不踏实。其实对于孩子来说，封闭集训的一个月是对意志的考验，孩子很辛苦！

回头想想，陪着衡中王校长和北大招生主任路老师吃饭的事，其实就是一个胆量！别的家长不敢作陪去吃饭，我们当时斗胆去了，就因为去了，才有了和校领导、北大招生主任交流的机会，结果受益颇多。机会都是争取来的，胆子大也蛮有好处的！

26日下午接到信老师的电话，她兴奋地告诉我，我打印的班级日志《花开的声音》印出来了，让我有时间去拿。我说下班就去拿，她说不用急，我说我着急啊，我要第一时间看到那本书，于是约好下班后我就去衡中。

等我到衡中时快18点了，信老师刚到家。电话里她说书在她的办公桌上，我说我自己去办公室拿，并且想拿两本，信老师同意了。

看到倾注着自己心血的410班级日志《花开的声音》，喜悦的心情溢于言表！信老师把我写到编委里，在序言里还专门感谢我在业余时间把18万字的文字敲进电脑，感谢我对410班一直的支持和帮助！

等到他们下课吃饭时，昭雨看到我有些惊疑，不知道有什么事。我告诉他，我来拿《花开的声音》那本书，然后看看他。我想和他一起走，他说他下楼要跑，我说没事的，我和你一起跑！于是我们一起从六楼跑到一楼，之后走出教学楼。在校园里我们简单地说了几句话，我叮嘱他多注意身体，及时增减衣服、多喝水，身体最重要，然后问他集训状态还可以吧，他说很好。马上就要到食堂了，我让他去吃饭了，我也回家了。

28日下午下班后我又去了衡中，和于老师说了说昭雨生物奥赛的情况。这次没见昭雨，直接回家了。

3. 孩子放假在家的表现

29日衡中高一、高二放假，这次和昭雨说好接他回家，因为要换换衣服，还要理发。接回家他直接去理发了，理发后到家就开电脑查题。吃完饭19点40分，他开始做生物奥赛题。一套题用了一小时就做完了，得了60多分！我们告诉他能得50分就很不错了，这套题难度是比较大的。他又看了看题，22点半上床睡觉了。

第二天早晨7点40分把他送到了学校。昭雨准备迎接5月8日的生物奥赛河北省竞赛考试！

这一周的时间，我一共去了衡中6次！和孩子相关的事，我都会用心去做，这份执着、这份坚持，同样会影响到孩子！

4. 本阶段总结

儿子集训状态很好，我们告诉他，于老师最看重他，对他最有信心也最放心。

附：我为书写跋

读410班级日志《花开的声音》有感

当信老师第一时间打来电话告诉我《花开的声音》整理成稿后，我马上去衡中拿回了书稿！当看到倾注着自己心血的410班级日志《花开的声音》时，喜悦的心情溢于言表！如同自己最喜爱的宝贝，捧在手里，翻来覆去地看，真的是爱不释手！

记得20多年前我上高中时，读过肖复兴的日记体小说《青春梦幻曲》，当时

衡中家长手记：
和儿子一起成长的衡中三年

那种努力向上、积极追求的精神鼓励了我；我还读过近几年在衡中风靡一时的《花开不败》，让我深刻地了解了永不言败的衡中精神，它激励了一代代衡中人追求卓越、续写辉煌！而410的孩子们用自己的青春续写《花开不败》，于是便有了这本《花开的声音》！

《花开的声音》是410的班级日志，是孩子们用他们的酸甜苦辣亲手制作的精美佳肴，记录了他们的成长轨迹！有失败后的挫折，有无奈、无助时的迷茫，有认真深邃的思索，有永争第一的豪迈，有取得辉煌时的激情，有永不服输的狼鹰家族的坚毅，有我们是相亲相爱一家人的温馨……欢笑、感动、鼓励、坚强、温馨，代表着410每朵花儿的声音！

谢谢信老师把我写到编委里，并在序言里专门感谢我在业余时间把18万字的文稿敲进电脑，感谢我对410一直的支持和关爱！

真的，对于410，我真的是发自内心的喜欢，从内心里爱所有的孩子，我已经把自己当作了410这个大家庭中的一员！每次去学校，410的孩子们见到我都争先恐后地叫我叔叔，总会迎来家长羡慕的眼光，我的内心充满着喜悦和自豪！我知道这一切都是因为我无私的爱！

我多想有一天，在410的全家福上，也有我的位置，让我去见证孩子们灿烂的笑容，让我和孩子们一起happy！

4月30日－5月14日：全国中学生生物学联赛河北省联赛

1. 本阶段要求和注意事项

5月8日竞赛，要以平常心去面对，轻装上阵发挥自己最佳水平！

2. 孩子在校期间的表现

5月3日中午我们去了衡中，见到其他几位家长。中午12点半，孩子们要去保定参加周日的生物奥赛河北省联赛。

快13点时，大巴车开出了校园。见到家长，有的孩子下车和爸妈说话，而昭雨没下来，直到他妈妈叫他，昭雨才从车上下来。其实也没什么要说的，只是看他一眼。

于老师不让学生们带手机，所以一直没他的消息。听别的家长说孩子们是17点到的，住在了华北电力大学招待所，离培训的保定三中很近，我们也就放心了。

我顺便从信老师那里拿了20本《花开的声音》，帮着卖卖书。两天的时间就卖完了，5日下午又拿了20本。和信老师谈了谈卖书的感受，觉得家长没有预想的踊跃，等到正式出版后需要学校出面，提升到学校的高度，作为宣传衡中的一面旗帜来推广，才会收到更大的效果。

我还提到正式出版时，需要孩子们改一改，抛开那些套话，多些真情实感，还可以加上老师、家长的一些感受，形成互动，形成一个大家庭的氛围。随后，把H妈妈的要求告诉了信老师——H那篇日志也给配上照片，信老师答应了。

信老师说，卖书不是目的，为的是锻炼孩子、培养孩子的综合素质，这也是社会实践活动的一部分。

保定的孩子家长听到孩子们在保定集训比赛，便去看他们，并及时在家长群里通报了孩子们的情况。他们自己的孩子没有参加生物奥赛，但他们就跟对待自家孩子一样对待其他家庭的孩子，让人感动！这就是衡中家长可亲可敬和团结互助的精神！

7日公益大讲堂上，我介绍了《花开的声音》这本书，家长踊跃订书，于是又去衡中拿了20本。

衡中家长手记：
和儿子一起成长的衡中三年

8日上午9点，孩子开始比赛了，我在心里默默祝福儿子！信老师说，昨晚班级的同学们一起为生物奥赛的孩子祝福，祝愿他们取得好成绩！

当天是衡中开放日，虽然下着不小的雨，但去衡中参观的家长依然络绎不绝！在科教馆前，见到信老师和班长J在推荐《花开的声音》，并且做了一个很大的展牌来介绍这本书。前来咨询的家长和同学很多，我也加入了队伍。

我来之前他们卖了50本书，我到之后一会儿就卖了150本书！一是我给J出主意，让他代表全班同学签名售书；二是我作为家长，为前来咨询的人介绍这本书是衡中学校生活的真实写照；三是我为读初中的孩子介绍一些学习方法，为家长们现场回答一些初中生遇到的问题，同时推荐这本书，激励孩子考取衡中。所以，买书的人很多。热火朝天的场面和外面哗哗的雨声形成鲜明的对比。

12点孩子打来电话，说14点返回，大概18点到学校，并说竞赛题目太容易，自己不太满意。

17点到学校门口等孩子，等了会儿没见到人，就给于老师打电话，原来16点他们就回到学校了。于是让昭雨出来一下，把带来的酸奶给了他，我们便回家了。

为了证实考题的难易，第二天给于老师打电话，于老师也说今年的题目确实偏容易，有些出乎意料，我们便开始为孩子担心了。因为题目容易，对他来说是不利的，他学得比较深、比较难，容易了反而很难发挥出他的水平！

这周末放假，家人都说奥赛考试结束了昭雨该回家了，但我感觉他可能不回来，因为落下一个月的课程，需要补课。周四昭雨打来电话，说需要一些书，同时说放假不想回来。知子莫若父，看来我还是很了解他的！

周五我打电话告诉他，下班后把他需要的书和吃的提前放到他宿舍，并试探问他是不是放假回家，他还是坚持不回家，只好依他。

周五下班后，我去了衡中，先把东西和书放到他宿舍。18点20分是孩子们的吃饭时间，我在教学楼门口等着他。

410班的其他孩子陆续走过来，都和我热情打招呼，我让他们赶快去吃饭，接着等他。直到吃饭的孩子都回来了，也没见到昭雨，于是我去教室找他。我刚到教室，他也吃饭回来了！

他进了教室，坐在座位上看书学习，我没有打扰他，看了看他的背影便从教室出来了。

在楼下展牌看到高三二模考试的结果，看见单位同事孩子Y的名字，名次是西区第 24 名！以前他最好的成绩是第 300 名，奥赛结束后进步这样明显，直接进入了"清北之星"，所以说学奥赛的孩子成绩进步是很大的！

周六下午接他出来，在学校东边的饭店吃饭。今天见他的主要目的是解决奥赛考试后的心态问题。

我告诉他，生物奥赛的成绩下周就要揭晓了，要以正确的平和心态去面对！现在我们的心态很平和，我们注重过程而不在意结果，因为我们看到你为此已付出和努力了，这就足够了！虽然说有付出就有回报，但有时回报不会马上就来，有时会滞后，所以我们不在乎一时的得失，在乎的是为之付出的过程！即使出现最坏的情况，我们也要坦然接受！

也许你会说得不了省一，那不就白学习、白付出了一年半的时间吗？爸妈告诉你，即使得不了省一，我们也不白付出，付出就一定有收获！因为通过一年半的奥赛学习，无论在学习方面，还是在生活方面，你都有了长足的发展。虽然你是高二的孩子，但你已超出同是高二的孩子，已达到了高三的水平，已提前进入了高三的状态。等你同届同学去适应高三时，你已开始前行了，这就是最大的收获！另外，学到的生物方面的知识，你将终生受用，其他学生是没有这些知识的，和你相比这就是他们的欠缺！

如果得了省一，就具有了保送、自主招生资格和高考加 10 分的优惠，即使没能进省队，我们一样高兴，这样可以省下 3 个月的时间备战高考，会取得高考成绩的更大进步（因为进入省队，还要封闭集训 3 个月，再参加全国选拔赛）！

如果真的能进入省队，我们就要全力以赴准备全国赛，冲击金牌，实现我们更大的目标！

总而言之，进入奥赛班、选择生物奥赛是没有错的！410 班有这样好的老师，这样好的同学，还有这样好的家长，这些都是其他班级所不可比拟的，所以，无怨无悔就是我们最该有的心态。坦然面对一切结果，走好自己今后的人生路，这就是你走向成熟、走向成功的保证！

吃饭时我还问他，成人礼时全班哭得最厉害的是你，为什么那样哭呢，哪句话感动你了？他说不是哪句话感动他，而是那会儿就想哭出来！我说是不是觉得自己走过的路很艰难、自己为之付出得很多，就想借此发泄一下自己的情感？他说是这样的，是情感的一种宣泄！

吃完饭，我把他送回学校，我也拿着他的东西回家了。第二天下午，我拿着上次没有找到的几本书,又给他送到学校。本想让他同班同学带进去,但没有遇到他们班的同学,我只好去了教室。在教室门口见到一个同学出来,我把书交给她,让她转交昭雨。我没有打扰他,下楼回家了。

3. **本阶段总结**

奥赛考试结束,结果也许会不满意,但我们都会坦然面对,去走好下一步的路!因为奥赛只是另一种选择,我们还有高考!

答家长问:为什么衡中会有如此辉煌的成就

很多人都很奇怪为什么衡中会有如此的辉煌成就,作为这么多年的亲身经历者,我有深刻的感受。

衡中的辉煌,离不开领导的高瞻远瞩,离不开中层干部的严格执行力,离不开老师们的无私奉献,离不开学生们的努力拼搏,更离不开背后默默支持的成千上万的家长!他们是具有强大能量拧在一起的一股绳,是学校和孩子们的坚强后盾!

衡中家长们具有优良的传统,那就是互帮互助!本地的家长,会无私地帮助外地的家长和孩子,比如外地孩子生病了,本地家长负责买药、送药;孩子们外出培训,外地家长就像照顾自家孩子一样照顾他们;衡中家长到外地出差,当地家长会远接高迎,很是热情!

我是经历这些最多的人!因为我经常去全省各地做报告,当地热情的家长一直让我感动着!

比如,2015年10月,我去唐山迁安做报告,2014年河北省文科状元郭宁的妈妈去现场看我,握着我的手激动地说:"看到你,就感觉见到了自己的亲人!"说着说着就流下了眼泪!现场人们都很感慨,羡慕衡中家长的这份真情!

再比如,2017年8月,我去邢台隆尧做报告,2013年河北省理科状元孟令航的爸妈亲自来衡水接我。我做报告的两天时间他们全程陪同,并不顾劳累把我送回衡水,等到他们返程回到隆尧已是23点半了。真的让我好感动!

石家庄、保定、沧州、邯郸、邢台、秦皇岛、承德等地的衡中家长,满城、辛集、定州、易县、涿州、滦县、南皮、泊头、文安等地的衡中家长,这些年我曾经做公益家教报告走过的地方,他们的热情让我感动着,真情难忘!

5月15日—6月5日：奥赛失利

1. 本阶段要求和注意事项
坦然接受奥赛结果，做好自己该做的事，迎接高三！

2. 孩子在校期间的表现
这些天等奥赛成绩，心里一直是不踏实的！于老师说考完10天就可以出来成绩，因此18日那两天心里忐忑不安！尤其18日，一天都心神不定，做什么都没有心情，毕竟儿子为此付出很多，很怕结果太不理想（比如连省一都没获得），孩子会受不了这个打击，同时自己也会很难接受！

18日没有出结果。仔细研究了生物奥赛竞赛章程，发现今年的流程和往年不太一样，考试、阅卷等各个环节更加严密、保密性更强，所以时间变长了，大概要15天出成绩，于是心平静了，慢慢等。

同学家长打电话问成绩，熟人和朋友问孩子考得怎样，小道消息满天飞，有人说衡中15个省一、3个省队，弄得心里很不安静！消息越多也就越明朗了，能感觉到衡中15个省一、3个省队的消息具有很大的确定性，也隐隐感觉到省队名额不会有昭雨，因为如果有他的话，于老师会第一时间告诉我的！毕竟衡中的消息是最灵通的！

在冷静分析、心平气和之后，23日打通了于老师电话，坦然地告诉于老师，我们感觉到昭雨没有进省队，做好了思想准备，现在就是担心省一也得不了。于老师说省队是没有，但省一应该没问题。她也不知道省一的具体名额，告诉了我中国动物学会的电话，让我直接打电话问问，然后告诉她结果。

我马上给中国动物学会打电话，但人家不愿告诉我结果，把我推给河北省竞赛委员会，我又打通河北省竞赛委员会的电话，人家说不能公布，违背程序，于是又把电话打到中国动物学会。经过几次电话周折，我的执着感动了他们，终于答应帮我查查，然后告知我，昭雨是全省第六，没进省队，肯定是省一。

我马上告诉了于老师，于老师也安心了，并说争取一下机会，看有没有重进省队的可能性。她希望昭雨进省队，说他实力强劲，冲击金牌的把握会更大！我跟于老师说一切都拜托她了，一切由她做主。

衡中家长手记：
和儿子一起成长的衡中三年

知道了结果，心里踏实了。昭雨妈妈对这个结果不太满意，觉得儿子付出了很多，也具备了实力，却没能参加省队，心理不平衡，觉得不公平。

我给她分析，生物奥赛本就充满了很大的不确定性，一张卷子定结果，偶然因素太多，再说昭雨的发挥也在正常范围之内，是范围内的下限，不算失常，而别人超常发挥一下就会比他成绩好。昭雨和省队差一点，屈居省一也属于正常的。只有我们正确认识了这个问题，才能更好地劝孩子，毕竟结果已经无法改变，我们需要接受事实！

网上还是消息满天飞，估计学校里也传开了，昭雨心神不定，于是给家里打电话，打通后却说没什么事。我问他是不是惦记奥赛的事，他说是，于是我就直接告诉他，0.5%是省队，0.5%是省二，99%是省一，明白了吧？什么事也不去想了，静下心来，该干什么就干什么吧！

担心他对结果想不开，快期末考试时的周六中午，我去学校给他送了一些水果。在门卫值班室吃饭时，我又问了问他对获得省一的想法，他说没什么想法，觉得也很好，已完全平静地去学习高考科目了。

看到他的状态很好，我们很欣慰！告诉他期末考试成绩我们不看重，毕竟落下一个月的课程，到现在还没补完，所以我们不看重结果。

期末考试结束后，晚上查到他的成绩，班级第7名，年级第41名，太超乎我们的意料了！发挥得很理想！毕竟一个月奥赛集训，没有学习高考课程啊！

6月5日衡中放大假，他计划9日和其他奥赛生一起提前返校，去学校学习，但我问了没有学习的教室，他只好等着和同学们一起正式开学了。

我告诉他，在家里一样可以学习，并且以后放假的时间会很短。"多在家待待吧，希望多陪陪我们。"

我提前进了校园，见到了信老师，把《花开的声音》销售情况进行了反馈。信老师说正给昭雨评三好学生，给我看了成绩单，昭雨第7名，前面A、L是模拟成绩，所以前面学生物的只有S。信老师很满意昭雨的成绩，相信接下来他的成绩会突飞猛进的！

信老师还告诉我，开学后，西区的奥赛班和理实去东区。东区校园小，很安静，更适合高三的孩子备战高考。她很可能不去东区，带不了410班。她很舍不得这些孩子，和学校要求过，哪怕带到奥赛结束了也行（410班只有生物奥赛结束了，信息和数学奥赛还没开始比赛），但学校不同意，因为她的工作主要在西区。

信老师还告诉我高主任是东区年级主任。我跟信老师说，以后有什么事直接找我，我会一如既往地支持她的工作！

见到了于老师，她正在给那几个没有获得省一的孩子做工作。她对这些孩子付出了心血，都有了感情，疼爱每一个孩子！

每次放大假都是对家长的考验，需要把所有物品搬回家！6月初正是麦收季节，阳光暴晒，衣服一直都是湿透的，又热又渴！

在学校门口坐着时，昭雨妈妈问他，以后东区一个月放假一次适应吗？他回答："早适应了。这半年我一共才回家两次啊，就是一年不让回家，我也没事的！"旁边家长听到都笑了，并用赞许、敬佩的目光看着他！

送完昭雨，中午回到家12点半了，又热又累！

3. **本阶段总结**

奥赛结束，他很顺利平稳地走了过来，这也算是他的一次挫折经历吧，庆幸的是他能够做到处乱不惊，很好地化解了心情危机并顺利走出来，高考科目成绩也很理想，我们很欣慰。

答家长问：奥赛难在哪里

奥赛难，不只是说学习奥赛要付出很多，更重要的是奥赛具有很大的不确定性！

比如，生物奥赛需要学习动物学、植物学、生态学、生理学等几十本书，摞起来有1米多高，但考试时只有一张100道题的试卷，所以会有很大的偶然性和不确定性！

对于数学奥赛，偶然性就更大了，两年奥赛学习十几本书，结果考试时，就只由三道题来决定命运！会，就是一马平川；不会，就是一塌糊涂！

所以，学习奥赛，需要一颗平常心，不能太功利，更不要有赌博的心态。

衡中家长手记：
和儿子一起成长的衡中三年

6月5日－16日：难得的假期

1. 孩子放假在家的表现

难得的12天假期，对于昭雨来说是很奢侈的！他说昨天于老师宣布奥赛成绩时，同学们都哭了，于老师也哭了！

同学之情、师生之情，奋斗的艰辛，伤心的泪水，在那一刻都宣泄了！

昭雨详细说了奥赛考试时的一些情况：在保定的那些天，他是唯一一个按时吃饭、按时睡觉的人，心态和状态一直很好。考试题发下后，确实是简单。平时学得很深，这样简单的题反而让他很不顺手！但他还是静下心，认真去思考、做题，没受什么影响。

其实生物奥赛最大的特点就是不确定性，出现什么结果都是正常的。

出了考场，他感觉不是太好。中午吃饭时，于老师买了200多元的西瓜，还请他们去饭店吃大餐，他只吃了一点点菜，因为怕坐大巴车晕车！果然，上车后，多数孩子都晕车呕吐，而他没事！

在车上，本来郁闷的心情也随着同学们的说笑而烟消云散了。他静心思考，奥赛已经结束了，不管什么结果都要接受，调整思路，下一步要好好开始高考科目的学习！

昭雨真是优秀的孩子，超出了我们的想象！我们好多担心都是多余的！他志存高远、坚毅顽强、自律自强，真的让我们刮目相看！

回到学校，昭雨埋头开始高考科目的学习，所以期末成绩才这样理想，这是老天对他勤奋刻苦的回报！

对于去东区的事，他很平静，觉得学校做出决定就一定有道理，一定是为他们好，并且主动问了东区的同学，了解了东区的生活环境，尤其是多了解东区的好处。他心态很好，能及时调整情绪，同时能够找到正确的方法去解决问题，并且是用积极阳光的态度对待问题，这是他最难能可贵的！

我给高主任发了信息："高主任，祝贺你回到东区当年级主任！我们又可以多多交流了。很高兴！以后学校有事你就说，我会全力支持的！我们家长一起努力，让东区更辉煌！"高主任回信息问我，家长对高三去东区的举动支持吗，我便给他打了电话，电话里我们谈了好多。

我告诉高主任，对于去东区这件事，我已经在家长群里向家长们做了解释：今年下半年是衡中校庆60周年，会有很多庆祝活动，而东区却不受此干扰，是高三学生备战高考、冲刺高考的绝佳地方！所以，学校做出西区理科的奥赛班、实验班全部搬到东区的英明决定！高主任说确实是这样，同时东区空出了很多教室、宿舍，学校也不想浪费资源，所以决定搬到东区。我和高主任表态，今后学校的事我会多多参与，尽我们家长的一片心意。为了孩子们，共同让衡中更辉煌！他说今后多联系，去衡中多找他，多交流。

昨晚昭雨妈妈在他的铅笔盒里发现了一张小卡片，上面写着："王昭雨，歌声超有激情，激情奋战吧！"从字体分析，是女生写的！

下午在他休息的片刻，我和他说了几句话。

第一，我觉得你是优秀的。优秀之一是你的生物成绩一直很棒，是你们生物学生里的骄傲，和学数学的F以及学信息的L一样，并且高考科目成绩也一直不错。优秀之二你是对生物奥赛的处理。奥赛这一页翻过去了，虽然结果不是最理想，但在这件事的处理上看出你的成熟和冷静，显示出你的大气。

第二，因为你的优秀，所以很多人会喜欢你。首先是老师，我接触比较多的信老师和于老师从内心里喜欢你，尤其于老师带你们生物奥赛，相处时间更多，对你了解更多，所以对你夸奖最多，说你状态最好、学习最刻苦、人最踏实，所以奥赛前的宣言口号里用了你的一句话——"人不辉煌枉少年"，这句话确实给力，也说明于老师对你期望很高，是对你的激励；其次是家长对你的喜欢，S爸爸好几次夸你，说你品质很好，Y妈妈对你放假不回家的精神大加赞赏；再次是同学们对你的喜欢，当然这里面有男同学也有女同学，因为你的刻苦、严谨打动了每位同学。

第三，因为优秀而受到喜欢，这是好事，但怎么对待这个问题，尤其是女同学的喜欢？"人不辉煌枉少年"这句话很大气，和周总理的"为中华之崛起而读书"一样豪气冲天，这说明你的志向高远，为了实现自己的远大理想就要自觉抵制当前的诱惑，正确地处理女同学的喜欢。你们班女孩子很优秀，但毕竟人数太少，选择面很窄，我相信你今后考入大学、走入社会后，会有更多优秀的女生在等着你！你有周总理一样的理想，就需要有邓颖超一样的贤内助！

昭雨问我到底怎么了，我说没怎么，只是因为知道了你们班一些同学谈恋爱，

衡中家长手记：
和儿子一起成长的衡中三年

还有其他家长咨询我这方面的问题，顺便提醒你如果遇到这样的事该怎么去做，算是预防吧！然后和昭雨谈了下一步的目标是北大的保送和自主招生，因为初步认识了北大招办路老师，所以倾向于去北大，这有利于今后的发展，并告诉他，这些都是我的建议，最终一切都尊重他的选择。

12天的假期，对于昭雨来说真是难得！因为奥赛，牺牲了几乎全部的假期时间，他真的好辛苦！所以这个假期，我们没有对他做什么要求，由他自己安排生活、学习和作息时间。

放假前他本来计划和数学奥赛生9日一起返校，因为没有教室学习才没去，但学校返校名单里还是有他。信老师让市里孩子9日返校，帮助打扫教室，所以要求他在9日前完成所有作业，他按要求完成了。

关于9日去学校的事，我们商量他自己坐公交车去。怕他有事需要联系，给他拿了手机。他笔记本上记的是8点到校，可几个同学非要说9点，昭雨也不和他们争，就听他们的，说9点去。这就是他的性格，遇到在他心中不是最重要的或非原则性的问题，他会很随和，不去争辩。

9日我让他8点就去坐公交车，并让他带着笔记本，让信老师写几句话，因为开学后信老师不再是他们的班主任了。8点20分接到他电话，说见到信老师了，让9点前干完活，并通知其他孩子。昭雨记得8点到校是对的。我们心里一直惦记着他，接到电话心安了。

中午回到家，昭雨说信老师没有写字，说她回头发到我信箱里。还说他们几个回来的时候坐公交车坐反方向了，我说你不知道在马路对面上车回来吗？他说知道，但他们不听，他也就不再说了，"不就是多坐会儿车吗。"

他到学校是最早的，等他们到了，他已干了好多活。干完活回家时，同学们一起坐公交车回家，其他同学说在路东边等车，昭雨说方向反了，他们说不反，昭雨就不和他们争了。听他们的，结果坐错了方向，到了终点站又往回坐。他还是那样，不与人争，不是原则问题可以听别人的。

作业完成后，昭雨每天安排时间学习因为奥赛落下的知识。有一天晚上觉得无聊了，和奶奶去跑步，结果跑了30圈（一圈200米），第二天一点都没觉得腿疼！他的身体素质真棒！

因为开学后就是高三了，并且要搬到东区，所以我给他正确地分析去东区的好处，灌输东区的老师好、环境好，他自己也问了东区同学，了解了东区的好处（只了解好处，这是他的高明之处），做好了充分的思想准备！我还问他如果任课老师都换了，能适应吗，他说没问题。他说得很自信，我们心里好欣慰！

16日昭雨开学。因为数学奥赛生提前开学，放假时虽然大部分东西拿回了家，但有一部分东西留在了宿舍，我怕开学当天去两处拿东西太耽误时间，所以就想15日下午提前把西区的那部分东西搬到东区。我联系了高主任，他让17点过去。

我们不到17点就到了东区，进去后发现宿舍里没有贴名单，只好找高主任。他说让我们去找昭雨的班主任王文霞老师。

下午我在单位时，在衡中贴吧里把关于王文霞老师的情况都看了看，也通过另外一些渠道了解了她。王老师是语文老师，因为语文教得很好，是校长从县中学把她挖来的。

见到王文霞老师后，她和我们一起去打印宿舍名单。她问我昭雨在上铺可以吗，我说可以，这样回答是因为：第一，我不想给老师留下挑挑拣拣的不好印象；第二，我和王老师还不熟，也许她的征询意见只是客套话；第三，因为宿舍名单已分好，我不想留下为了孩子而自私的形象；第四，在我心里410的孩子都是我的孩子，我不能厚此薄彼，和谁换床，良心里都会过意不去的！所以我说这样很好，不需要调整！

我和王老师去男生宿舍楼，昭雨早在那里等着了。昭雨老远就跑过来喊王老师，王老师说这个班的孩子还没见过，先认识昭雨了。我们一起把名单贴到每个宿舍门上，边干活边说话。我把这些天对王老师的了解都告诉了她，也说了自己对410班的孩子有很深的感情，因为《花开的声音》对410班有了更深的了解！

王老师说看到那本书了，说里面有句"感谢王昭雨的家长"就是说的你吧，我说是。她说这次知道了王昭雨，也知道了王昭雨的家长，希望以后接着支持她的工作，继续关注410班！我说会的，我对这些孩子有了特殊的感情，会更加关注410班的！

贴完名单后，王老师让昭雨明天早点来学校，组织人去教室打扫教室、整理教室，我说我们8点前会到的！

已经17点45分了，我们没去西区，直接回家。

原本和班主任王文霞老师不认识，通过一起贴宿舍名单和她有了初步认识，她对昭雨也有了深刻的印象，真是太好了！

第一印象、先入为主真的太重要了，为昭雨的高三开了一个好头！所以说，

衡中家长手记：
和儿子一起成长的衡中三年

很多时候，机会是留给有准备的人的！

衡中今年60年校庆，我写了篇征文，让昭雨看看，他说不用看肯定获奖，我问为什么，他说信老师管这事，肯定会给我奖的！后来问信老师，果然是她管这事，并且说我一定会写得很好，到时候给我一个奖项！我心里想，我要把这篇文章写得棒棒的，凭自己的真本事去获奖！

2. 本阶段总结

儿子难得的假期，对于彼此都很奢侈，也因为习惯了没有假期，感觉在家里他反而不太适应了，所幸的是他能很好地把握自己，充分利用了这个假期！

附：参加"衡中在我心中"征文

我和衡中的"第一次亲密接触"

衡中在我心中一直是一块圣地，充满着神秘感，总想有机会走近她，揭开她神秘的面纱，探究她的崛起之谜。2009年8月，儿子以优异的成绩考取了衡中，给我提供了近距离观察衡中、了解衡中的绝佳机会，我开始了探究之路，有了和衡中多次的"第一次亲密接触"。

第一次走进衡中

正式开学前夕，班主任陈芳老师通知儿子去学校打扫教室、摆放桌椅。天赐良机，我和儿子一起去了衡中。

第一次走进衡中，就被甬道旁漂亮的橱窗所吸引。橱窗上有优秀教师介绍、上级表彰、高考光荣榜、状元宣传照、学生话语、班级励志口号等，校园里处处洋溢着文化气息，感染、熏陶、激励着每个学生。我们和陈老师边打扫教室边说话，陈老师认真询问了儿子为走进衡中所做的生活、学习和心理准备，鼓励儿子勤奋刻苦、坚持不懈，谱写自己辉煌的高中生活！一小时的整理教室在轻松欢快中度过。离开学校时，陈老师买来绿茶饮料很真诚地说代表407所有孩子感谢我，并一直把我们送到公交车站！陈老师的热情大方、和蔼可亲、认真细致给我留下了深刻的印象。

第一次走上讲台

　　小时候的梦想是当一名人民教师,站在三尺讲台,面对同学们侃侃而谈。这个梦想遗憾一直未能如愿,衡中却圆了我这个梦!

　　远足活动是衡中励志教育的重要一环,我有幸参加了衡水中学"第十三届八十华里远足"活动,做远足前动员报告,全程陪同远足。融入孩子班级的这天,我为同学们不怕吃苦、坚持到底的精神所感动;我为班主任信金焕老师忍着腿伤的疼痛,咬牙坚持走完全程的顽强精神所感动;我为410孩子们气吞山河、震天撼地的豪壮口号所感动……信老师又邀请我参加了第二天的远足主题班会。当我刚刚出现在教室门口时便响起了孩子们雷鸣般的掌声,在经久不息的掌声中我走进了教室,走上了讲台!这是40年来我感受到的最热烈、最感动的掌声,我给孩子们深深地鞠了一躬!

　　这次远足和班会活动,让我最震撼的是同学们自强不息、坚韧不拔的良好品质和同学们互助友爱、团结协作的团队精神。

第一次当编委

　　在一本书上留下自己的名字,并且出现在编委里,这是想都不敢想的事,而我却有幸做到了!

　　为了记录班级成长足迹,在班主任信老师的倡议下,410班的孩子们以日志的形式写下了他们一年的学习、生活情况。利用业余时间我把18万字的班级日志打印出来,信老师仔细校对后,一本反映衡中学生真实生活的410班成长日志《花开的声音》以内部资料的形式正式面世了!当我看到倾注着自己心血的《花开的声音》时,喜悦的心情溢于言表!如同自己最喜爱的宝贝,捧在手里,翻来覆去地看着,真的是爱不释手!《花开的声音》是孩子们用他们的酸甜苦辣亲手制作的"精美佳肴",记录了他们的成长轨迹!有失败挫折后的痛苦,有无奈无助时的迷茫,有认真深邃的思索,有永争第一的豪迈,有取得辉煌时的激情,有永不服输的狼鹰家族的坚毅,有大家是相亲相爱一家人的温馨……欢笑、感动、鼓励、坚强、温馨,代表着410班每朵花儿的声音!

　　20年前我上高中时,读过肖复兴的日记体小说《青春梦幻曲》,当时那种努力向上、积极追求的精神鼓励了我;还读过10年前风靡校园的职烨的《花开不败》,让我深刻地了解了永不言败的拼搏精神;而从《花开的声音》里,我感受到的是

衡中家长手记：
和儿子一起成长的衡中三年

衡中人追求卓越、永不放弃的衡中精神！

还有很多难忘的第一次，比如第一次在衡中为家长做教育培训、第一次参加成人礼仪式等。

在和衡中的每一次"亲密接触"中，我对衡中都有了更全面的了解，深刻地体会到衡中之所以成为全国名校，是因为衡中有着最智慧的领导、最优秀的老师、最进取的团队，为孩子们创造了最好的学习环境、最好的学习条件、最好的学习氛围！衡中就是教育界的西点军校，把爱国、感恩、正义、道德、坚毅、勇敢、拼搏、环保等一切美好的品格授予了孩子们！一点一滴中，无不折射着追求卓越、永不放弃的衡中精神！

在我心中，衡中已不是一个简单的名称，而是一种精神象征。它是一种精神，激励着衡中人奋发向上、无私奉献；它是一种理念，引导着衡中人不断地超越自我、永不放弃；它更是一个榜样，值得我们每一个人去思考、去学习！

指日待，衡中夜空，璀璨星光！让我们共同期待衡中的明天更辉煌！

6月16日—7月24日：奥赛后轻松上阵

1. 本阶段要求和注意事项

开始一种没有奥赛的单纯生活和学习，要全力冲刺高考！以一种平和心态去面对学习，因为有奥赛省一10分的加分，更要有信心！

2. 孩子在校期间的表现

（1）开学

16日开学，我们不到8点就赶到了学校，昭雨妈妈在宿舍整理床铺，我和昭雨去找王老师。见到王老师，我说这会儿教室里还没来学生，西区还有点东西，想先去西区拿东西，王老师就让我们先去拿东西，回来直接去教室。

到了西区，找了好几圈才找到他的东西，然后去东区放东西。我把东西拿到宿舍，让昭雨直接去教室。过一会儿我去教室，看到410班的30个孩子按部就班地领墩布、笤帚、簸箕，主动打扫教室。

只有410班的教室前站着一些家长，边看孩子们干活边聊天，其他班的家长送完孩子就都走了，互相沟通也很少，这说明410班是团结的，不只孩子，还有家长！

和昭雨一起回到宿舍，他说："你们帮我打扫卫生吧，教室里还有好多事要处理。"我说："你去吧，别管宿舍的事了，有我们呢。"

宿舍一共8个孩子，6个正在西区学奥赛，过几天才会过来，所以我就当仁不让地干活了。宿舍里很乱，我和昭雨妈妈先清理宿舍的脏东西，然后一遍遍墩地，一直到11点，才把宿舍打扫干净。

出校园前，我们又去了教室，见到了王老师，她说刚给孩子们布置了任务，马上再去开会。我进教室告诉昭雨哪个橱柜是他的，说我们这就回去了，他正在讲台上写着什么，只点头"嗯"了一下，没有抬头，我们就离开教室出了校园。

昭雨妈妈说为他忙活了一上午，去教室跟他说话，他一眼都不看我们，觉得委屈。我说昭雨那会儿正在忙着做老师交给他的任务，想把事情做好，所以全身心投入，这是正确的！我们为他所做的一切，他心里是有数的！

（2）报志愿

衡中家长手记：
和儿子一起成长的衡中三年

每年高考报志愿，总是牵动着家长的心！近几年，我一直参加衡中高校招生咨询会。今年单位安排我去宁夏出差，我精心安排在分数出来后的 6 月 24 日返回衡水，参加衡中高校招生咨询会。

参加自招会，就是去相关大学问问招生老师的一些情况，主要是听听高考生的家长问哪些问题、招生老师如何回答，为今后自家孩子报考积累经验！

高考分数出来后，看到一个平时成绩很好的生物奥赛生分数是 660 分，发挥很不理想，这也为我们敲响了警钟：如果有交大或人大的保送，昭雨是不是需要提前走保送呢？毕竟参加高考还是存在一定风险性的！

另外，从今年高考题目来看，偏容易，这也是以后高考的出题方向，尤其是明年的新课标试卷，更有可能偏向容易，主要是考查学生的基础知识，对于习惯攻坚克难的奥赛生来说，这是一个很大的挑战！因为多学了一科奥赛，平时会占用很多时间，相应的用于高考科目的时间少，学得不扎实，这是奥赛生的弱点，所以要引起重视，在复习时注意基础知识的系统学习！

（3）孩子的具体表现

东校区放假时间改为一个月一次，水果容易腐烂，只给儿子带了半个月的水果。7 月 2 日，昭雨返校半个多月了，我们准备给他送水果，另外他返校时只带了一双鞋，现在下雨的时候较多，担心他鞋湿了没法换，便给他打电话说去送鞋和水果。他说没事的不用送，但我们说去送，他也没再坚持，于是周六 17 点去衡中东校区送东西。事先和高主任联系好了，他在学校，这样才能进入学校。

天一直下着雨，到了学校却打不通高主任电话，正不知道该怎么办时，恰巧看到了李飞老师，于是他给填条帮我们进了学校。去宿舍请楼管给予方便，把东西放到了昭雨宿舍，然后去教室门口等他。昭雨下课后和我们一起回到宿舍，他吃完给他带的汉堡，和我们说了会儿话。

他说这次考试对化学不满意，虽然名次靠前，但和前面同学的分数差距较大；物理名次靠后，但分数没拉开；数学是满分；生物每次都是花费时间最少的，但每次都是前几名，他基本还算满意。

问他吃得怎么样，他说不如西区花样多，但以前在西区吃的也就是这几样菜，没觉得怎么不好。在东区就是学习、吃饭、睡觉，特别单纯。

他还说现在没有奥赛了，公共自习多了，却不知道该怎样安排学习了。我说让他注重基础知识的学习，一定要踏实复习，弥补学奥赛时基础不牢的缺陷。

同学们陆续回到宿舍，准备洗澡，昭雨也准备洗澡了，我们便离开了学校。路上顺便给朋友打电话，把昭雨的困惑告诉他，让他给班主任王老师打电话，请王老师和昭雨谈谈，帮助昭雨更好地安排学习时间。

　　晚上成绩出来了，昭雨班级第4名（第1名是模拟的）、年级第29名，基本符合我们的预期，希望他继续进步！

　　这些天奥赛实验班学生搬到东区，部分家长和学生一直不满意，主要是觉得东区环境不好，教室是平房，伙食也不如西区好，不停地发牢骚。其实客观来说，东区生活条件确实不如西区，但从教师配备和学习环境来看，西区是无法比拟的。比如前几天庆祝建党90周年全市歌咏比赛，就是在衡中西区莘元馆彩排、演出的。10个单位近1000人在衡中进进出出，肯定会影响到孩子。

　　到了高三，学习是主要的，生活条件是可以克服的。正如信老师所说，高一、高二在西区，可以多参加学校的各种活动，提高综合素质能力；高三主要是备战高考，东区的环境安静，更利于备考。

　　朋友回信说已给王老师打电话了，王老师很喜欢王昭雨，并且对我印象也不错，会尽快给昭雨说说怎么样去安排时间的。听到这些，我们也就放心了。

　　奥赛结束后近几次考试，儿子的成绩在稳步上升，一次次在进步，基本快到奥赛前的水平了。

　　家长会上，王老师提到了假期的16字方针：假期管理、管理假期、自主学习、自我提升，同时还说了一句让我深感重要的话：落实也是一种能力！

　　是啊，衡中之所以成为名校，不就是各项制度和措施都落实到位了吗？它的精细化管理，也是全面落实的体现！一个学校，一个人，只有事事落实到位，做到极致，才可以取得成功！

　　第一次放假去东区接孩子，真的是人山人海，进去、出来都是举步维艰。

　　8点多去学校接昭雨，他因为拿着教室钥匙，并且让外地同学先走，所以是最后一个离开教室的，回到家快12点了。

　　3. **本阶段总结**

　　全身心投入高考科目，慢慢在调整适应，成绩在稳步上升。

衡中家长手记：
和儿子一起成长的衡中三年

7月24日—8月14日：爸爸住院

因为爸爸突然生病住院，儿子仅有的一个高中长假期是自己一个人在家度过的！我一直在医院陪着爸爸，没有时间和精力照顾儿子，所以这一单元仅仅做一个大概的记录！

儿子对自己严格要求，每天按老师的要求起床睡觉，并定点给老师发信息！其中还有一个插曲，我手机里存了于老师两个号码，当时我没太在意，就随便选了一个号码，天天用昭雨的手机发信息。

有一天中午在外面吃饭，用我的手机给于老师发信息，于老师回信息说是不是前几天一直发到那个号码了？这时我才知道一直发错号码了，马上对于老师说，都是我弄错了号码，其实昭雨一直都在按她的要求做！于老师回信息说她相信昭雨一直会做得很好的！

这句话真的让我们感动！为老师的信任而感动，为昭雨的品行而自豪！

这个假期，我们为儿子做了两件事：一件事是和清华的W同学一起吃饭，请教了保送和自主招生方面的问题；另一件事是和高主任、王老师、信老师一起吃饭，了解孩子的一些情况。

我一直喜欢W，是因为他和儿子很多地方相似，比如性格方面、做事的习惯等，比如穿T恤衫，十多个孩子在一起，只有他们两个是一样的——领子上所有的扣子都扣上。

W给他详细地讲解了数理化三科如何去做准备，并推荐了该读的书籍，还说了笔试、面试的技巧，同时把化学的重点给他画了画，还给昭雨专门借了本化学书，并送到我家里。真是个热心肠的好孩子！

信老师、王老师、高主任对昭雨评价很高：品质很好、学习踏实、肯用功，是个好苗子，希望他参加清华保送！我跟信老师说想参加衡中60年校庆，信老师答应了。

放假第一周，昭雨差不多就完成了作业，剩余的时间就是看关于保送、自招的一些书，数理化、英语按部就班地学习。

通过和W的谈话，他自己更有信心了！我也帮他分析，好多人都说参加清华保送考试，学生物奥赛的学生最没有优势，因为和其他奥赛生相比，确实不在一个起跑线上。但学生物的学生也要看到自己的优势，那就是奥赛结束早，会有更多的时间准备保送，而其他奥赛生是没有时间去准备的，这就是生物奥赛生独有的优势！所以，要充分利用自身优势，现在就着手准备保送自招，利用4个月的时间优势去弥补自身的缺陷，一样可以做得很好！

有了我的理性分析，儿子知道该怎样去做，也更加有信心了！

虽然他自己在家，但一样会用心学习，只是我们平时都在医院，没法照顾他，肯定会惦记他，所以还是盼着他尽快返校。

放假期间，昭雨去医院看了爷爷好几次，返校前一天又去了医院，看到爷爷，他流泪了！儿子告诉爷爷，他该开学了，等他放假的时候，要爷爷在家里等着他！儿子转身走出病房时已经是泪流满面了，哽咽着离开了医院！

由于平时专注于学习，昭雨说话不多，但他是一个懂事的孩子！

附1：家有不幸

天有不测风云，人有旦夕祸福！在儿子进入高三，迎来高中三年最重要的时段时，身体一直硬朗的爸爸却倒下了！

7月24日，把昭雨接回家，28日爸爸就住进了衡水哈励逊和平医院！爸爸血肌酐指标严重超标，导致肾衰竭而引发尿毒症！同时，因为患有小血管病，爸爸还咳嗽吐血不止！这对我们全家人来说，不啻晴天霹雳！

尤其刚住院的前一周，爸爸的病情极不稳定，全家每天都在担心、焦虑、迷茫和不知所措中度过！

半个月后，爸爸病情慢慢稳定，开始常规治疗，这时我的心才开始平复一些！

在爸爸住院的一个半月时间里，我白天要上班，晚上上半夜要陪床，同时心里还惦记着孩子学习的事：找时间请清华学生给昭雨讲保送、自招的事情，找老师们了解昭雨在校的情况！当时我就想，爸爸的病我一定要给他看好，他是我生命中最重要的人！儿子的事，我一定不会耽误他，在他最重要的高三阶段，我会尽我所能帮助他，不给他留下任何遗憾，因为他也是我生命中最重要的人！

我相信我有能力都做好，一定能做好！

衡中家长手记：
和儿子一起成长的衡中三年

附2：父亲节感想

（注：这是我2014年写的父亲节感想，分享给朋友们！）

我生命中最重要的两个男人
——父亲节感想

一年一度的父亲节到了，对于这个神圣的节日，我习惯于称男人节。因为这是专属于男人的节日，所以在今天这个特殊的日子里，我想起了生命中最重要的两个男人——父亲和儿子，他们共同影响了我的生活，对我的人生成长有着深刻的影响。

我的父亲

1. 父亲的坚强注入我的血液

父亲生长在农村，弟弟妹妹较多，家境贫寒。爷爷生病常年瘫痪在床，16岁的父亲就开始承担起全家的重担。由于生活窘迫，他和村里的长辈步行背着山药干去山东换粮食。还是孩子的父亲，背着粮食又累又饿，可想到家里被饿得哇哇直哭的弟弟妹妹时，他咬牙坚持走了下去。18岁时，父亲便开始闯关东卖苦力。因为父亲能吃苦、待人实诚，好心的师傅便收他为徒，父亲学到了养家糊口的本事，成了一个泥瓦匠。父亲小时候吃苦，也意识到吃苦可以培养一个人坚强的性格，我高考后，他就让我在建筑工地当了半个月的小工。7月中旬是一年最热的时候，基本都是40℃的高温。我的工作是用车推沙子、推灰，然后筛沙子、和灰，最后把和好的灰推到工地上。在这样的炎热高温下，我汗流浃背，不停地喝水、补充水分。半个月的建筑小工生活结束后，当我拿到人生第一份工资时，忍不住泪流满面！因为我有了第一次自己的劳动所得，因为我粗壮的胳膊里注入了坚强，因为晒黑的脸上刻上了坚毅，这一切让我终身受益！

2. 父亲的乐于助人影响我一生

父亲一直都是建筑工人，靠自己的手艺养家糊口。那时我还在上学，假期在父亲身边会发现父亲很忙，经常很晚回家。原来他是下班后再去给朋友帮忙，比如盖房子、装修屋子、盖厨房，父亲总是热心待人，给人帮忙。看到父亲很累，我心疼父亲，让他别去了。父亲说："我没有别的本事，就会抹灰盖房子，也只有这点能帮上朋友,那就让我多帮大家一点吧。"当时的我不是很懂,可随着年龄逐渐增长,慢慢悟出了帮助别人的道理!原来人生的快乐和幸福不在于所得,而在于付出,从此,"帮助别人,快乐自己"成为我一生的做人原则,这都源于父亲从小就在我的心灵种下了乐善好施、乐于助人的种子!

3. 父亲的意外生病让我长大成熟

我一直属于乐天派,爱说爱笑,是个开心果。我结婚后一直和父母生活在一起,日常中的很多事,父母都帮我做了。在父母面前我永远是个孩子,过着无忧无虑的生活,也不想长大。

儿子刚刚升入高三,进行最后冲刺的时候,从未生过病的父亲突然住院,被诊断为尿毒症,这对我们全家不啻晴天霹雳!父亲住院的一个半月时间里,我要上班,还要陪床,还要处理儿子保送、自招的事情。陪床的时候,我还一遍遍校对《花开的声音》,最终赶在衡中60年校庆前顺利出版,为校庆献礼!

爸爸出院后,需要维持透析治疗,每周3次接送医院。无论刮风下雨,无论暴雪纷纷,无论酷暑严寒,无论春节假日,我都骑着电动三轮车带着父亲做透析,路上和父亲不停地聊天说话。父亲有时会说:"我得了这个病,让你受苦受累了。"我笑着回答父亲:"儿子小时候上学,你接送了我10年,每周5天,一天两趟,现在我接送你去医院,一周才3次。我接送你10年,都报答不了你呢!"

从父亲住院开始,我意识到自己是一家之主,成为家里的顶梁柱和主心骨,那个不愿长大的大男孩,一下子成为真正的男子汉,因为我明白了我的责任!

我的儿子

1. 儿子开启了我的教育之路

上班后,我一直从事银行工作,从没有想过有一天会做教育。因为我本身就阳光率真、孩子气,所以特别喜欢和孩子一起疯玩。我经常和儿子一起去公园爬山、健身,一起玩碰碰车,一起划船;在家里一起玩积木、组装玩具,一起背古诗、看故事。孩子读初中时,我和他的初中老师经常在一起交流沟通,了解孩子情况的同时,也学到了很多的教育理念和方法。因为儿子成绩优秀,我有幸站在讲台上给家长介绍经验,这对我的教育水平是个极大的提升。在日常发现、解决孩子问题的过程中,需要不断地学习和思考,我的教育经验也越来越丰富。

儿子中考取得了全市第2名的好成绩,一些同学、朋友向我取经,这时候我意识到自己的这些教育经验和教子所悟是一笔无形的财富，可以帮助到很多家长和孩子，于是我便开始认真思考，进行归纳总结，最后以讲座的形式分享给大家，让更多的家庭受益，也开始了我的公益教育之路！

在我40岁不惑之际，儿子帮我找到了最喜欢、最适合自己的教育事业，是儿子开启了我的教育之路！

2. 儿子是我的榜样和骄傲

7月下旬，高一暑假，正是一年中最热的季节，儿子去河南师大参加为期一个月的生物奥赛集训。8月初，我们去河南师大看孩子，晚上孩子洗澡时，发现他背上都是痱子！

孩子的宿舍里只有一个小台扇。晚上太热无法入睡时，他就在写字桌上写作业，直到凌晨两点，凉爽一些才去睡觉！宿舍到教室比较远，午后太阳最毒的时候，背着书包去上课需要步行半小时，到了教室衣服就会湿透。这些事情，儿子打电话时，是从来不告诉我们的！

返程的路上，和其他家长说起这些时，我忍不住泪流满面，心疼孩子的同时说了一句话："从现在开始，儿子已经超越了我，我仰视儿子！"同样的环境，同样的条件，如果是我，真的做不到如此优秀！他是我的榜样，他是我的骄傲！

3. 儿子让我有了父亲的柔情和爱

儿子去清华大学报到时，我们送他去了北京。办完报到手续，收拾好宿舍、购买了生活必需品后，儿子知道我们就要回家了，这时候他说了一句话："爸妈，如果你们没有特别的事情，单位可以请假的话，就多待一天再回家吧。"当时我们眼含泪水，满口答应。

很多时候，孩子们觉得自己长大了、独立了，不再依赖父母了，会独自去做一些事情，这恰恰忽略了父母的感受，因为孩子给父母爱自己的机会，也是一种孝顺和懂事！儿子让我明白了，替父母考虑、陪伴父母也是爱！

父亲节，也是我的感恩节。饱含深情写下了这篇文字，是为了感谢我生命中最重要的两个男人！

因为父亲让我成了一个好儿子，因为儿子让我成了一个好父亲，他们一起让我成了一个真正的男子汉！

谨以此篇，献给天下所有的父亲，祝你们节日快乐！

附3：父亲节怀念父亲

（注：这是2016年的父亲节感想，分享给朋友们！）

父亲节，永远的父亲节

今天是父亲节！

父亲节，是个神圣的节日，而对于我来说，还是个永远难忘的日子，因为去年的这一天，爸爸永远地离开了我们！

1

爸爸的身体以前很好，但2011年有几天感觉不舒服，7月28日检查并住进了医院，确诊是肾病，从此开始了每周3次的透析治疗！肾病是无法治愈的，透析只是维持治疗，所以每年都会住一次院。

2015年春节前，爸爸感觉身体不好住院了，结果又查出了肺癌晚期！之后，爸爸的身体越来越不好。2015年6月2日，再次住进了医院，病情也继续恶化，从吸氧到呼吸机，作用越来越小，呼吸越来越困难。

2015年的父亲节，正是端午假期的第二天，因为不上班，我去医院晚了一点，妈妈打电话来，说爸爸昨晚憋得厉害，让我赶快去医院。

和医生早就做过沟通，对于爸爸的病情——肺癌晚期，我心里有数。到了医院，我直接去找主任、主治医生，一起想办法，最后决定送到重症监护室，再维持几天！

看到爸爸病情急剧恶化，我也赶快通知亲戚、同事、同学，大家陆陆续续来到医院。

因为是父亲节，儿子给我打电话，祝我节日快乐！我把电话给爸爸，让儿子跟他爷爷说了几句话，爷孙俩在电话里说了一会儿话。虽然快要期末考试了，但我怕爸爸见不到他孙子，前几天就通知儿子抽空回来看他爷爷了。

此时，外甥也被妹妹接到医院来，看到姥爷，孩子哭了，惹得我们都忍不住哭了！

爸爸的情况越来越不好，呼吸已经很困难，医生、护士都赶过来了，急救并准备送到重症监护室，爸爸的生命特征越来越弱，各项指标趋于零，医生建议

衡中家长手记：
和儿子一起成长的衡中三年

别再送重症了！12点20分，爸爸慢慢闭上了眼睛！

3天的葬礼，在亲戚、同事、同学、邻居和朋友们的热心帮助下，一切都很顺利！而网上的朋友，知道爸爸去世，有6万人表示哀悼！更有唐山、秦皇岛、保定、石家庄、沧州的家长朋友，专程来祭奠！！！

这一切，真的让我很感动，让我备感温暖！再次表示真诚感谢！！

2

爸爸一生坎坷，也因此磨炼了坚强的性格！爸爸生长在农村，弟弟妹妹较多，家境贫寒。爷爷生病常年瘫痪在床，16岁的爸爸就开始承担起全家的重担。由于生活窘迫，和村里的长辈步行背着山药干去山东换粮食。毕竟还是孩子的爸爸，背着粮食又累又饿，当想到家里被饿得哇哇直哭的4个弟弟妹妹时，咬牙坚持走下去。18岁时，爸爸便开始闯关东卖苦力。后来学到了养家糊口的本事，成了一个泥瓦匠。无论多苦多难，爸爸都很坚强，从没有说过苦，咬牙默默坚持！

爸爸一生向善，帮助了很多人。爸爸是建筑工人，靠自己的手艺养家糊口。那时我还在上学，假期在爸爸身边时觉得爸爸很忙，经常回家很晚。后来发现，原来是下班后再去给朋友帮忙，比如装修屋子、盖厨房等。看到爸爸很累，我心疼爸爸，让他别去了。爸爸说，我没有别的本事，就会抹灰盖房子，也只有这点能帮上朋友，那就让我多帮大家一点吧。即使后来生病了，从医院透析结束，还会帮朋友盖小房！他的善良、乐于助人，赢得了大家的尊重和好评！

爸爸一生乐观，给身边的人带来了欢乐！在家属院里，晚饭后爸爸都会出现在门卫处，和大家一起聊天，总是逗得大家哈哈大笑！从医院透析完，他也在门卫处和人们有说有笑，根本看不出身体不好！他乐观向上的精神，感染着身边的每个人！

爸爸天性善良，对我们倍加疼爱！过去生活条件不好，爸爸省吃俭用供我们上学。我去县城读高中，为了让我吃得好一些，爸爸经常加班干活，为的就是多挣点钱！爸爸退休了，又加倍疼爱孙子，每天接送孙子上学，从小学一直接送到初中毕业。每天去学校送完孙子，爸爸经常待在学校门口，一直等到孙子放学。他说离孙子近一些，觉得心里踏实！昭雨考上了清华大学，爸爸一直想去清华看看，可因为他的身体原因（一周3次透析）也未能如愿，算是一个遗憾吧！

3

爸爸离开了我们,但感觉他一直在我们身边!他的精神一直影响着我们,我们一家人更加和睦团结!

我爱人在县里工作,知道妈妈孤单,尽量每晚都回来,就为了多陪陪老人!我们结婚24年,一直和父母在一起生活。这么多年和老人在一起,婆媳关系一直很好,从没有红过脸。爱人用爱心培养孩子的同时,更加用心孝敬公婆。左邻右舍对我们全家的和睦相处赞赏不已、羡慕不已!

因为考试的原因,爷爷葬礼结束的中午,儿子午饭也没吃就匆匆返回清华!考试后的几天间隙,他又赶回来,因为不放心我们,不放心他奶奶!在大学里,儿子事情很多,每天很忙,但考虑到爷爷去世,这一年他回家的次数多了,因为他心里惦记着我们!

爸爸离开了,大部分时间家里只剩下我和妈妈了。爸爸刚刚离开,我心里真的很难过!将近四年的时间,每周三次我接送爸爸去医院透析,早已成了习惯,所以刚开始很不适应,到了点就会不由自主地想去医院,而这时就会忍不住难过!本该接透析完的爸爸回家,可只有我自己回家了,总是忍不住泪流满面!上下班路上,是我流泪最多的时候,因为我怕妈妈看到!回到家里,我都会控制自己,在妈妈面前表现得很坚强,因为不想妈妈难过!

每逢佳节倍思亲,每个节日都更加想爸爸!今年春节,我提前把年货准备好,并且更加丰盛,就是为了让妈妈高兴!大年初一吃饺子时,妈妈说:"你爸爸生病这些年,你们做得真好,对我也这么好,我很知足了!"一句话让大家泪流满面,更加想念爸爸了!

4

爸爸离开了,让我更加感受到亲情的可贵,所以,我更加对妈妈好。其实妈妈一样对我更好了,每天换着花样给我做饭,知道我爱吃水果,换着样给我买。有妈妈在身边,永远是幸福的孩子!

夏季烈日炎炎,有时候还下着大雨,有的同事很奇怪我每天中午都回家。其实我心里明白,妈妈一个人在家,每天中午我回家,哪怕只有一小时的时间,和她说说话,妈妈就不孤独,就会很开心。为了多陪妈妈,晚上我也尽量少出去吃饭。以前我很少看电视剧,现在晚上我也成了电视剧迷。晚饭后,和妈妈一起泡

衡中家长手记：
和儿子一起成长的衡中三年

脚看电视剧，她看什么我就看什么，还一起讨论剧情。看着妈妈开心幸福的表情，我也很幸福。对老人的爱，就是抽时间多陪陪她，听她说说话，真的就这么简单。

爸爸，你放心吧，妈妈身体很好，心情也不错；我也很好，每天还乐此不疲地做着喜欢的公益教育，和你一样帮助着更多的人；你儿媳妇也很好，认真工作，用心操持家里；你的孙子很好，大学毕业了，因为成绩优异被保送清华直博，现在正在台湾实习！

5

爸爸，我还是好想你！想你早晨给我的皮鞋打鞋油，想你给我洗水果，想你给我倒水逼着我喝水，想你给我自行车打气，想你在我出门回来时守在门口等着我，想你在我下雨回来后把雨披接过去；我还想接送你去医院，还想你透析往返路上我们开心地说话……

爸爸，你为什么说话不算数？本来我们约好了，你接送孙子上学9年，我接送你去医院透析9年，为什么仅仅四年你就离开了我！！！爸爸，我还想接送你去医院透析，一世父子我和你没有待够！！！

今天是父亲节，爸爸，你离开我们整整一年了！一年里，我们都没忘记你，一直想着你，也感受到你还在家里，从没有离开过我们！

爸爸，我们好想你，你一样在想我们吧！

父亲节，永远的父亲节！爸爸，我爱你！

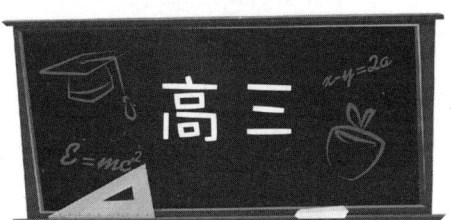

衡中家长手记：
和儿子一起成长的衡中三年

8月14日－9月10日：完美适应东区

1. 本阶段要求和注意事项

在保证高考科目稳定的前提下，准备保送、自招考试。

2. 孩子在校期间的表现

因为我要去医院陪床，所以14日找了辆车送昭雨，学校要求12点前到校，我们7点多就到了学校。学生返校很少，车便直接开到校门口。到宿舍和教室昭雨都是第一个。我们收拾完宿舍又去了教室，都没事了，告诉他在教室里好好看书，离开学校时8点，学生才渐渐地返校。

路上遇到王老师，她问怎么来得这样早，我说昭雨拿着教室钥匙，怕学生来了进不了教室，所以早点来了。

早点送孩子的好处有二：一是人真少，省得挤来挤去，宿舍、教室也好收拾；二是早早收拾完，孩子可以提早进入状态，用心学习。

返校第二天就开始考试，考试内容一半是假期作业。昭雨说假期主要精力用在了保送和自招的学习上，复习的时间并不多。我们告诉他不要太关注成绩，要和学奥赛时一样，两边都要兼顾。

16日上午儿子考完试，我们晚上给他打电话，一是告诉他卡上已存入500元，记得及时转进饭卡；二是告诉他爷爷已出院，不要惦记。其实爷爷还在医院，只是不想他分心。问他知道成绩了吗，他说知道了，698分，很高，但还不知道名次，并提醒我们不要把这次成绩当真，属于超常发挥，不算什么的。

第二天查名次是年级第3名！他真的有大将风度，不但自己很淡定，还提醒我们不要当回事，从内心佩服他！

8月25日晚上，昭雨打来电话，我接了电话，他却不说话，问他妈妈在不在。我让他妈妈接电话，原来是儿子祝他妈妈生日快乐！孩子特别有心，学习那么紧张，还惦记着他妈妈的生日！

8月26日是星期六，和他约好给他送一些水果。在校门口遇到不少熟悉的家长，有H、Y的家长，还有昭雨原来初中同学X、Y、S、C的家长。关心孩子的家长真不少！

18点15分下课后，孩子们陆陆续续地过来了。见到昭雨，第一感觉校服有些短了，毕竟穿了两年，个子高了！感觉胖乎乎的，有些壮了！

问了问学习紧张程度，有没有时间看保送的东西，告诉他要拿出学奥赛的劲头去挤时间，还要多问问其他学奥赛的同学，去了解他们的解题思路。还问了问L、A和D生物奥赛取得国家金牌的事，他说知道的。感觉他心里对这些很平静了，对同学满是祝福。

正说着话，王老师走过来了，和她打招呼，从她说话的口气里就感觉到她特别喜欢昭雨。王老师让昭雨早点回教室安排事，我们就让他回教室了。

8月29日接到信老师电话，说《花开的声音》已校对完，想让我再看一遍校对版，然后计划以最快速度印出来，问我什么时候有时间去衡中拿校对版。

当时我在医院陪床，正是吃晚饭的时间，只有我一个人陪爸爸，所以只好说第二天上午去拿书，尽快校对完。饭后，爸爸还是让我早点去拿书，说别耽误出书。确定爸爸一个人在医院没事，18点我坐公交车直接去衡中，路上信老师的手机却无人接听，到了衡中才打通她电话，但校对版在她家里，于是我又去家属院门口拿书。19点，信老师女儿把校对版送过来。我顺便问了一些她的学习情况，鼓励她初三加把劲，以最优秀的成绩考取衡中。

回到医院抓紧审阅校对版，晚上回家后校对24点，第二天上午陪着爸爸输液挤时间校对，到中午终于校对完，马上联系好信老师下午送回衡中。

孩子高三去了东区，衡中本部我去得很少了，见到信老师也少了！这次在课改处见到信老师，首先讨论了《花开的声音》的印刷数量。她问我印刷3000本可以吗，我说太少了，最少要印10000本，成本也会降低，全国销售会很好。其次谈到了410班。孩子们搬到东区后，换了王老师担任班主任，他们还不适应，需要时间去磨合！短短一个月，就发生了几个孩子和王老师吵架的情况，王老师都气得生病了！

信老师说王老师是很优秀的老师，各方面都很优秀，以前王老师带的孩子都很尊敬她，现在有的孩子这样对待她，她自然有些伤心！有的孩子不懂事，返校后作业没做，王老师说他，他却说我一直不做作业信老师也不管，凭什么你要管；还有的孩子在日记上写："上课时，一抬头发现了一张陌生的脸，再也见不到信老师慈祥的目光了，心里很沉重！"并且还让王老师看，王老师特别伤心！

410班的孩子们的确很优秀，在高二时，信老师因为校庆的事无暇顾及他们，

衡中家长手记：
和儿子一起成长的衡中三年

所以对他们管理宽松。同时信老师比王老师岁数小一些，两个人的教育理念不太一样，教育方法也不尽相同：信老师是宽松管理、因材施教，在她眼里每个孩子都有亮点，71个孩子都是最棒的；而王老师是严厉型的老师，对学生严格要求、恨铁不成钢，全方位去管理、关注孩子，最大限度地去调动、发掘每个孩子的潜力，以取得更大的进步。信老师的宽松遇到王老师的严厉，两种理念发生碰撞，自然会产生一些不和谐，但这是暂时的，相信很快一切会变好！

在这件事上，同样体现了家长的作用！比如，我就早早给孩子做了铺垫：一是昭雨本身适应能力就好——埋头学习，不为外界所干扰；二是我们及时帮助昭雨分析了学校决定去东区的利弊；三是及时灌输王老师的优秀之处，让儿子对她有好感，并且开学前一天见到王老师，在一起说话沟通、互相了解，给王老师留下了很深刻的印象，愉快地彼此接纳，没有出现任何不适的情况。另外，到了高三就要一门心思去学习，取得好成绩就是硬道理！王老师喜欢踏实、刻苦、认真、严谨的孩子，而昭雨恰恰就是这样的学生，所以在王老师的管理下，昭雨的潜力将会更大地被激发出来，这是他的幸运！

住院期间有一个天大的巧合，我爸爸和我早就熟悉的读上海交大的G的爷爷在同一个病房！遗憾的是，阴错阳差没有见到他，但和G的父亲有了深谈，从交谈中又一次验证了优秀的孩子背后必定有一个优秀的家长！

G的父亲很有思想，1984年考入河北农大。他在孩子上初中时反思自己上学时的不足和缺陷，避免在孩子身上再犯，以此指正孩子的学习和生活。在孩子关键的发展时期，他能把握住主流，给孩子以正确指导，使其步入正轨！

他提到要培养孩子的生活自理能力，并举例说，因为不会使用微波炉，G刚进学校就烫到了自己，住了半个月院，所以一定要学会日常的生活。还要尽快确定自己今后的奋斗目标，早做打算，早做谋划，时不我待！他对孩子说过这样一句话："什么最重要？是时间！所以绝对不能浪费时间！"这些话对我太重要了，需要我深刻思考！

3. 孩子放假在家的表现

不知道这次放假他回不回家，提前几天打电话，他说回家。第一次正式在东区接他回家，天下着小雨，家长们打着伞挤在门口，孩子们出校门都困难。他出来得比较晚，所以人少多了，但小胡同里停放的车太多，步行出来都很费劲。

在公交车上，他说学校专门设立了410奖学金，是用《花开的声音》的售书款设立的,专门奖励给双优班级,还展示上次考试后获得的几个笔记本。其中一个笔记本特别精致,他说舍不得用,等上大学后再用。他说领笔记本时,一共10个人上台。从儿子表情里感觉到了他的自豪!

因为他说东区的伙食不好,所以吃饭时准备了几种肉食,给他好好补一补。在家里,一直给他灌输王老师多么好,并问他是不是王老师对他特别好,他不断点头。得到了他的肯定回复,我们强调说,王老师就是喜欢他这样踏实、认真、严谨、刻苦的孩子,所以高三跟着她最完美了,让儿子只管踏实学习,什么也不用考虑,我们也更放心了。

他说这段时间学习很紧张,各科老师抓得都紧,比学奥赛时还要紧。作业、学案一定要完成,完不成要受惩罚,所以特别紧张。但我们还是告诉他一定要抓紧保送科目的自主学习,这是必须的,让他挤时间,并且提出要求,下次放假回家要具体告诉我们保送各科是怎样抓紧时间的,怎样去挤时间的。还和他分析了当前复习的情况。复习过程中,他意识到好多东西是不知道的(因为以前学奥赛时,尤其是高一刚分奥赛时,高考科目学得很粗,这也印证了奥赛生知识点不扎实的弱点),书本都是新的,所以需要认真学习,珍惜这次难得的第一轮复习机会。

我们对二调考试提出要求,让他做好思想准备,考不到年级前几名很正常,但应该在年级20名之前。

4. **本阶段总结**

儿子心态平和,很好地适应了新老师、新环境,应变能力不错。

衡中家长手记：
和儿子一起成长的衡中三年

9月11日－30日：为衡中校庆献礼

1. 本阶段要求和注意事项

天气转凉及时加衣服；以平和心态迎接二调考试；找到适合自己的学习方法，保证高考科目的同时，多看保送科目，并且下次回家时要汇报具体学习保送科目的情况。

2. 孩子在校期间的表现

9月17日二调结束，第二天看到他的成绩，真的是又一次出乎意料，同时欣喜万分，成绩是年级第2名！我们的心理承受力是年级前20名，在10名前也是正常的，没想到会更进一步！我们从内心感到欣慰！英语和化学成绩有了大幅提高，说明他的努力已见成效。儿子在回归高考科目学习后，各科学习都已步入正轨！

9月26日是衡中校庆日，《花开的声音》计划在校庆前正式面世，所以信老师让我多去印刷公司多督促，以确保保质保量按时完成印刷。在我的多次协调下，最后终于敲定了方案：增加4张8页彩图，即张校长题词和410班合影一张、信老师序言和彩照一张、任课老师彩照一张、我写的跋和彩照一张，还增加了孩子们写的老师评说词，并对错别字进行了校对！

为了这本书的出版，我数次校对，多次去印刷公司商谈，还多次和信老师联系。比如因为彩照的事，我和信老师多次通电话，寻找照片的原版，直到最后一刻信老师才找到了原版照片！在校庆日前一天，5000本书终于正式印出来了！

校庆日我受信老师的特别邀请（因为我不是衡中毕业生），参加了校友答谢晚宴，晚上观看了校庆晚会，第二天上午参加了校庆大会，并且在衡中60年成果展上，和410班的孩子们一起推介《花开的声音》！

我和衡中人一起度过了难忘而开心的衡中60年华诞！

9月30日中午，昭雨放假，因为一部分高一家长想买《花开的声音》，于是和他们约好在东校区门口见。

由于开运动会，昭雨11点就出来了，但拿书的家长因为路远而到得晚一些，一直到12点我们才从学校往回走！昭雨很理解我，耐心等待期间，他就和H、S

一起说话。

我是骑电动三轮车接他的。由于三个年级放假,所以马路堵得很厉害,三轮车的优势就发挥出来了,钻空,很快就冲出了堵车区,回到家。

3. 孩子放假在家的表现

接他时,听他有些咳嗽,他说这已经很轻了,快好了,考试后就上火感冒了,吃了好几天药。我们在家里让他吃清淡的东西。

因为到了高三,国庆节只放一天假,1日16点前返校,但昭雨说早晨就返校,我们全力支持,要求他晚上早点睡,第二天早上可以多睡会儿。

问他在学校做报告发言的稿子,他说散会后被年级张主任拿走了,说打印出来。他还说本来用一节自习时间写的稿子不是这样的,主要内容是介绍学习方法,但在开会前的那天中午,又利用午休时间临时写了这篇稿子,事实证明效果很好,他发言时学生静静地听,并报以热烈的掌声。

我告诉他,写发言稿虽然占用了一节晚自习和午休时间,但很值得。你得到了其他学生不曾有的提高机会,而浪费的时间是可以抢回来的。

关于二调考试成绩,从中可以看出这是儿子真实实力的体现,尤其是他的自信心很足,状态很好,这是最重要的。下次考试还是按上次的要求,不能低于年级20名,因为水平已到了一流,就不能落后。他同意我的说法和提的要求。

还有上次提的问题,在保证高考科目的前提下怎样学习保送科目,他说考完试后那一周才开始看书,物理和化学看得最多,因为物理和化学奥赛生竞赛结束,有了更多的时间问411班(另一个奥赛班,是物理和化学奥赛生)同学问题了。儿子和他们的关系很好,他们都热心讲题。儿子通过同学讲题明白了许多解题思路和技巧,也感觉到保送题并不很难,同时增加了自信心!从中看出他处理事的能力蛮强的,和其他班同学关系也很融洽,更加为他感到自豪和骄傲!

我还和他提到在学校做报告发言的那天,王老师特别高兴,21点发来信息:"昭雨本次考试年级第二,今天作为优秀学生代表发言,写得好,讲得也好,令人振奋。孩子太有才了!"我马上回信息:"感谢王老师的精心培养,昭雨遇到王老师是他的幸运,也是我们全家的幸运!"她马上回了信息:"我很高兴,这首先是你成功教育的范例。今天昭雨发言给我印象最深的一句话是'人不辉煌枉少年'。本次考试我们班平均分超过对子班44分之多。"

看到这个信息后,确定王老师没有上课,于是我直接拨通了她的电话。接通电话后，王老师还在不停地笑着，真的感觉到了她的开心！她表扬昭雨发言稿写得很有文采，发言时很有气势，讲得特别好，总之就是太好太好了！我也很高兴，说她为我们的孩子付出了这么多，太感谢了。因为不想过多影响她的工作，我就放下了电话。

昭雨说他知道这事，当时王老师在教室，对同学们说了给我发信息的事了。

国庆节早晨8点把他送回学校，他先把东西放到宿舍，然后拿着需要的东西直接去教室了。

因为今天是衡中本部开放日，所以送完他我就去看开放日。没想到衡中老师们在卖《花开的声音》，于是我也加入队伍，开始卖书。参观衡中校园的人以初中生为主，在我极具鼓动性的推介下，卖出了100多本书！其间王校长和信老师也来了！

4. 本阶段总结

儿子高考科目成绩很好，步入正轨，信心空前高涨，并且能有条不紊地进行保送的准备，让人很满意！

附：衡水中学建校60周年大会隆重举行

9月桃城，硕果飘香。2011年9月26日上午9点26分，衡水中学建校60周年庆祝大会在校运动场隆重举行。

国务院原副总理、中国教育基金会首席代表吴桂贤，河北省人大常委会副主任、河北省委组织部常务副部长谢计来，河北省政协副主席、农工党河北省委主委段惠军，清华大学副校长袁驷，中央党校原教育长王瑞璞，中国教育报刊社总编辑刘仁镜，中国党建画院院长张文祥，共青团河北省委书记梅世彤，省教育厅正厅级巡视员李春沛，市领导刘可为、高宏志、周金中、孙志人、徐学清、王延波、王金刚、李双喜、傅钢、杨新丽和部分高校校长，省、市、区领导，校友、老校长以及衡水中学党委书记、校长张文茂出席大会并在主席台就座。大会由衡水市人民政府市长高宏志主持。

参加这次大会的有8000余人，包括部分市县区领导、知名高校领导、各省市知名高中校长、外国友好学校朋友、衡水中学离退休老教师、历届校友以及全体在校师生及社会各界人士。

会前，学校工作人员首先宣读了全国人大常委会副委员长、全国妇联主席陈至立与全国政协副主席郑万通的题词，同时宣读了全国政协副主席、民盟中央第一副主席张梅颖与我市市委书记刘可为、市长高宏志的贺信。

在庄严的升旗仪式中，庆祝大会正式拉开帷幕。

中国教育基金会首席代表、国务院原副总理吴桂贤讲话，她勉励衡水中学师生，务必牢记胡锦涛总书记在庆祝清华大学建校100周年大会上的重要讲话精神，牢记总书记的三点希望，继续奋斗，不断努力，立远大志向，怀报国之志，为新衡中、为新衡水建设和发展做出自己的贡献。

河北省人大常委会副主任谢计来做了重要讲话，对衡中师生一直以来的不懈努力表示称赞和敬佩，并希望和鼓励学生们努力学习，鼓励衡中再创佳绩，为国家教育事业改革与发展做出新的更大的贡献。

清华大学副校长袁驷在讲话中说，清华和衡中通过长期合作建立了牢固的友谊，相信以后双方关系会更加密切。

衡水市委书记刘可为做重要讲话：经过几代衡中人的不懈努力，衡中形成了优良的文化传统，为祖国培育和输送了5万余名优秀人才，成为我市、我省乃至我国基础教育的一颗璀璨的明珠。这一切，不仅使衡水中学的名字享誉全国，也提高了衡水的知名度和影响力。希望衡水中学继续全面贯彻党的教育方针，与时俱进，厚积薄发，走出一条内涵型、开放式、多元化的发展新路；希望广大同学继续发扬衡水中学的优良传统，把文化知识学习和思想品德修养紧密结合起来，把全面健康发展和个性和谐发展紧密结合起来，努力成为可堪大用、能负重任的栋梁之材；希望广大校友继续关心支持家乡和母校发展，创造无愧于时代的业绩，谱写壮丽的青春乐章。

衡水中学党委书记、校长张文茂致辞。他简要回顾了60年来学校的发展历程，认真总结了学校60年来的办学经验。张校长指出，60华诞是我校发展史上的重要里程碑，更是衡中人迈向新征程的新起点。为此，在各级领导、各界朋友的关怀支持下，在广大校友的深切关爱下，我们将认真贯彻落实全教会精神，以更加开阔的视野、更加开阔的思路、更加开阔的胸襟，求新思变，审时图变，奋勇向前，促进教师专业素质再上新水平，推动创新人才培养再迈新步伐，促使学校办学层次再上新台阶，让衡中真正走向世界，让世界真正了解衡中，加速创建国际化特色学校，在富民强国的滚滚洪流中，续写时代华章，再创新的辉煌！

衡中家长手记：
和儿子一起成长的衡中三年

　　国内友好学校代表辽宁盘锦高中校长王海滨、国外友好学校代表新西兰贝菲尔德中学校长丹尼斯·斯洛里先后致辞，表达了对衡中庆典的祝贺之情，并希望两校友谊之树常青。

　　校友代表、高中63班毕业生、河北省人口计划委副主任徐春芳，教职工代表信金焕，学生代表耿佳先后发言，表达了作为衡中人的骄傲和对母校60华诞的祝贺。

　　最后，市长高宏志对全市广大教育工作者提出了殷切希望，并隆重宣布庆祝大会胜利结束。和平鸽腾空而起，全场掌声雷动。

　　衡中建校60周年大会圆满举办，可以说衡中今天的辉煌离不开张文茂校长的高瞻远瞩和亲力亲为，他的战略眼光让衡中达到了前所未有的高度，无论高考、奥赛，无论艺体、信息，无论社团活动、科技创新，都谱写辉煌，硕果累累！

　　张文茂校长曾先后在《人民日报》《人民教育》等国家、省级报刊发表理论文章20余篇，主编并正式出版了《张文茂与责任教育》《我这样做校长》《衡水中学解码》等30余本著作。作为全国知名高中校长，曾多次应邀到全国各地做学术报告。2006年10月，作为河北省唯一代表应邀参加了中学校长国际研讨会。参会人员主要来自英国、澳大利亚、新西兰、智利、瑞典等14个国家和地区的近100位著名中学校长和专家，其中中国中学校长共20名。校长张文茂作为中方唯一代表向大会做了研讨建议报告。2008年，作为奥运会火炬手传递奥运圣火。

　　张文茂曾获得全国劳模、全国五一劳动奖章、国务院特殊津贴专家、河北省省管优秀专家、河北省有突出贡献中青年专家、河北省优秀专业技术人才、河北省中小学骨干校长、河北省教书育人楷模、河北省优秀教师等殊荣。曾主持研究了多项国家、省级科研课题并获奖，其中省级重点课题成果《促进教师专业成长的校本研训体制研究》荣获河北省教学一等奖，科研成果《集成化的校园网信息系统》获河北省科研成果一等奖。

10月1日－29日：清华"领军计划"

1. 本阶段要求和注意事项

天气变化大，及时增加衣服，多吃梨、多喝水；在保证高考科目的前提下，做保送准备。

2. 孩子在校期间的表现

10月3日15点半，我和王老师约好，给她女儿讲讲学习、生活。15点我就到了东区，王老师把我接进去。王老师的女儿是个活泼聪明的姑娘。一个多小时的谈话，我主要谈了学习方法、学习态度、学习目的和生活上的注意事项、锻炼身体的重要性，并和她定好远期和近期目标。当着王老师的面告诉她以后每次的月考成绩发给我，以做对比，发现不足，以取得更优异的成绩！她对我很认可，说会按我说的去做，会给我惊喜的。

王老师和我谈了对410班孩子的喜爱，说看到每个孩子都很高兴。她给同学们描述了这样一个场景：你们都是闭关修炼的武林高手，马上就要出关了。现在正是关键的时刻，我在门口守护着，不让任何杂事影响到你们！孩子们听了都非常兴奋，劲头更足了！

临走时，她让我看教室旁的昭雨照片，说他是学校的"规范之星"！

王昭雨，规范之星：誓练速度的物理，力争准确的数学，演绎精细的化学，这是他的训诫；规范每一题，规范每一天，规范学习，规范人生，这是他的希冀。手握全国生物联赛省一等奖，他又在一调考试中直取班级桂冠，他用缜密的思维和细致的演算，昭示出一位奥赛人、一位一零人、一位衡中人的风范。

看内容应该是一调后的评选，他却和我们只字不提！这就是他，一个镇定自若、心态淡如水的孩子！

10月4日，高一学生开学。事先我和家长约好，在衡中门口签名售书，当天卖出了50本书。

10月19日和20日，进行三调考试。此前，他回家时，我们就和他分析了三调，

衡中家长手记：
和儿子一起成长的衡中三年

并达成了共识：以前的第 2 名、第 3 名不足喜，三调争取在 10 名之前，最差不能低于 20 名。对三调考试没有寄予太高的期望。

21 日早晨 7 点 15 分出成绩，儿子竟然是班级第 1 名、年级第 2 名，又一次让我们出乎意料！升入高三的三次考试，分别是年级第 3 名、第 2 名、第 2 名！这是儿子高中以来最好的连续名次，说明孩子经过奥赛回归高考科目学习之后，完成了华丽转身！

上午接到一个陌生电话，说是衡中的郝老师，是高主任让他打的电话。大致意思是下周高三复习班开家长培训会，因为昭雨成绩优异，是年级第 2 名，同时我经常做家庭教育报告，所以高主任推荐我给家长做培训，并且因为东区没有大的礼堂，家长培训会要在各班分别看视频召开，所以要求我写完稿并提前去录像。我满口答应，计划周末把稿子写出来。

23 日 22 点，从清华大学网站看到一则消息，清华今年推出"新百年计划"中的"领军计划"推荐学校名单公布了，衡中获得 3 个推荐名额，是全国中学最多名额之一（一共 5 个学校：人民大学附中，衡水中学，东北师大附中，西工大附中，乌鲁木齐一中），全国中学名额一共 258 个！"领军计划"通过的考生，不参加自主考试，高考时可以享受降 60 分的优惠政策，如果实考分达到录取分数线，则可以加 30 分专业分，另外入学后还可优先出国交流，等等。

我觉得"领军计划"和保送相比更有诱惑力！一是保送考试题很难，历届生物奥赛的学生没有保送到清华的；二是即使能去，专业也不会太好。而能获得"领军计划"名额，按昭雨现在的状态和中考时的稳定性来看，直接考上清华的希望很大，那样则可以加 30 分选到理想的专业；即使发挥失常一些，60 分是个很大的保险，况且还有 10 分的省一加分，把握性更大！

定下方向，于是和高主任联系，直截了当告诉他我的想法，希望能给昭雨争取"领军计划"推荐名额！高主任也说这个推荐名额很好，昭雨这几次考试很优异，有实力争取这个名额，机会还是很大的。

因为知道是王老师去清华参加的"领军计划"推荐名额会，所以给王老师发信息问她"领军计划"和保送哪个更好，王老师回答得很含糊，没有明确说。因为过几天去衡中录像，所以计划当面请教。

星期三（10 月 26 日）14 点半我到了衡中东校区。郝主任去布置录像会场，我去找王老师。上午给王老师发信息说下午去学校录像想见她，她回信息说要去五中，所以到了办公室王老师还没有回来。于是给于老师打电话，和于老师聊了半小时，主要说的是自主招生的事和对"领军计划"的一些看法。

15点，我去了6楼录像室，稍做停顿就开始录像。20分钟的录像一气呵成，录像师连连称赞太专业了。其实我刚上楼，很累，并且一直跟于老师通电话，也没有喝水，录像时口干舌燥，生怕不能坚持20分钟，还好顺利完成任务。郝主任为了感谢我，送给我一个校庆60年笔记本和一支笔，并把我送到楼下。

这时候已经16点了，我没有离开学校，而是给王老师发了信息，告诉她我在东校区等她，问她何时回来。

围着410班教室转了转，怕昭雨发现我，就去教师备课区看展牌，这时王老师过来了，于是我们去会议室说话。

提到清华"领军计划"的事，她说这个"领军计划"太好了！今年是清华百年校庆，总书记做了指示，新的一百年，清华要打造更优秀、更国际化的知名大学，要培养各个领域的领军人物，所以这个计划是根据总书记的指示制订的！还说清华大学真的很好，学风很好，并且平易近人！那天开完会，清华老师非留下王老师吃饭，但因为去石家庄开会马上去赶火车，清华老师就给买了好多吃的，给人感觉特别亲切！然后又说昭雨不但学习好，人缘也特别好。数学奥赛生出去集训时，学信息的W主动要求挨着他，而信息奥赛生出去集训，学数学的R也主动要求挨着他。还说昭雨特别严谨认真。王老师忘了班级公共邮箱密码，就问昭雨密码，他马上翻开笔记本，把密码给了王老师，这样她才把三调成绩和周测成绩发到了邮箱。我说邮箱里要求看三调成绩的信是我写的。

王老师问我还见昭雨吗，我说没事不打扰他了。17点，我离开了学校。

周六（10月29日）放假，上午我从公益大讲堂直接到了学校，因为有些家长需要《花开的声音》。12点昭雨从学校里出来，把衡中给我的优秀培训师证书和录像资料交给我，然后坐上三轮车我们回家了。

一直担心给他说"领军计划"推荐的事他会反对，因为保送可以少上几个月的学，并且从高一就把保送作为目标，所以怕他不接受"领军计划"，还要参加高考！

路上我小心翼翼地问他保送准备得怎样了，把握性有多大，并且告诉他那天见到王老师，说起生物奥赛生很少能走清华保送并且专业不太好，他说确实是这样。

衡中家长手记：
和儿子一起成长的衡中三年

于是我给他提起了清华"领军计划",说这个推荐就可以弥补选择专业的问题,只不过要多上几个月的学。没想到他说多上几个月学没事的,如果这个好就选择这个吧!

一直担心的问题,他很淡然地接受了,没想到我们的担心是多余的!不得不对儿子刮目相看!然后告诉他这件事到此为止,知道就可以了,还和以前一样学习准备保送,如果名额争取到再做改变。

3. 孩子放假在家的表现

饭后,休息了会儿带他去洗澡,路上说到三调和周测考试,他说这几次周测基本都是班级第1名,所以信心很足!在浴池称了称体重,他是134斤,比前段时间略有增加。然后去理发。

晚上和同学一家出去吃饭。同学的孩子也在衡中读高三,想请教一些问题。在饭桌上,他问了昭雨几个问题。一是生物有的推理记不住,昭雨说多看几遍就试着去推理,不要管对错,推理完了,回头再去对照,哪儿想错了再去改正。二是英语阅读理解没有语感,做不对题,昭雨回答第一遍阅读看清大意,第二遍再带着问题精心去读,再不懂就要看三遍、四遍。三是作文爱跑题,昭雨说用题目给的例子来作为论据,看看是否全面适合,如果不全面,就证明跑题了。

昭雨的回答很简洁,很有条理性,也更有针对性,他听后佩服得五体投地,同时也露出了难得的笑容,有了一些信心。

13点半才吃完饭,回家路上我问他,耽误了一些时间觉得可惜吗,他说没事的,可以补回来的。我说除了学习,还有很多重要的事,今晚有很多东西是书本学校里学不到的,这些也是走上社会后必须拥有的。

提到高三马上要分班,昭雨说赞成分班,因为数奥的学生现在情绪不好,影响到了整个班级,所以需要把奥赛生分开。

昭雨很理智,很清楚地知道哪些重要哪些不重要,能够很准确地抓住主要矛盾和矛盾的主要方面。

4. 本阶段总结

从周测和三调考试看,他的状态很好,心态很平稳,信心很足。

附：什么是清华大学自主选拔"新百年计划"

　　清华大学自主选拔"新百年计划"分为"领军计划""拔尖计划"和"自强计划"三个部分。"领军计划"面向志向远大、追求卓越、品学兼优、素质全面的应届高中毕业生；"拔尖计划"面向具有学术理想和创新潜质，在某一方面有突出才华并取得一定成果的应届高中毕业生；"自强计划"面向长期学习、生活在农村地区、边远贫困地区或民族地区自强不息、德才兼备的高中毕业生。

　　被推荐为"领军计划"的学生不用参加自主招生笔试，只需参加综合面试。面试通过的学生高考享受降60分录取的优惠政策。此外，还可根据面试的成绩给予最多加30分选专业的优惠政策（仅限该学生高考分数达到清华大学在该省录取分数线时有效）。不用笔试，这在清华大学自主招生历史上尚属首次。

　　入选"领军计划"的学生将配备"双导师"，即一名所在院系专业老师和一名所在院系毕业的成功校友共同指导学生的课程学习和全面发展；还将被优先推荐参加清华大学学生骨干培养项目，赴海外知名大学交换学习，参加社会工作、社会实践、社团组织和公益志愿等活动及锻炼。

　　"拔尖计划"青睐具有学术理想和创新潜质，在某一方面有突出才华并取得一定成果的学生，经两名副高职称（含）以上相关领域专家联名推荐。材料审核、笔试和面试皆通过者，可根据成绩在限定专业内给予降30～60分的录取优惠。

　　"自强计划"面向全国592个国家级贫困县的所有中学，每所中学都可以推荐1名学生。通过材料审核、笔试、面试和实地考察的综合审核者，可享受高考降30～60分录取的优惠政策。

10月30日—11月26日：永远的410

1. 本阶段要求和注意事项

天气变化会加剧，所以要及时增加衣服，还要多吃水果多喝水；按原计划学习和准备保送，重视期中考试。

2. 孩子在校期间的表现

（1）昭雨优点

周日要求10点前返校，8点半我们就出发了，9点到了学校。周日返校后他们就开始周测，昭雨是班级第2名，第1名是K。其实这几次周测前两名基本都是他俩，说明昭雨的状态很好，渐入佳境。和张老师两口子一起吃饭，他一直夸昭雨，说昭雨最大的优点不但是听话，而且讲过的题能做到再遇到时不会出错，还能举一反三，知其然，也知其所以然。这是我们以前对他理解不深的地方，现在更深刻地知道了他的优点。

（2）听约翰·库缇斯演讲

11月1日，世界激励大师约翰·库缇斯来衡中。听到消息后我就去听他演讲，受到了极大的震撼和鼓舞。约翰·库缇斯来中国演讲很多次，但都是去北京、上海、广州等这些大都市，他第一次到衡水这个地级市，第一次到高中做报告！学校为了让每个学生都现场听到约翰·库缇斯的演讲，特地安排了三场演讲，据说一场演讲的费用是7万元，三场21万元，但衡中领导觉得为了孩子们的成长，花这些钱是值得的！

（3）"领军计划"

这段时间最重要的是清华"领军计划"，所以这也是重点了。从10月18日清华公布"领军计划"我们就一直关注着，再到10月23日清华公布了"领军计划"名额分配，注意到衡中得到了最多的3个名额，第二天就和高主任通了电话，表达了争取"领军计划"的愿望，并且专门见了王老师，表达了同样的愿望，王老师也举双手赞成。心里平静了，耐心等着事情的进展。

11月7日，是全国中学领军人物报名开始的日子，从网上看到一部分中学开始了公告、选拔工作，甚至有的学校已推荐了名单并且开始公告，内心无比焦虑，坐立不安。每天在网上搜索入围"领军计划"中学的推荐情况，知道得越多，心里越难平静，每天都在焦躁不安中度过。11月10日，实在忍不住了，给王老师发信息，问"领军计划"推荐开始了吗，王老师没有回。这时才明白，是自己太心急了，耐心等待是我现在最需要做的。我开始认真分析了衡中校荐的历年做法。

每年衡中校荐，基本都是按成绩排名，成绩是硬道理，另外也不会大肆宣扬，不去过多地耗费学校领导和学生的精力，这从和王老师的交流中已见端倪。比如清华"领军计划"名额刚公布时，我给王老师发信息，她没有明确告诉我，后来她解释说校长说了，不要过于宣传，要低调一些。明白了这些，我便踏实下来，平静耐心地等待。

11月15日下班后，18点左右正在上家属楼，电话响了，是王老师打来的！她说"领军计划"方案已出，明天正式报名，计划报昭雨，还说报名后就不许参加保送了。接完电话，有些事情还是不明白，饭后我马上打车去了学校，找到王老师。王老师拿出了学校推荐"领军计划"的方案：一是按二、三调成绩，分别以40%、60%前的排名计算；二是学生会主席和班长加7分，副班长、团支书加5分，十佳班长、十佳学星、十佳团员加7分；三是取得北大、清华其他任何加分政策的学生不允许参加。昭雨综合两次成绩是年级第1名，加上副班长5分，稳稳第1名。明白了这些，我也就彻底放心了，离开了学校。

晚上昭雨来电话，说王老师让报名"领军计划"，我们告诉他一切听王老师的就可以了。

静静地等待了两天，17日下午给王老师发了信息，王老师回复："昭雨胜出，祝贺！"看到这个消息，特别高兴，一块石头终于落了地！

晚上昭雨来电话，说报名需要个人情况介绍、个人特长介绍、准备报的五个专业和一些证书，我告诉他，明天17点半学校考完试，我去找他，给他准备的一些资料。

这些天我给他准备了很多资料，为了解专业情况还咨询了一些人，最后确定了建筑学、电子信息、经管学院、电气专业和土木工程。

18日（周五）16点先去西区找到信老师，拿了儿子高二下学期的三好学生证书。信老师为昭雨获得"领军计划"而高兴，说高考时没有了压力，希望昭雨能取得省理科状元。

18日和19日全省联考，17点半考试结束后，我到了东区，正好见到从学校

衡中家长手记：
和儿子一起成长的衡中三年

出来准备去西区看语文试卷的王老师。她说昭雨正在她办公室准备报名材料，让我去找他。

见到昭雨，把我准备的资料和证书原件、复印件给他，然后指导他填写个人信息。和他商量按顺序填完专业，这才发现个人情况介绍内容很多，需要2000字以内，特长和参加社会活动等在500字之内，选择清华的理由在1000字之内。王老师给他准备了个人资料的范本供他参考，显然我写的内容就偏少了。

他说最不知道怎么写的是参加社会活动这一项，我给他提醒了几点：一是参与《花开的声音》一书的编写、校对和售卖，二是参加公益大讲堂为学生谈学习体会，三是给咨询的孩子讲学习方法和心得，并为他们答疑解惑。我又跟他说写的东西一定要让王老师审查，由她把关同意后才可以上报。

为了不耽误他的时间，事情说清后，18点我便从办公室出来了。我在校园内看了看，发现16日"领军计划"名单在公告栏已公布出来了，上面写"如有意见请在晚自习以书面形式交高三级部"。我想见见高主任，给他打电话，他正好在学校，于是我们在三楼会客室说了会儿话。

我先为昭雨被推荐到"领军计划"感谢高主任，他说昭雨太优秀了，二调、三调都是年级第2名，综合排名是第1名，这是应该得到的，并且感谢这几年我为学校做了这么多的工作。他还说昨天清华招生办来了两个老师，他重点推荐了昭雨，并且推荐了我，介绍我是热心学校教育的优秀家长，希望清华以后多给参与机会。

高主任问我是不是昭雨已着手准备保送了，我说从暑假我们就开始准备保送了，数学、物理、化学奥赛都在看，英语单词也在背，平时昭雨以保送准备为主，只是在月考前一周才开始投入精力去复习，取得了年级三、二、三的优异成绩。

高主任说找校长去签字时，看到昭雨这样优秀，校长也特别高兴，一直夸昭雨厉害，还特别说有这样的优秀家长，孩子肯定错不了！还说到其他两个"领军计划"人选F、W都是非常优秀的孩子，尤其W是学校团委成员。学校团委只有两名学生，她和C。外交部原部长李肇星来衡中做报告时，她作为高二年级唯一的代表采访李部长，受到李部长的赞赏，并且全程陪同李部长。

高主任让我提醒昭雨，一旦"领军计划"成功，不要因为有了这60分就放松了自己，要忘掉这60分，凭自己的实力裸分考上清华，并争取高考理科状元。

我说昭雨不是浮躁的孩子，他很踏实，也很严谨，特别懂事，他会比以前更努力,力争高考考出优异成绩。

我还提到咱们衡水市的本地学生很厉害,生源很好,和昭雨并列中考第2名的H、Y都是很优秀的孩子,还有Z、C都是中考前10名的学生,都很有实力,年级排名都在前列。

我说有时间请他和王老师、信老师一起吃饭,他说这段时间太忙了,等到高考昭雨取得好成绩时,给孩子好好祝贺!我说那是必须的,这次也是必须的,他说等过段时间再联系吧。快19点了,我离开了学校。

19日16点半,我又到了学校,想看看他最后准备得怎么样了,也想帮他把资料录入电脑,减少他的时间。到了学校见到王老师,她说早已录入完毕报走了。

我再次对王老师表示感谢,又说过些天要分班了,昭雨和我们都希望还在她的班级,不愿离开410班。王老师说看情况,尽量争取吧!

王老师让我们回家给孩子准备面试的资料,做好面试这一关,还希望我把事先准备的一些保送、自招的资料发给她,她给其他孩子参考,我满口答应。把给昭雨拿的水果和汉堡请王老师转交,我们便回家了。

(注:这些年,我还默默做着一件事,那就是每年获得清华"领军计划"入选资格的孩子家长,都会管我要一些相关资料,我都是满口答应,热心地把自荐信等资料发给家长,并同时提出一个条件,把其他家长写的发给我一份,我还要帮助以后的孩子和家长!)

清华"领军计划"的争取就告一段落了,等着清华的审核。程序是12月1日清华公布名单,然后开始面试,面试后等待明年6月的高考。

(4)**准确定位很重要**

18日和19日见到了向我咨询的高一东区家长,和他们谈到了孩子问题,也见到了其中的几个孩子。对家长来说,最大的问题是自己和孩子不能准确定位,总是拿孩子小学和初中一直优秀作为借口,总是拿孩子初中时不费力气就能轻松取得优异成绩来说事,其实这是最大的误区,不能正确认识自己而准确定位,是孩子成绩不理想的根本原因。到了高中,只有不断坚持努力的孩子,才会取得优异的成绩!天道酬勤,不想付出就想获得,这是不可能的事情!

我用约翰·库缇斯的故事激励孩子。提到约翰·库缇斯想轻生时,他爸爸说你要给那些坏孩子做榜样,让他们向你学习,几个孩子都明白了其中的道理。我希望他们能坚持做好。

衡中家长手记：
和儿子一起成长的衡中三年

（5）分班

上次昭雨回家就提到分班的事，他希望尽快分班。因为数学奥赛结束后，很多孩子成绩不理想，情绪波动很大，影响到了整个班级。但学校迟迟没有分班。

18日、19日期中考试结束后，我觉得应该分班了，尤其是考试后分数出来得晚，直到20日上午10点才公布，分班的预感更强烈了。

昨晚，昭雨打电话说考得不好，我们说没事的，别在意。为了让他安心一些，中午又给他打了电话，说看到成绩了（年级第106名），我们不在意这次成绩，因为这些天一直在忙"领军计划"，耽误了你很多时间，也耗费了你很大的精力。我还说看到这个成绩很高兴，也觉得很幸运，如果这次成绩和上次成绩互换，"领军计划"就错过了，说明你运气好，还挺会考试的，好钢能用在刀刃上！告诉他快分班了，别想太多，踏实学习就可以了。跟他说，我猜测最早会在14点上课时马上分班，然后去新班上课；最晚会在17点分班，分班后吃饭上自习。放下电话，他安心去午休了。

14点半，家长群里有家长说孩子打电话了，14点开始分班了！果然不出我所料！

过了会儿给儿子宿舍打电话，接电话的已是新班的孩子，也不知道昭雨去了哪个宿舍、哪个班，和孩子暂时失去了联系。这时，真心感觉到衡中的家长对待分班很理智，没有抱怨之言，都是很理性的家长。

心里一直觉得昭雨会跟着王老师，后来让别人查了查，结果是被分到412班，班主任是卢洪涛老师。卢老师高二时一直教昭雨英语，对昭雨很不错。我和卢老师的同学也很熟，他家孩子今年在衡中上高一，在孩子来衡中之前，好多事情都咨询我，我都尽力帮助他。所以我就让他给卢老师打电话，让卢老师多照顾昭雨，他满口答应。

这时我又想起那句话，"帮别人等于帮自己"！还想到一句话，"一切都是最好的安排"！因为这次去王老师办公室，发现卢老师办公桌就在王老师前面，也因此第一次和卢老师说了话。卢老师很关心昭雨，问他"领军计划"资料准备得怎么样了。以前见过卢老师好多次，这次和他说话感觉特别亲切，好像知道他要当班主任一样！

卢洪涛，昭雨高三的最后一个班主任，是他把昭雨送进了清华大学！他是河北省中小学骨干教师，衡水市高中英语学科教研中心组成员，高考十连冠功勋教师,衡水中学首席教师、首席班主任。多次获得优秀班主任、高考功勋教师称号。

和卢老师的同学聊天,他说卢老师的姐姐在冀州中学当老师,问了名字,竟然和昭雨妈妈是高中同班同学,真是太巧了!他给卢老师发信息时,卢老师说昭雨这样优秀的学生所有老师都会喜欢,并且还有姐姐和昭雨妈妈这样的关系,放心吧。

(6) 各种校荐和保送

"领军计划"推荐结束后,这一周就是清华校荐的工作。今年清华校荐保送名额16个,还有中科大、复旦、人大等大学的校荐名额,所以Y家长和M家长都在和我探讨校荐的事。我觉得他们两家孩子都有参加校荐清华的资格,应该去试试,但考取清华保送的可能性要小一些,所以下面上海交大的校荐保送需要重点考虑,尽量不参加高考,因为从往年情况看,高考的风险性是很大的。名单在校内已公布,50个省一获得者按高三期中和高二期中成绩排名,班干部、省三好、十佳学星、十佳班长加分,最后综合成绩,按名次参加各学校校荐保送。

3. 孩子放假在家的表现

因为东区普通班开家长会,所以今天接孩子的家长都能进校园。在昭雨新班级的门口见到了卢老师,和卢老师简单说了几句话,他说有事只管找他。这几天学校忙着校荐保送名额,一部分学生参加,卢老师提醒昭雨这些和他无关,要他安心学习。

"卢花丛中一扁舟,洪波浩渺斗苍穹,涛声依旧浪拍案。"这是学生们眼里可爱的卢老师,还有对他的敬佩!

直接在班级门口等孩子,和孩子一起离开校园,这样反而不拥挤了。我们坐着三轮车不到16点半就到家了。

问他"领军计划"这件事影响期中考试了吧,他说影响太大了,晚自习都占用了,写自我简介。化学正考试时,被级部干事喊出去填表,填完又接着去考试。这种情况下,他还考了年级第106名,真心不错啊!

他说这次北大又没有给校荐保送指标,学生都很气愤!学化学奥赛的三个省队都直接签了清华,张老师做工作让他们签北大,孩子们都不同意,坚决签约清华,现在5个物理、3个化学、2个数学省队全部签约清华!

晚饭出去吃肯德基的快餐,回来后便开始高考网上报名。我告诉他每项都要认真填写,这些以后都要记入个人档案的。填好后,他去做作业了。

衡中家长手记：
和儿子一起成长的衡中三年

第二天起床后，他又开始看书了，还看了看为他准备的面试简介和面试题，为下一步要进行的面试做准备，因为12月1日公布名单后，很快就要面试了。

和他谈到这次期中考试奥赛班普遍成绩不理想，是因为奥赛生学习要深、要难，所以面对基础性的东西时，就会暴露出基础知识不扎实的缺点，这就是学校分班的根本原因。我说："对于你来说，比其他数学、物理、化学奥赛生的优势大是你的奥赛思维不太重，还没有他们那样偏、那样怪、那样难，你会很快地纠正过来；同时对稍难一些的题，你可以顺利做出，这是你面对实验班学生的优势。所以你介于奥赛生和实验生之间，一定要扬长避短，踏实学习，做好自己。"

4. 本阶段总结

顺利通过了清华"领军计划"的推荐，这是孩子一生中最大的事。孩子自身优秀、成绩突出这是必需的前提，我们提前跟学校表明放弃保送、争取"领军计划"的态度也一样重要，每个环节都想到并且做到实处也必不可少，所以，事事早做准备、未雨绸缪真的太重要了！这让我想起那天和昭雨初中的老师们一起吃饭（他们知道昭雨被推荐清华特别高兴，大家借此欢聚），胡老师说昭雨刚上初中时没太注意他，开始留意到他是因为你这个做父亲的看到儿子数学不理想时说孩子高中阶段要上理科一定要把数学搞上去，当时心里想这位家长很有头脑、很有远见，就开始对我和昭雨刮目相看了。

附1：写在高三分班后

孩子们终于在11月20日14点正式分班了！惦记一个月的分班风波终于尘埃落定，心也变得平静了，无论孩子还是家长。

群里有家长问我为什么知道了班号却不把自己的群名字改过来呢，我说等孩子正式通知后再改吧！其实是内心不舍，用了两年的410班号舍不得改动，总想多享有一会儿！

分班，410的孩子不在一起了，孩子们心里难过，我心里一样难过！

我对410感情太深！我去学校的次数多一些，每次见到410的孩子们，他们都抢着叫我叔叔，那时，心里是最甜、最美的！

难忘远足的征程，我和孩子们一起走过。融入410的一天，为孩子们自强不息、坚持到底的顽强精神所感动，为孩子们乐观向上、阳光青春的心态所感动，更为他们互助友爱、并肩协作的团队精神所感动!

难忘参加远足后的班会,进入教室时经久不息、雷鸣般的掌声!

难忘成人礼上孩子们声震冲天回应我决战奥赛的豪气,还有我用录像机记录下孩子们感恩的泪水!

最难忘的是《花开的声音》,它是410的成长记录,是410每朵花儿的绽放之路,在孩子们心中留下了永远的记忆!

我付出得太多,我真的不舍,感觉自己早已成了410的一员。我的410,我心爱的410!

同学们在一起快两年了,现在却分开了。花儿分到了每个班级,衡中的每个班级就会鲜花灿烂!

花开不败,祝福410的孩子们在今后的人生道路上一路鲜花盛开!

一花独放不是春,百花齐放春满园! 愿衡中每个孩子都花开灿烂,取得辉煌!

附2:听国际激励大师约翰·库缇斯演讲有感

别对自己说不可能

11月1日衡水中学邀请国际激励大师约翰·库缇斯现场演讲,两小时的时间,我见证了库缇斯先生的伟大和奇迹,深深地被这位同龄人自强不息的精神所感动,为他的自尊、自信、自立所感动!

我感动于他每天都在战斗的顽强精神。约翰介绍自己每一天都是一场战斗:刚生下来时,医生对他的父母断言他活不过一周;过了一周,医生又说他活不过一个月;过了一个月,医生又说他活不过一年。然而父母并没有放弃他,只是更加悉心地照料他。10岁那年,他被一群同班的小学生绑起来扔进点燃了的垃圾桶,差点送命,后来有幸被一位女老师发现并冒死救了出来。更有一些同学恶作剧,在他的课桌周围撒满图钉。生活中的遭遇曾让他一度想自杀,后被父母劝阻。1999年,约翰被查出患有睾丸癌,医生又一次无情地告诉他只有12~24个月的生命了。约翰不愿坐以待毙,他查阅各种资料,四处寻求好的建议。一年后,医生惊奇地发现,约翰还是那么健康。从2001年开始,约翰踏上了职业激励大师的路途。约翰在全世界向千千万万热情、热切的人演讲,他没有腿,也不依靠轮

衡中家长手记：
和儿子一起成长的衡中三年

椅生活、移动和存在，却形成了世界级的自尊、自信和自立，成为当今世界上最著名的残疾演讲大师。

我感动于他意志坚定万事皆成的坚韧精神。约翰的格言是"因为我们能行"，就是因为这种信念，他不坐轮椅，坚持用手走动；为能够走远路，他还学会了使用溜冰板。他坚持参加体育运动并取得许多人认为不可能的成绩，他无视艰苦阻难，很多正常人没有去做的事情，他已经先一步做了。他天生严重残疾，身患癌症，但却挑战死亡；他从小受尽歧视和折磨，依然笑对人生；他只能依靠双手行走，却成为运动健将，考取了驾照。约翰·库缇斯作为一名职业教育家和赋予灵感的演讲师，在190多个国家做了800多场演讲，用自己的亲身经历激励和影响了200多万人。

我感动于他永不放弃的乐观向上精神。约翰的一生都在和恐惧、折磨、病痛甚至死亡抗争。回想往事，他说："这个世界充满了伤痛和苦难。有人在烦恼，有人在哭泣。面对命运，任何苦难都必须勇敢面对，如果赢了就赢了，如果输了就输了。一切皆有可能，所以永远不要对自己说'不可能'。"当年的医生断言他活不过一周、一个月、一年……而今天约翰依然健康地在全世界发表演讲，他乐观地告诉我们他还活着，而那些说他活不过明天的医生却早已不在人世！当医生告诉他身患癌症时，他对所有的人咆哮："你们为什么宣判我的死刑？我要到自己想死的时候才会死。"他已失去了双腿，又要失去睾丸，生命中已经失去了太多的东西，再失去一些又何妨？在这样永不放弃的信念感召下，他扼住了命运的咽喉，与病魔抗争并将其战胜！在演讲中，约翰先生经常用流利的中文说"逗你玩"，体现了他的乐观积极上进的人生态度。

我感动于父母那份无私真挚的大爱。约翰六个星期大的时候，医生给了他父母两种选择：或者在医院里结束他的生命，或者放在专为残疾人准备的抚养中心。他父母不喜欢这些选择，毅然做出了新的决定——把他带回家，像任何正常的孩子一样抚养他。他们给了约翰很多的爱、很多的关怀，还有很多的规矩。由于约翰个子非常小，周围的一切对他来说都像庞然大物。为了克服约翰的恐惧，父母把小约翰和家中的狗一起关进后院。当那条狗恶狠狠地扑过来的时候，他揪住它的尾巴，用手指在它屁股上使劲捅，终于制伏了那条狗。"如果你觉得恐惧，那么你就学会去面对它！"父亲给小约翰上了人生第一课。当约翰上学时，是父亲第一次把他送到学校，并且告诉他，从现在开始，你必须学会独自承受生活，真实的世界就在眼前。当他面对折磨而痛苦不堪准备自杀时,是母亲流着泪紧紧拥抱着约翰说:"你永远是我们生命中最美好的孩子!"而爸爸对他说:"儿子,答应我一件事,永远永远不要学那些坏孩子!你要做一个榜样,让他们向你学!"爸妈给了他生活下去的勇气!当约翰身患癌症,鼓起勇气告诉父母时,父亲以很平静的语气说:"约翰,先是你的腿没了,现在是你的睾丸也没了。我担心,下次你就只剩下一个头了。"约翰听完,大笑起来。是啊,生命中已经失去了太多的东西,再失去一些又何妨?接下来的一年时间里,约翰都在与病魔抗争,并顽强地活了下来。在父母爱的力量鼓舞下,他以超人的毅力生活、学习,时刻鼓励自己坚持下去。

　　我最感动于他又教育了优秀的儿子!任何成功都弥补不了教育孩子的失败,如果教育孩子失败,再成功的人生也是不完美的。2000年,约翰和里恩结婚了,同时还拥有了他太太6岁的儿子克莱顿。克莱顿从小患有自闭症、肌肉萎缩症、大脑内膜破损、心肌功能障碍等病症,医生断言他不会走路,也不会说话。类似的经历,使得约翰和儿子有了更多的心灵共鸣和共同语言,约翰坚定地说:"我的儿子将来一定会成为最棒的人!"现在克莱顿已18岁了,很健康、很聪明,是海滩救生员,并取得了飞机驾照和汽车驾照!

　　听完约翰·库缇斯先生的演讲,他所经历的逆境与成功对我来说是巨大的感召和震撼,今后我要勇敢地去面对所有的挑战!面对挑战时,我会对自己说:没有任何事是不可能的!为了我的目标和理想,我会去奋斗、去努力、去拼搏!

11月27日－12月31日：清华"领军计划"意外落选

1. 本阶段要求和注意事项

还有清华面试一关，不要紧张，也不要不当回事，面试后要踏实学习。

2. 孩子在校期间的表现

在送他返校的路上，我告诉他面试时礼貌、自信、沉稳最重要。礼貌是要求见到老师要说"老师好"并鞠躬，回答问题时要彬彬有礼，回答问题后要说"回答完毕"，结束后要说"谢谢老师"并鞠躬致谢；自信是因为清华喜欢你才让你去参加面试，记住清华很想要你，面试只是想更多地了解你，所以你要充满自信，尽情去展示自己；沉稳是因为清华是很严谨的、踏实的，所以回答问题要有条理性，不要太过于张扬自己，谦虚一些最好。如果做到这三点，面试会轻松OK。

另外要求他面试后踏实学习，忘记那60分，要时刻记住争取30分的专业加分。还告诉他，等到保送清华、北大等学校的学生离校后，他的成绩应在年级前5名，不能低于前10名，因为他有这样的实力！

我问他到新的班级想不想当班干部，他说不太想。我说清华"领军计划"是希望学生全面发展的，等到你去清华填写简历，问你担任什么班干部时，空白不太好，所以我建议你当团书记。到了高三，班里的事会很少，团支书相应的事会更少。听完我说的这些话，他同意了。晚上我给卢老师打电话，把我的想法告诉了他，因为清华"领军计划"需要在中学当班干部锻炼，希望有机会安排昭雨当团支书。他说好的，会找机会争取的。

为今后大学的事安排好了一件事，还有另外一件事，那就是争取在高中毕业前让昭雨入党，即使入党积极分子也可以，会更利于他到大学的发展。

12月1日清华审核通过了"领军计划"，并定于12月17日面试（和保送考试安排在一起）。

（1）准备面试资料

只有半个月的时间了，我先安排去石家庄给爸爸做颈部置管手术，回来后马上为昭雨准备面试资料。其实他也着急了，有一天晚上打来电话，问我们面试资料准备得怎么样了。他终于也有沉不住气的时候了，这种情况太少见了！

利用一切可以利用的时间，给他准备面试的题目，然后周日（12月11日）中午约好给他送到学校。为了节省时间，给他买了汉堡，在门卫室给他讲面试的情况，给他分析"领军计划"的面试不会太难，应该以考查能力为主，看看反应能力和应变能力，尤其是对清华的了解和认识，还有对所报专业的一些简单了解。

周四（12月15日）中午又约好去衡中，把手机和一部分资料给他送过去。他问我们去不去北京，我说我们计划开车去，让他坐火车和老师、同学们一起去，他答应了。

看得出来，他很希望我们也去北京。其实我已安排好了，包括找好了车，也安排好了宾馆。另外，这时候我已得到确切消息，"领军计划"面试不会淘汰人，只是确定专业优惠分的多少，还有根据面试表现确定今后的培养方向。但我当时并没有告诉他面试没有淘汰率，还是告诉他精心准备，发挥出最好水平。

（2）面试表现

周五（12月16日）8点我们出发去北京，昭雨乘坐的早6点50分的火车已经出发了。11点50分我们到达清华西门，和清华学生W联系好，他把校徽和百年校庆徽章送过来。

13点准备吃饭时，昭雨打来电话，说他们到了，找到了宾馆，一会儿去吃饭，然后去报到缴费和看教室。我告诉他下午办完事和我们联系。

我们让他和学校老师一起走，就是让他跟着老师去办理报名等手续，自己做自己的事会更顺畅。

吃完饭准备去宾馆时，昭雨打电话说手续都已办完，问他在哪里，他说在清华二校门那里，我让他在那里等着我们。见他时，还见到了张主任。一起去面试的教学楼，找到了面试的教室，然后张主任离开，我们带昭雨去宾馆。这时才告诉他"领军计划"没有淘汰率的事，让他先洗澡，说晚上老师安排清华的学长给他们讲讲面试的注意事项。

晚上和清华学生W、北大学生C一起吃饭，昭雨吃完饭后直接去听面试讲座。

吃饭时，W提到不要过多提及衡中，也免引来不必要的麻烦。这个建议对我们很重要，回到宾馆将个人陈述中关于衡中的话删去，但我们还是决定让他面试时穿校服，理由是浅蓝色校服的颜色要亮丽一些，更会给人良好的印象，另外校服上的"追求卓越"四个字，也正符合清华"领军计划"的理念。

第二天早起，又对个人陈述进行了修改，定好后，他练了几遍感觉很不错了，

衡中家长手记：
和儿子一起成长的衡中三年

就出去吃早饭。7点40分，昭雨到了教室，等待着面试。

8点，清理教室，学生在二三楼面试，家长在一楼等候。传来的消息是8点半正式开始，随机分组，每组20人，大概13组。三个老师面对一个学生，面试时间大约15分钟。

8点45分，第一个学生出来了，所有家长都围上去，想得到一些消息。但学生说学校有纪律不允许泄露题目，只是说题目不难，老师都和蔼可亲，气氛很融洽。看得出来这个学生也有一些紧张，毕竟15分钟的时间，老师会问到很多问题。

等待孩子面试的时候，全国各地的家长自然也借机说话。当他们得知我是衡水的，孩子来自衡中时，都很佩服。听我说2011年衡中考上清华50人时，都特别惊讶，并且打听衡中的学习、生活情况，我都一一作答了。

昭雨面试出来，我们准备离开时，所有的家长都用钦佩的目光看着我们，纷纷和我们热情告别。其中来自江苏南通的一个学生家长说了句让人感动的话："明年秋天见！"

走出教学楼后，昭雨小声告诉我们，面试题目中没有事先准备的题目。他说其中一个题目是"你认为成功的人是谁"，他回答"安藤忠雄"，因为事先他自己准备了安藤忠雄的资料（我们给他准备的是梁思成）。当他介绍完安藤忠雄介绍后，面试老师马上问"你觉得他有什么缺点和不足"，昭雨回答因为各种原因，他没上过大学，没接受过正规建筑学教育，导致他在一些建筑知识方面有一定缺陷，所以我要加入建院，学习最先进的理论，打下扎实的基础，为建筑事业做贡献。老师还问到昭雨生活、学习中成功的事和自身有哪些缺陷和不足，这些问题不难回答，关键是一直追问，会让你再说一个再说一个。最郁闷的是只给一分钟的时间准备两分钟清华学生会主席的竞聘演讲。还有一个问题"你心中理想的社会是什么样的"，刚说出答案，老师就追问你怎样去改进。其他问题诸如学校如何选拔"领军计划"、在班级担任什么职务、奥赛结束后将要做什么，等等。

从昭雨说的情况来看，就是考查学生临场应变能力，不给思考的余地，展现其最原始的状态。昭雨的回答很得体，我问他不足，他说就是稍微有点紧张，语速有一点快，我说没关系的，这些都是正常的，只要思路敏捷、条理清楚就可以了，快一点也没关系，他们能听懂。

昭雨想在清华转转，我就去宾馆退房。再次会合后，我们一家三口坐车离开北京，14点在固安吃午饭，17点回到家。他说想休息一下再去学校，我们说在家住一晚，明天一早再返校吧，他同意了。我告诉他晚上早点休息，在家里就是为了好好休息，所以他21点就睡觉了。

早晨7点送他去学校，路上我告诉他，"领军"两个字要从你脑子里消失，这一页已经过去了，忘记这一切，安心准备高考。我还告诉他，要明白自己是在清华"领军"，而不是在衡中"领军"，所以不要在意每次的成绩，不要认为自己每次都要考前几名，只要能保持前20名左右的成绩，能保证上清华就可以了，这个心态一定要有！

（3）意外发生

不曾想到的事情发生了，十拿九稳的事却没成功，清华"领军计划"居然没有通过！12月28日晚，打开清华本科招生网，看到清华更新了信息，22点查询到结果，意外地发现昭雨没有通过清华"领军计划"的选拔！心里有一种傻傻的感觉，同时也有一种被欺骗的感觉，不知道究竟发生了什么！在此之前得知的消息都是不会淘汰人，并且相对而言面试准备得也很充分，没料到结果会这样并且还不明白问题出在哪里了。

坐在电脑前，看着结果，傻傻的、不解的、不知所措的感觉，一直呆坐到凌晨1点才睡觉。

一觉醒来，才凌晨4点，我给王老师和高主任发了信息："领军计划"昭雨没有通过，只是获得自招30分加分。学校知道吗？我心里压力很大，耽误了学校名额，怕影响明年名额！觉得他们天亮后会看到，迷迷糊糊中睡了。

早上7点半，王老师打来电话，她说不知道这件事，感觉很意外，她还让我不用担心，按昭雨现在的成绩和状况，不用任何加分都没问题，有30分已经足够了！还说看到我半夜给她发的信息，怕我压力太大，早上看到信息就赶快给我打电话，还说不要管学校的事，"咱们都尽力了，学校不会说什么的！"我对王老师的惦记再次表示了感谢！

29日一天都在郁闷中度过，心里既别扭又难以排解！高主任打来电话，说早一天就知道消息了，和校长汇报了，学校没事，不用担心。"好多事不是咱们决定的，都尽力了就可以了。"他也说昭雨有这30分足够了，30分和60分意义是一样的！我也对高主任的惦记表示了感谢！

后天放假，儿子只有两天的时间就要回家了，我要调整心态，知道自己绝

衡中家长手记：
和儿子一起成长的衡中三年

对不可以把不好的情绪带给孩子，并且还要想方设法劝导孩子，把对他的不利影响降到最低！

那两天是心里最黑暗的两天，犹如辛辛苦苦精心侍弄了一季的庄稼，颗粒饱满准备入仓时，却被一场暴风雨给摧残了。失望，伤心，难过！

可是有用吗？错的不是我们，更不能怪罪我们自己！我们付出了，也为之努力了，我们不后悔！好多事我们无法去把握，该做的都做了，那就认命，心平气和地接受事实吧！这是唯一可做的也是最正确的选择！

退而求其次，至少我们还获得了30分的加分，并且没有费什么工夫就得来了，相比于需要通过自主招生后才能获得加分的学生来说，我们已经是幸运的了！

没有最好，但结果也是令人满意的，毕竟心仪的清华在向我们招手，目标又近了一些，这就足够了。其实这个结果也是多少人梦寐以求的啊！

反过来说，清华没有选择我们，我们自己肯定也存在一些缺陷，要正视自己存在的问题，对于清华来说，他们的决定是没有错的，无可厚非的！

每个人一生中都要遇到许多诸如此类的事情，经受许多这样的考验，这也是人生必不可少的一部分！挫折才能使人进步和成熟！面对不利的局面，如何调整心态正确去面对，这是智者必须具备的素质，是必须经受的磨炼，唯有如此才能取得更大的进步！

另外，30分和60分，这都不是我们想要的！我们需要裸分上清华，凭自己的本事上清华，这是我们一成不变的目标！现在的结果会更加激励我们，加倍努力考取状元，上清华最心仪的专业！选择少了，而我们的决心也更大了，志更坚、心更大！并且我们也多了其他的选择，比如，如果分数足够高可以选择港校，我们会毫不犹豫地选择！上帝关上一扇门，同时必定开了一扇窗，这扇窗就是港校！我看了很多关于港校的资料，看好选择港校的两个条件：一是全额奖学金，二是不参加面试，所以选出了香港中文大学和香港城市大学作为目标，等到明年6月高考分数出来后再做选择。

这时保送考试的结果也出来了！衡中参加考试的23个学生只录取了5个，而全省只录取了10个！从这个情况来看，今年从"新百年计划"、保送都开始大幅压缩人数，造成的结果是自招的竞争更加激烈，这也更加显现出自招30分的重要性。

昭雨29日打来电话，问"领军计划"怎么样了，他不放心。其实一周前他还打过一次电话，也是问这件事，我告诉他还没有出，放假前后才出结果。"放假时我会告诉你的，别惦记这事了。"

也许孩子有预感吧，也许他对自己的面试发挥心里更有数，只是不想告诉我们，怕我们担心吧。但我确实没有看出他有些许的慌张，孩子的心理素质真的很棒！

（4）**参加家长会**

31日开家长会，这是我经历的衡中第三任班主任召开的家长会。信老师煽情互动，王老师激扬奋进，卢老师诚恳实在，各有千秋。昭雨是年级第4名、班级第1名，但在光荣榜上没有他的名字，因为他是"领军计划"推荐学生，人虽在412班，但分属412班、413班，也就是说各占半个。我劝昭雨看淡这些，学到知识、取得成绩比什么都重要，"虽然没有你的名字，但第一就是第一，抹杀不了的！"

家长会上，由每位科代表介绍了自己的老师，昭雨作为化学科代表是这样介绍化学老师的。

有这样一位老师，她勤恳敬业，份份作业，对错评赞，尽凝汗血。
有这样一位老师，她温润和蔼，回回笑脸，化学迎春，尽展风采。
有这样一位老师，她严谨认真，节节课程，深浅难易，尽扼要害。
疑惑可以消去，欢乐可以加成，烦恼可以取代；大千世界纷繁无际，熙熙攘攘，人来人往。
化学学习丰富无穷，物成物化，演变泱泱。
她用灵动思维、严谨教风、和善面容，诠释教育化学方程式：
学生 + 教师 = N 成功
不要忘了反应条件为160天拼搏，而成功的系数 N 是正无穷！

3. 孩子放假在家的表现

怎么给孩子说"领军计划"的事，是我一直思考的问题。为了更好地让他接受既成事实，又把不良影响降到最低，我事先找了《失去了就别回头》和《人生最该领悟的一句话———一切会过去的》两篇文章，准备让他看。

接他出校后，我要去买过年吃的牛羊肉，他在电动三轮车上等我。我把两

衡中家长手记：
和儿子一起成长的衡中三年

篇文章给他，告诉他一会儿给我谈谈体会。

买完肉后，骑着电动三轮车载他回家，路上问他，知道为什么让你看这些吗？我接着说，人生不如意事比如意事更多，所以，怎么样去对待不如意之事成了每个人一生中必须面对的话题。很共性的问题，谁处理得好，谁就会更成熟！

我问他明白我的意思了吗，他说明白。我接着问他，你知道"领军计划"没通过了？他说早知道了，是卢老师告诉他的。说这话时，他很平静。我又问他在快三年的高中时光里，最让他伤心难过的事是奥赛没有进省队吗？他说是的。我接着问和奥赛没进省队相比，"领军计划"未通过对你影响多大呢？他说很小，这没什么的。

这句话让我心里释然了！我们担心的事，并没给他带去多少负面影响。这是此刻我最欣慰的！

我又对他讲，虽然结果不是最好的，但也是很不错的，让他更要在高考取得优异成绩，直接裸分去清华心仪的专业。

对儿子最大、最担心的事就这样轻而易举地过去了，心里也终于轻松了！

4. 本阶段总结

儿子这段时间的学习因为前期"领军计划"的影响出现了一些震荡，现在恢复了正常，上次考试年级第4名，"领军计划"的事也平静接受了，一切重回正轨。

1月1日－18日：这个春节不过年

1. 本阶段要求和注意事项

天气变化很大，注意增加衣服，身体最重要。关于学习，最重要的第一遍复习一定要把自己不会的、不太懂的部分记下来，争取第二遍复习时解决掉。

2. 孩子在校期间的表现

因为东区伙食不太好，所以这次他提出带些肉食，我就给他买了鸡腿、鸡翅等小食品，让他晚上下课吃。

信老师因为生病去北京做了手术，回家后我去看她，劝她一定先把身体养好再去想上课的事。通过和信老师两年的接触，彼此欣赏，成了朋友，尤其在《花开的声音》的出版、出售过程中，让彼此有了更多的了解。她对我儿子很好，也给了我很多荣誉，比如参加衡中校庆，比如为《花开的声音》写跋，这些对我很重要，提升了我的信心和名气，真的很感谢信老师！

进入高三，还有不到半年的时间就要毕业了，孩子已完全适应，没有事情电话也就很少了，我们也没事，所以也不打电话。一切都很平静。

腊月二十五（1月18日）放假，之前连续4天考试，分别是全市联考和衡中期末考试。联考结束后，成绩出来，昭雨发挥出色，是年级第一名！真的该为他祝贺了，这是两年多第一次考第1名！考过好几次第2名、第3名、第4名、第5名，唯独没有染指过第1名，这次终于如愿！719分，比第2名高9分，儿子以绝对实力考取了第1名！

两天后的期末成绩不是太理想，是年级第42名，但我们不看重这些，我们注重的是他终于突破了瓶颈，曾取得了年级第1名，这意味着他具有第一的水平了！

腊月二十五开完家长会，接他回家。家长会的主题是"春节年年有，今年不一样；今年不过年，明年过好年"，让孩子利用好这个假期，做好查漏补缺和知识积累。

3. 孩子放假在家的表现

到家后，问他作业几天做完，他说计划用3天半时间完成，即腊月二十八完成所有的书面作业。我说可以，今年的春节假期属于你玩的时间只有腊月三十晚上，到时可以看看春晚或者玩玩电脑，别的时间都要学习，他答应了。

假期的第一天早晨，为他设定了5点半给老师发信息，他可以继续睡，睡到6点。但5点40分老师回了信息"加油"，所以就告诉他，老师都这么早起来了，以后一定严格按学校作息时间早晨5点半起床、晚上不超过22点半睡觉。他答应了，并且整个寒假一直都是这样做的，包括大年初一。儿子按计划腊月二十八完成了作业，然后自己安排时间进行各科的复习。

这个春节他是在书桌旁度过的！

腊月二十六，卢老师打电话说有时间聚聚，我让他联系他同学H，过了会儿他说H的父亲住院了。我当机立断决定和卢老师去冀县看望老人。我买好东西打车接上卢老师去冀县医院。两个多小时我和卢老师一直在交流，他说要我高考前开班会时给家长讲讲，鼓鼓士气，我满口答应了。因为看望老人，年前事又太多，聚聚的事只好作罢了，约好年后再找时间。

腊月二十八在单位值班，QQ上见到高主任，聊天中知道春节后他不回老家，也没什么事，就约好正月初二中午两家小聚一次。

我们两家在一起吃饭时很开心。他带了两瓶状元源，寓意昭雨高考取得状元！高主任一直对昭雨很好，各方面都很照顾！一瓶状元源我们平分了，喝得很痛快！

这个假期没让昭雨走亲戚，也没让他参加聚会，就是让他一心埋头学习。他初五开学后，我和他妈妈才去了他姥爷家拜年。

4. **本阶段总结**

充分利用假期，度过一个充实的春节。

答家长问：家有考生，高考前的春节怎么过

"今年不过年，明年过好年！"这是高考前过春节应有的态度！我们全家很好地诠释了这句话，昭雨在整个春节一直是学习状态，而我们全家的这个春节也很简单，没有送往迎来。

近几年，家长和孩子更加重视高考前的这个春节了，寒假后家长们自发组织作业班，家长轮流值班，负责做饭、照顾孩子们，效果很好。

外地的家长，比如承德、秦皇岛、唐山、张家口等地的一些家长和孩子，高

考前的这个寒假是不回家的。一家人住在宾馆里，陪着孩子学习。

我问他们这个年的感觉，他们开心地回答很好，省了很多的送往迎来，还有吃饭喝酒！孩子专心致志看书学习，家长静静地看书，原本喧闹的春节，可以这样静静地度过，真的不错！

充分利用春节时间，全力以赴备战高考，学习会有很大的提高，为高考打下良好的基础。6月高考取得好成绩是一家人最大的期盼，也是一家人最大的开心！

考取好大学，明年可以好好过年，并且以后的每个春节都开心快乐，这样的付出很值得！

衡中家长手记：
和儿子一起成长的衡中三年

1月27日—2月18日：一切都在正常轨道上

1. **本阶段要求和注意事项**

抓住第一遍复习的最后时机，一定要知道哪些是弱点，把它记下来，下一遍复习时一定要弄明白。天气依然很冷，别急着换衣服，注意身体。

2. **孩子在校期间的表现**

正月初五高三就开学了，我对他说知道其他学校春节放几天假吗？他说是3天吗？我说是的，有的中学放了腊月三十、初一、初二3天假，初三就开学了，你比他们幸福多了！

将昭雨送到学校，他去教室收拾书本，我们在宿舍帮他整理床铺。15点前我们离开了学校，他又开始了新一学期的学习，第二天就要一调考试了。

看了看学校的大事安排表，到6月高考，孩子也就回来4次。去衡中的次数屈指可数了，有些伤感！

儿子一调考试成绩是年级第21名，在我们的预料之中，毕竟春节期间，他很快地做完作业，然后按自己的计划去复习，而一调主要考的是假期作业，所以这个成绩很正常。

后来，卢老师发来儿子一周周测和二周周测成绩，分别是年级第17名和第46名。本来我们就不重视周测，只作为参考，况且现在考试更加频繁了，月考改为3周一考试，并且还增加了周中测，所以更加不重视了。

一切正常，儿子只是在放假前几天打来电话，问了他的身份证号，因为要申报高考奥赛省一等奖的加分。学校召开全国高考研讨会，所以开学仅3周时间衡中所有年级都放假了。东区高三13点放假，我把他接回了家。

3. **孩子放假在家的表现**

因为东区食堂的饭一直不太好，中午他没有去食堂吃饭，把他接出来后我们便一起去外边吃饭了。回家后又出去洗澡，晚饭后他玩了会儿电脑，因为第二天早晨8点前返校，所以很早就睡觉了。

这段时间儿子的成绩基本稳定在年级第20～30名之间，说好也好，但总觉得还差一点。通过谈话感觉他心态平和，缺少一股玩命的劲，所以这是很头疼的事！说得重了，怕他压力大了适得其反，不说吧，又怕他劲头不足！考虑再三，感觉还是从学习方法方面说说更好，于是和他分析了现在的学校情况。正是二轮复习时间，学校以考试为主，基本3天一考试，所以让他改变以前的学习方法，当下把考试放到第一位，即考完后首先要弄明白自己不会的地方，找到相关的知识点，马上加以消化，并且记到改错本上，绝对不能拖！做完这些再做别的，并且不要看分数和成绩！还告诉他，今后我们不再看他的名次，也不再谈论名次了，一切目的是通过考试找到自己的不足并改正！

4. **本阶段总结**

这段时间一切正常，儿子心态平和，一切按部就班。

答家长问：高考前四轮复习侧重点

衡中一般安排四轮复习：第一轮复习大概6个月时间，到1月底结束。所有科目，从高一的内容开始重新学习一遍。第二轮复习大概3个月时间，到4月末结束。专题复习，有针对性讲解一些高考必考内容，考试增多。第三轮复习一个月左右时间，到5月末结束。以考试为主，考试讲题，再考试再讲题。第四轮复习一周左右时间，到高考前。即学生的自主复习时间，但每天也要完成一定量的卷子。

用我儿子的话说，四轮复习好比烙饼！

第一轮复习，就是尽可能地把饼烙大，越大越好，即把所有内容都复习到，不要有遗漏。

第二轮复习，就是看看烙的饼是否完整，有没有断的、空的地方，想法补好，以专题形式检查知识体系的完整性，查漏补缺。

第三轮复习，就是看看饼哪里太薄、哪里太厚，争取厚薄均匀，即复习时要针对高考的重点、难点，有的放矢地学习。

第四轮复习，饼已烙得差不多了，可以根据自己口味，比如放些奶油、芝麻、葡萄干等。自主复习就是根据自己的薄弱环节重点学习，弥补自己的弱点。

2月19日—3月17日：百日誓师

1. 本阶段要求和注意事项

转变学习方式，以考试为主；注意身体，少减衣服。

2. 孩子在校期间的表现

早晨7点20分我们就出发去学校了，路上我又强调了几点：一是转变学习方式，重点放在考试上，考试后高度重视错题的整理和分析，找到错误原因后复习相关知识点，并做好改错本；二是一周后自主招生就有结果了，肯定还有一部分学生保送，所以心里要平静，不能受影响，因为自己选择的路和他们不同；三是现在卢老师给你安排了学习委员的岗位，要做好学委的事，尽量帮助别人，毕竟还有几个月就毕业了，同学情谊很重要。

周一（20日）17点和卢老师约好，我去衡中。马上就百日誓师了，学校要求家长给学生写一封信，我去学校送信。

给孩子的信写得很简短，因为平时我们的工作已经做得很细了，按部就班去做就可以了，没有必要再去感动他！

成人礼和百日誓师，学校都要求家长给孩子写一封信，很多家长会让我提建议并把写好的信让我看看，给把把关。

说心里话，绝大多数的信我是给退回去的，我告诉他们这不是给自家孩子写的，这是给学生写的！没必要用词华丽，需要的是真情实感！然后我提了具体建议：坚决不说空话套话，要说实际的、具体的事，比如从小孩子让你感动的事，来到衡中后孩子让你感动的事，在孩子成长过程中哪些事是让你最佩服孩子的！

在写的过程中，如果你边写边流泪，这就是成功的，因为孩子看了也会感动而流泪的！

见到卢老师，我们聊了很多，还一起出去吃了饭。几次接触之后，现在我们说话已经很熟络了。吃饭时聊了班里成绩和同学情况，我主要是希望昭雨在稳定中能再上一个台阶，也就是稳中有升！他明白我的意思，说找昭雨谈谈，给他定目标年级前10名，这也是我们的希望，我们表达了对卢老师关心昭雨的谢意。

这次和卢老师的深谈，彼此了解更多，很欣慰！

周六（2月25日）衡中召开全国高考教育研讨会，武老师早早就打电话约我去卖书，并让我联系410班已经保送的孩子们一起去。我联系了Y，让她通知在家和学校的同学。

周六8点我们到了学校，天气特别冷，还有6级东北风。在瑟瑟冷风中，孩子们热情高涨，上午卖了100多本书。中午和信老师一起吃饭，谈到了下一步要正式出版，要在书店公开销售、发行。

午饭后又卖了好多书，一直到17点，一共卖了250本书。为了奖励孩子们，晚上我和武老师带孩子们去外边吃饭。

和十多个孩子在一起，自己也变得年轻了。孩子毕竟是孩子，他们还没有走入社会，为人处世的道理自然知晓不多，但A给我的感觉很成熟，这也是他为什么能脱颖而出进入生物国家队的原因！

那天大家一起去吃饭，我走路一向很快，A就陪着我一起走，而其他同学则慢悠悠走在我们身后；吃饭时，其他孩子坐在里面，只有A在边上挨着我坐。A在我身边给我倒水，上菜时帮着端菜，带头举起水杯提议大家敬我和武老师！这一切都折射出他的成熟、周全，我看在眼里、喜在眉头！

上午卖书时，接到了高主任的电话，计划明天召开百日誓师大会，邀请我作为家长代表发言，激励孩子们，我满口答应了。因为写稿子时间紧迫，有可能第二天上午我来不了衡中，所以就给孩子们安排好第二天上午的卖书计划，让他们继续卖书。

我回到家时已经20点了，进门就赶稿子，一直写到24点半。因为一天太冷、太累，实在没有状态，写得不是太满意，又担心感冒，所以喝了一包感冒冲剂就睡觉了。

因为学校要统一印刷，所以第二天起床后，先把第一遍初稿发给高主任，然后接着写稿子，一直到中午12点才写好、改好，读了几遍才最后定稿。

百日誓师大会14点正式开始，怕耽误事，我13点就出发了，不到13点半就到了学校。东校区的条件有限，誓师大会在院内进行。大会的召开情况受天气情况的影响。真是天公作美，昨天寒风瑟瑟，今天阳光明媚，温度相差近10℃。

午睡的孩子们听到打铃起床，跑来会场，一直期待着能看到儿子却没有等到他，这时候，张主任让我去主席台就座，说张校长等学校领导全部到主席台就座。

大会先是学生代表C发言，然后教师代表、班主任代表发言，接着是我和

衡中家长手记：
和儿子一起成长的衡中三年

高主任发言，最后一起宣誓，大会结束。学生们去所在班级继续召开百日誓师会，我也离开了学校。

我对自己的表现很满意，讲话轻重缓急掌握得恰到好处，具有极强的煽动性和鼓舞性。

参加这次百日誓师大会，最大的受益者是我儿子！这些话是我当面说给儿子听的，他会每字每句听在耳里、记在心里，在他心里会引起更大的共鸣！祝福儿子，百日磨砺，独占鳌头！

回到家，得知上午孩子们又卖了不少书。总计一天半时间，一共卖书400本，收入9000元左右，让人很满意！不过那天太冷了，武老师等好几个老师冻感冒了，不知道孩子们是否有感冒的。

几天后的衡中网站刊登了百日誓师大会的新闻，高兴之余也略显遗憾！因为出现我名字的三处都打错了，错成杨庆忠！我觉得不妥，委婉给高主任发信息，后来看到改动了，不过三处改了两处，只好又给高主任发信息，这才完全改对。高主任一个劲地表示歉意，说发稿人员对我不太熟悉才弄错的。我深表理解，衡中的老师们事情太多了。

东校区的伙食一直不太好，现在正是紧张冲刺的时候，更需要加强营养。我在平时捎的零食里增加了肉类，并且约定两周去学校看他一次，送苹果和其他吃的东西。

4日中午约好去学校，给他带肯德基的汉堡。百日冲刺阶段，学校严格要求，不允许在校外递物，所以和郝主任联系好，我们进入学校，在门卫处等儿子。K妈妈也来看孩子，我把她也一起领进去了。K参加了清华自主招生，笔试没有通过，家长不放心孩子，专门来看看她。K妈妈让我开导一下孩子。

12点下课铃响，看到昭雨和K向门口走来，赶快把他们喊到门卫室里。K见到我很礼貌地喊叔叔，然后我和她谈起了自招的事。

我说离高考还有3个月时间，最重要的是抓紧时间和平和心态，有一颗踏实的心去准备高考比什么都重要！没通过笔试，也省去了面试的烦恼！准备面试需要半个月时间，结果出来又要半个月，这一个月心里难以平静。如果面试再没有通过，又会受打击，等调整好就到了4月中旬，离高考不足两个月的时间。即使得到几十分的加分，却失去了一个多月的安心学习时间，也会得不偿失。再说，每年通过的自招优惠学生，有一多半学生根本用不上优惠分数，有的享受了优惠分却高考分数达不到，有的实考分已够也用不上优惠分。所以，对于她和昭雨来说，难得的机会就在眼前，就看能不能抓住！那就是利用其他同学准备面试的一个月时间，刻苦学习，全力加速超过他们，等他们结束面试，已经把他们远远甩在身后！这是你们最好、最难得的机会，一定要抓住！

K说她现在都没信心了，因为中考失利，还有奥赛和自招失利，觉得自己屡屡备受打击！孩子说着说着就流泪了。

我给她讲了帕瓦罗蒂《做好当下的事》的故事，鼓励孩子排除杂念，全身心投入学习中，同时也告诉昭雨，他也需要这样做，要他俩一起比着学习，希望411班、412班的第1名是属于他俩的！

到了上自习的时间，他们该回教室了。因为K要把宿舍的一些东西拿给妈妈，所以她妈妈要等她下自习后回宿舍拿来东西。我们怕她妈妈不跟我们在一起，门卫不熟悉她到时拦着不让她出校门，便等着K妈妈一起走。等了没几分钟，看到昭雨和K又都跑回来了，原来他们回去时看到各班学生都回宿舍了，他们就跑回宿舍取了东西送过来了。

问起昭雨这些天有什么情况，他说现在做题特别多，并且内务查得还很严。我告诉他：第一，百日冲刺，学校不只是抓学习，而且会抓生活等各方面的细节。细节决定成败，这是多年备考的经验，生活细节决定了学习细节。第二，既然学校这样做是为了学生好，就要从内心去接受，比如收拾宿舍、去室外跑操是为了让你们锻炼身体，也是为了放松一下、换一下脑子，看起来浪费了时间，实际上提高了效率。第三，学校的决定我们改变不了，就要试着去接受，从反面看问题，乐观看问题。比如我在单位，每天要几十次为别人开门，很麻烦，但我就这么想：一是可以强迫自己站起来活动一下，二是为别人服务别人会感激我、记住我。这样一想心里就不会为此烦恼，会面带笑容为每个人开门。第四，一定要严格要求自己，做事严谨，听老师和学校的话，万一无意中出现违纪，直接打电话告诉我，我去找级部，你只管安心学习。第五，现在做题多，更要求自觉性，很像奥赛前的一个月，你们已经历过这个过程，会很容易适应的，并且还不如那时紧张，不如那时做题多，所以对于你们不是问题，只需沉下心来去做就可以了。最后又强调了看淡分数和成绩、重点关注错题中的知识点，通过考试和作业来发现不足和欠缺，并加以弥补和改善，一点点提高自己、完善自己。

马上就要到午休时间了，他和K一起回了宿舍。看到他们一起有说有笑，

衡中家长手记：
和儿子一起成长的衡中三年

我们也离开了校园。快13点了，我们请K妈妈一起吃饭，但她要去车站，说车站领导有安排，我们便不再勉强，直接回家了。

10日和11日衡中三调考试，周一知道成绩，昭雨班级第1名、年级第8名，696分，达到了我们的要求！我们就是希望他进入前10名，然后稳居前10名，这就是我们的要求，也是向卢老师表达的愿望！

儿子这次成绩，数学、物理都很不错，化学、语文也很好，只是英语差了一些。等他回家后，需要问问英语怎么回事，是否还是听力的问题。其间和K妈妈通电话说了说她孩子。这次K成绩是年级90多名，我告诉她成绩是可以接受的，自招后的打击需要一个过程，孩子的心态调整还不错，需要多鼓励孩子，给孩子调整的时间。还和她探讨了教育孩子的一些体会。针对K奥赛失利后对家长的一些做法，我也提出了自己的看法，她听了很赞同。感觉K家长很聪明，我的一些话她能很快、很深地理解，也希望她真的能做到，那样K的成绩就会突飞猛进的！

她还说昭雨送给K一张清华的书签，鼓励她去清华。这件事让我们很意外！去清华时，他确实买了两张书签，但真的没料到会有一张是送给K的！希望他们都能如愿考入清华大学！

3月17日放假，昭雨打电话，让早点去接他，说趁着人少想早点回家，让我自己在那里开家长会。

17日是衡中教育工作者接待日，张家口和山西阳泉的家长想来衡中参观，我和办公室李主任约好，早晨7点半就到了衡中，领着他们一起进了校园。然后我和武老师还有410班保送的孩子们一起卖《花开的声音》。

一上午卖书11000元，500本书，太疯狂了！原因是信老师在大会上做报告时专门介绍了这本书，好多老师听完报告后，都来找这本书！河南商丘的老师一下子买了140本书，是卖书以来最大的买家！

石家庄的N和冀县的Y也过来卖书，中午N爸妈和我领着这些孩子一起去吃饭。因为12点05分要开家长会，我点好菜，吃了点儿饺子就去学校了，昭雨和他妈妈直接回家。

这是高三最后一次家长会了，主要是希望家长和学校共同努力，帮孩子度过最后的80多天！今年河北考生49万人，其中理科22万人，一本录取2万多人，10%左右的录取比例还是很有压力的，只是因为衡中升学率太高，才感觉不到录取比例如此低。

卢老师提到要争做三种人:一路领先的人、快马加鞭的人和力挽狂澜的人,并提出了412班的奋斗目标:清北人数突破10人,总分突破700分。今年是2012年,412班就要夺取全省理科状元!家长会很成功,达到了预期目的。

3. 家长心态

今年是昭雨的高考年,这是他一生中最重要的一环,也是全家人今年最大的事!

和几个孩子读高三的家长说话,共同的体会是过年后做什么都没有心情,心里总是被高考牵动着,很难安心!

请教家里孩子已读大学的同事,他们的感觉是一样的,孩子高考的事会一直牵动大人的心,直到高考通知书到手,才是真的一块石头落地。

算算距高考还有近3个月的时间,孩子在学校面临着巨大的压力,爸妈的希望、老师的嘱托、自己的理想每时每刻都会萦绕在心,每天弦绷得紧紧的,真的不容易!

将近3个月的时间,我们这些家长会默默地支持孩子,做孩子的坚强后盾,从心理上、物质上给予全力支持。从现在开始,我们也要倒计时了!那就是一切为了孩子,为了孩子的一切!以孩子为主线,任何事都要为孩子让路,为他平稳度过高考、取得最佳成绩做出我们的努力!

今天是3月11日(周日),高考倒计时88天,从今天开始,我们也要倒计时,每天想着孩子的事,把孩子的事放到第一位,一直到高考结束!

另外,我要做的是低调,在任何场合、任何方面都要低调行事!在同学、朋友面前,低调行事;在同事面前,低调行事;尤其是在家长群里,更要表现得低调,尽量少说话,更不要参与无意义的争端。沉默是金,话多语失,会引起别人的误解和嫉妒,增添不必要的烦恼,不利于自己平心静气。影响自己的情绪从而分散精力,不能全身心去帮助孩子、为孩子加油,得不偿失!

所以,低调、低调再低调,是高考前时时提醒自己必须做的事!低调、低调再低调,是我目前最需要的心态!

4. 高考倒计时

3月11日,高考倒计时88天:三调考试第二天。从科目安排的时间、顺序上来看,这次考试基本和高考一样,希望儿子以平稳心态参加考试,发挥最好水平。

衡中家长手记：
和儿子一起成长的衡中三年

3月12日，高考倒计时87天：三调成绩揭晓，昭雨班级第1名、年级第8名，进入前10名。

3月13日，高考倒计时86天：等着卢老师发成绩，想知道昭雨的分数差距。

3月14日，高考倒计时85天：看到卢老师统计的非知识性失误，昭雨23分，在排在前面的孩子里面是高分，所以他的进步空间还是很大的。

3月15日，高考倒计时84天：和昭雨初中班主任胡老师一起吃饭，胡老师评价昭雨聪明、严谨、认真，说能把这几个优点集合在一起的实在太少了，昭雨就是其中之一，太难得了，说他是七中的骄傲！

3月16日，高考倒计时83天：明天孩子就要回来了，回来休息一下，好好充电，为下一步学习积聚能量。

3月17日，高考倒计时82天：儿子今天放假回家，感觉各方面都不错，放心了！

5. 孩子放假在家的表现

昭雨回家后，我让他登录101网校，看看网校免费赠送的高三知识模块，看了后他说还可以。我问了问网校，可以看到高考前，就和他商量好，放假时在网上看看。我订阅的《大学指南》和《高考作文素材》，他很自觉地都看完了。

为了更好地帮助孩子参加高考，昭雨高三时，我专门订阅了这两本杂志。《大学指南》介绍一些大学情况和专业情况，还有大学报考志愿、学习心得和方法方面的文章；《高考作文素材》可以帮助昭雨看到更多优秀的文章，可以积累更多的作文素材！

因为各方面比较平稳，我只是问了问非知识性失分的事。他说统计时把自己认为不该错的都统计上了，有的是理解有误，有的是理解偏了，有的属于不对老师的路子，比如英语作文。我让他根据不同情况，自己分析为什么会这样，下一步怎么避免，在接下来的复习和学习中该怎么克服。

再一次强调了考试的重要性和如何正确对待考试。因为80天的时间，高考前要进行期中、四调考试和一模、二模、三模共5次考试，最长间隔时间为18天，最短间隔时间仅11天，再加上周测、周中测，所以说考试密度很大，如何对待考试是非常重要的问题。

我告诉他每次考完试，关注的不是成绩和分数，也不是做对了多少题，而是错误的题型和失误的地方，要找到错误原因，仔细学习相关的知识点，保证下次不再犯类似错误。一次改不了就两次，两次改不了就三次，到第五次一定要改掉，然后就是面对高考了！不可能掌握所有的知识点，但犯错误的概率要降到最低，这就是成功！

另外，作业多很正常。高考临近，每科老师抓得都很紧，所以要学会合理安排，心中有数，知道自己最应该做什么，在完成老师布置任务的前提下，有所取舍和侧重。还告诉他，遇到生活、思想上的问题，要及时给我们打电话，或者和卢老师沟通，一定要说出来，不要闷在心里。

现在410班已保送了19个学生，他也都知道了，所以要求他看淡这些，不是他不可以保送，而是因为另有选择！他自己说很清楚这一点，如果他要上复旦肯定是直保，春节前就不上学了。

昭雨还说H当初报名时，他提醒H不要只报上交，还要报上武大，万一失利，可以有个保底的学校，但H没有听他的，只报了上交，结果上交没有通过。从这点就可以看出，昭雨考虑事情很周全、很细致，也很理性！

因为计划第二天7点半前到学校，所以22点他就睡觉了。

6. 本阶段总结

高考百日倒计时，学习进入了关键时期，他说有点压力，但不大。生活、学习、身体各方面都很正常，一切按部就班。

附：百日誓师家长发言稿

挑战自我 决胜高考

今天（2月26日）是一个特别的日子！就在今天，就在衡中，就在我们熟悉的教学楼前，正在发生一件神圣、庄严、伟大的事情，它会让我们铭记在心，这就是衡水中学2012届高三百日誓师大会。

作为家长代表，参加衡水中学百日誓师大会，感到非常荣幸。我代表高三年级全体家长向默默耕耘、辛勤付出的全体老师表示最衷心的感谢，向拼搏奋战、追求卓越的衡中学子致以最美好的祝愿！

刚才学校老师激情洋溢的发言代表了我们全体家长的心声，更加坚定了我们家长的信心。同学们，在你们十几年的成长过程中，浸透着家长无尽的操劳和心血，

衡中家长手记：
和儿子一起成长的衡中三年

饱含了老师无尽的智慧和汗水。为了父母的殷切希望，为了老师的谆谆教诲，更为了自己的美好前程，你们要有永不言败的豪情壮志和舍我其谁的英雄气概，排除干扰杂念，咬紧牙关，奋力拼搏，用"我付出，我收获；我拼搏，我成功"的豪情，用不达目标誓不罢休的精神对待每一分钟、每一天，去迎接希望的6月，去收获胜利的果实。

读书十二年，决战一百天。机遇和挑战并存，理想和奋斗齐飞。同学们，此时此刻，我和你们一样感受到征战一百天的紧张气息，感受到你们面临的巨大压力。但是，人生的压力无处不在，人生的过程就是不断磨炼自己、战胜自己！

同学们，是骏马，就要扬蹄飞奔；是雄鹰，就要搏击长空；是水手，就要劈波斩浪；是勇士，就要勇往直前！不要把懦弱写进你们的青春档案，不要把12年的辛勤汗水付之东流，你们要有敢于亮剑的霸气，用你们的勇敢和坚毅去挑战压力、挑战自我，在挑战中超越自我，不断走向成功。

同学们，作为家长，我们永远是你们的坚强后盾，全力以赴配合学校和老师做好后勤保障工作，在精神上鼓励你们，在思想上疏导你们，在生活上关心你们。希望同学们放下包袱、轻装上阵，相信自己是最优秀的！对自己说我行、我能行、我一定行！愉快紧张地奋战一百天，取得最优异的成绩，为父母争光，为老师争光，为衡中争光！

今天的誓师大会，是出征的战鼓，是拼搏的号角！人生能有几回搏，此时不搏，更待何时！同学们，百日冲刺，挑战自我；厚积薄发，决胜高考！

祝愿同学们圆梦12！衡中再创辉煌！！

3月18日—4月14日：密集频繁的考试

1. 本阶段要求和注意事项

春暖乍寒，一定要注意身体，尽量慢换衣服，尤其不要着急换下身衣服；学习上正确对待考试，总结错题，减少犯错机会。

2. 孩子在校期间的表现

（1）周测

18日不到7点半就把昭雨送到了学校，路上又再次强调了几点：一是身体最重要，一定别着急换衣服，因为天气变化无常，比如昨天最高气温19℃，今天才9℃，昨天春暖花开的感觉，今天就寒风瑟瑟；二是正确对待考试，重点解决错题，一点点消灭错题；三是正确处理作业多的问题，中考前老师也是这样大量留作业的，那时采取的办法就是在保证不让老师批评的前提下有所取舍，自己去把握想做的事，做到心里有数，如同回到家里一样，每个人都想让你吃好吃的，你不可能都吃完，但可以都尝一下，然后选择自己想吃的、爱吃的，这就是策略。然后告诉他，两周后给他送水果，届时可以简单交流一下。他爱吃邢台的浆水苹果，我就从邢台同学那里要了5箱浆水苹果，一直够他吃到高考了。

第七周周测成绩，昭雨班级第1名、年级第6名，分数704分。英语、生物都是班级第1名；化学最差，92分第22名，比第1名99分少7分；数学146分第2名，第1名150分；语文124分第6名，第1名130分；物理106分第8名，第1名109分。很理想的成绩，说明他的状态很好。按我们说的去做，好好地总结错题得失，然后慢慢减少错题的数量，高考一定没问题！

10个实验班里，410班的H、411班的K和412班的王昭雨都是所在班级第1名，这些以前410班的孩子还是很有实力的！

（2）期中考试

23日、24日期中考试，周六考完试的18点是休息时间，他打来电话。其实我也是想和他联系的，正好他把电话打过来。

我问他有事吗，他说没有事。问他考试累吗，他说好累，说这一周一直在考试，隔一天一考试。我说心里烦躁吗，他说是，说他还好一点，别的同学更烦，一提

衡中家长手记：
和儿子一起成长的衡中三年

考试就头疼，心里烦死了。

我说，这就是近几天我一直在想的事：现在你心里最烦的是什么？现在变化最大的是什么？答案只有一个：考试！

因为我看到了考试的密集性：周测、周中测、期中，几乎天天考试，以考代练成了常规，所以如何对待考试成了最重要的问题，也就是说面对考试采取什么样的心态去应对最关键！

既然考试无可避免，那就坦然接受吧！怎么去接受？从内心去喜欢考试！为什么要喜欢？因为考试可以让你明白哪些知识掌握不好、哪些地方是弱点，可以指导你下一步该怎么去复习，通过考试去引导自己解决问题、减少错误，可以不断进步，这是多令人高兴的事啊！

还要记住一点，所有的考试都是检验自己、提高自己、减少差错，最终目的是为了高考！不要在意名次和成绩，这么多的考试，不可能每次都发挥出色。如果每次考试都在意，岂不是太累了吗？那样会增添多少烦恼和压力？这不是我们希望看到的结果！

现在重要的是，每天做一些事，让自己过得充实了、踏实了，心安静，这就是最好的你！

告诉他今天的电话很好，以后要及时打电话，把自己的想法和郁闷说出来，咱们一起想办法，一切苦恼都会烟消云散！

听了这些话，儿子开心了，感觉到他一扫阴霾、一身轻松，开心地挂掉了电话。

想孩子所想、急孩子所急，一切都要想在他的前面，一切都要在他的面前去预判，这样还有什么事情解决不了呢！

成绩出来了，昭雨是班级第 2 名、年级第 18 名，超出我们的预期！因为他说考得不好，我猜想会几十名！昭雨总成绩是 689 分，数学 149 分班级第 1 名，生物 86 分班级第 3 名，其他的都不是很理想，所以这次考试影响他的是心态，也就是面对考试的心态没有调节好！通过我这次疏导，没问题了。

查了查其他学生的成绩，三调考试年级前 14 名只有两人还保持在 14 名之前，而昭雨的 18 名是最靠前的。往常一些实力很强的学生中，昭雨成绩最靠前，说明他的稳定性很好。在他自认为发挥不理想时，还能保持在年级前 20 名，也更说明了他的实力。K 这次成绩突飞猛进，698 分，年级第 3 名！真的为她高兴，这孩子心态调整很好，很有实力！

3月27日，香港中文大学在石家庄二中召开高考咨询会。为了这个难得的面对面交流的机会，我坐火车去了石家庄，参加18点的咨询会。仔细听了梁女士的介绍，我填写了回执并提了问题："内地孩子到香港容易适应生活吗？"和梁女士面对面交流问题，感觉收获颇丰：一是了解到中文大学既重视英语，也重视国语。二是全额奖学金的学生可以选择任何专业。三是在港学习毕业后，留在香港工作三年，可以取得永久居住证。四是一些专业是和其他国家联办的，可以去国外学习。五是到国外交流机会特别多，包括短期和长期交流，费用由学校出。六是全额奖学金的费用在大学期间足够支付生活，并且还可以获得其他一些奖学金。奖学金按成绩发放。

这是我第一次去石家庄二中。18点正是放学时间，校园里的学生三三两两的，有打球的、有散步的、有聊天的，很热闹，当然教室里也会看到一些正在埋头学习的孩子！这种情况，在衡中是绝对看不到的，这也许是两个学校最大的不同吧！

（3）周测

周测成绩出来了，昭雨年级第1名，698分！语文、生物成绩最好，这两科也是他的强势学科，而物理和数学稍微差点，尤其是物理99分，和满分110分的学生比有些差距。但总体来说，他真的用心去做了：通过期中考试，发现自己的弱项，去弥补自己的不足，减少差错，提高自己。成绩是一个很好的佐证。

31日周六，和昭雨约好下午课间给他送苹果。见到他，感觉他很平静，问他学习累吗，他说不累。问他这些天有事吗，他说没有。我连着问了好几遍，他都说没事，无论生活和学习上真的没事。

我只好问同学们觉得有什么事呢，他说对老师占用公共自习有意见，影响了自身的计划。我问他怎么没意见，他说占就占吧，让学什么就学什么，学什么都是一样的。他的心态真的太好了！

他要回宿舍打扫卫生，我也感觉他确实没什么事，所以18点40分就让他回宿舍了。其间我见到了高主任，他说高三期间不发展预备党员，但可以让昭雨申请积极分子。昭雨很优秀，各方面表现都很突出，是有希望的。我对此表示感谢。

见昭雨前看到了清华自主招生的名单，20个理科学生各有30、25、20、10分不等的降分，其中X是30分。所以见到昭雨时，我对他说，目前为止，所有的自招都已结束，降分最高是X，30分，其他的学生都比他少，但他只有这30分，这也意味着，所有加分和降分学生中，你还是最高的（30分自招降分，10分省

衡中家长手记：
和儿子一起成长的衡中三年

一的高考加分）。告诉昭雨更要有自信，他还是最好的。现在他们需要调整心态追赶他，所以他只需按部就班去做，他们就很难追上。

因为这些孩子的心态还是需要调整的。一是没有加分的同学会更有压力，或者是心理不平衡受影响；二是降10分、20分、25分的同学因为不是最高分，有的会抱怨、会遗憾；三是降30分的同学，可能会因为降30分沾沾自喜而无法平静。这些因素都会导致他们的心态失衡，需要时间去调整，这是拉开差距的绝佳机会，所以加油努力超过他们更多，让他们望尘莫及、无力追赶，这是当下最需要的态度。

见到王老师，她还是夸昭雨稳定，真的看出来她是发自内心地喜欢昭雨！

这次见昭雨是最轻松的一次。20分钟的时间问了他好几次有没有事，他都回答没有，看来真的是心态太好了，希望他继续保持！

（4）《花开的声音》后续姐妹篇

4月3日清明节放假，无事可做去了衡中，顺便把手里的几本残缺、破损的《花开的声音》送到课改处。信老师和武老师都不在，我坐在电脑前，看到衡中管理的一些细节——屏幕上教育处每天都要发布检查结果，有关于老师早晨到位的检查、课间跑操的跟操情况、上课进入教室的早晚通报，还有学生上课期间的状态检查（比如交头接耳、转笔、挠头、走神等）、自习时的检查（比如晚到、早出教室、中间去厕所、串桌、喝水、抓耳等），每个细节都抓得很紧，对老师和学生都严格要求。

后来信老师回来了，我们说了410班的孩子，她说410班的孩子是最棒的，无论后来的418班和现在的491班都没法比，一年不如一年的感觉。我说一是普通班和奥赛班没法比；二是高一和高三没法比，现在高一孩子还处于适应期；三是今年的扩招影响了生源，大概多招了500人。

说到《花开的声音》，我说上次接待日半天卖书1万多元，都是她的功劳。报告会上，信老师提到了这本书，说在衡中，学生的生活是丰富多彩的，业余时间还写日志并结集出版，所以散会后很多老师来找这本书，造成了销售火爆的场景。我还说这本书的出版得益于她。因为写班级日志是衡中的传统，以前很多班级包括以后的学生都写，但出书的寥寥无几。

信老师也说这本书的出版得益于衡中校庆，因为校庆要出很多宣传衡中的书，信老师又是校庆的组织者，所以校长同意了她的提议，《花开的声音》才得以面世。今后很难有人能做到这一点，所以说这本书是空前绝后的。我们还说了关于这本书今后的规划：让每个学生写写对衡中三年生活的感悟，再加上每个人的录取学校，以410班的圆满大结局作为《花开的声音》的姊妹篇，两本一起在全国各大书店公开发行！

我在校园内随便转了转，在宣传橱窗里看到了首席班主任和首席教师：昭雨的三任班主任信金焕、王文霞、卢洪涛都是首席班主任，他的任课老师王文霞（语文）、褚艳春（数学）、卢洪涛（英语）、尹建尊（物理）和于宝英（生物）都是首席教师。儿子很幸运，遇到了这些优秀的老师和班主任。

我又去了东区，给一个高一学生送《衡中校园行》和《花开的声音》。这个孩子成绩节节上升，老师让参加学校学星评选，孩子没有信心，怕不能入选十大学星，也怕耽误功课，所以对此犹豫不决。

我见到她后，说了几点建议：一是不要怕耽误时间，时间不重要，重要的是效率，再说浪费点时间做这事是很值得的。二是不要担心能不能入选的问题，学星不是纯粹按成绩选拔，主要看学习上的精神和状态。你代表的是普通班的1000多人，要有信心自己能成功，要有"人在普通班不普通"的决心和信心，这些会是你成功的根本。三是这是一个难得的机会，在近3000人中脱颖而出，你能站在衡中的舞台上，这本身就是成功的，有多少人羡慕你！这是一个彰显自我的最好机会，不是每个人都有的！所以说这件事会影响高中三年，让你提升到另一个高度！

我把书给她，让她自己决定是否参与。晚上她家长说，孩子打电话说准备参加，说："叔叔费心费力帮我找书，还跑这么远送来，虽然没直接说让我参加，但我能不参加吗？"这孩子还很聪明的嘛！

晚上看到了昭雨的周测成绩，总分689分，班级第4名、年级第15名。英语142分，发挥最好，而化学89分、数学145分、物理104分不太理想。数学和物理前20名学生中很多是满分的，昭雨的化学是年级前20名中倒数的，看来需要在数学和物理上提高精确性和满分能力，而化学上明显是投入时间不足，导致成绩连续不理想。

（5）四调考试

4月5日和6日进行了四调考试，18点25分才考完，孩子们够辛苦的。这次成绩上网的时间比较晚，直到周六23点才出来。

周六18点半是自由活动时间，儿子吃饭后打来电话，他妈妈简单地问了一

衡中家长手记：
和儿子一起成长的衡中三年

些生活情况，就把电话给了我。虽然我们知道孩子已知晓了成绩和名次，但因为有言在先不关注这些，所以都没有去问孩子。虽然内心很想知道，但也只能忍着。

他说一是这次考试，老师对他们第一考场看卷太严，都有些苛刻了；二是现在考试频率太高了，刚考完四调，今晚又要周测。

针对这两个问题，我告诉他：第一，关于老师苛刻的问题。一方面，学校就希望第一考场这40个学生冲击清北、冲击省状元，怕你们骄傲自满、翘尾巴，给你们敲警钟，所以才严格要求你们。一定要明白学校的良苦用心。分数和成绩不重要，重要的是高考的那一次！迈克尔·乔丹说过"你所有的失败都是为了你最后的成功"，所以要正确对待这件事，一切为了高考。第二，关于考试频繁的问题。高三的冲刺阶段就是这个特点，做题考试，考试做题，这是强化高考技能的最有效的方法。我知道这是很枯燥、很让人烦的，但这也是考验一个人耐心和耐力的时候，看看谁能忍受、谁耐得住，这也是一种能力，所以坦然去接受考试，充分发挥考试作用的最大化，也就是充分利用考试发现自己的弱项，去查漏补缺，不断地提高自己。总而言之，这两个问题的共同点，都是因为你还是有些过于看重分数和成绩了。当然，班主任是看重成绩的，这关系到他的工作和业绩，从他的角度来说是很正常的，无可厚非。但我们自己要做到心中有数，不能受他人左右，要看淡分数和成绩，关注哪些题不会、哪些方面是自己的薄弱环节，真正让考试起到检验的作用。

和他说了这些话后，感觉昭雨心情开朗了，开心地挂了电话。我们猜测他的成绩肯定不会太差但也不会很好，应该在10名左右。等到看到成绩时，才发觉还是低估了他的忍耐力，原来是年级第4名！这么好的成绩，他都能做到如此淡定、沉住气，真的让人佩服。我们忍着不问成绩，他更能在发挥很好时忍住不说，比我们还有忍耐力。

这次总分693分。语文还是很稳定，130分在年级也是高分了。英语才137分，班级第23名，按他的英语水平，确实有些偏低了，按他的说法，可能就是老师苛刻吧。也许他说的还有其他科目的压低分数，等见到他再仔细问一问。

3. 高考倒计时

3月18日，高考倒计时81天：儿子今天返校了，状态很好，他说压力有一点，但不是很大，看来还有潜力。

3月19日，高考倒计时80天：高三就是把一个人一生很长的时间用很短的时间过完，不管是说结果，还是说过程。

3月20日，高考倒计时79天：第七周周测，昭雨班级第1名、年级第6名，分数704分。很理想的成绩，说明状态很好。如果按我们说的去做，好好地总结错题得失，然后慢慢减少错题的数量，高考一定没问题的！

3月21日，高考倒计时78天：每天过得要有价值、有意义，过得踏踏实实、平平静静。

3月22日，高考倒计时77天：明天期中考试，期待儿子发挥出更好水平。想告诉儿子，要盼着考试，通过考试去检验自己的学习成果，找出不足。

3月23日，高考倒计时76天：儿子期中考试了，默默祝福孩子。

3月24日，高考倒计时75天：继续期中考试，要平稳心态，应对考试，目的是查找不足。他打来电话，因为考试太频繁，有些心浮气躁。告诉他去喜欢考试，用考试来检验自己，把考试作为手段，一切就没问题了。

3月25日，高考倒计时74天：期中考试成绩出来了！儿子班级第2名、年级第18名，超出我们的预期！

3月26日，高考倒计时73天：期中考完，儿子也该放松一两天了，但愿他能根据考试出现的问题去查找漏洞，针对性复习。

3月27日，高考倒计时72天：今天去石家庄二中参加香港中文大学的高考咨询会，对中文大学有了进一步了解，为孩子多准备一条出路，一切等到高考后定夺。

3月28日，高考倒计时71天：周测昭雨689分，年级第1名。成绩稳定，说明心态很好，也说明他真的按我说的去做了。

3月29日，高考倒计时70天：还有整整70天，高考就真的来临了，为高考做好一切准备。

3月30日：高考倒计时69天：又到周末了，准备明天去给昭雨送水果，听他说说话，顺便了解他的学习、生活情况，有的放矢地去解决问题。

3月31日，高考倒计时68天：今天给昭雨送苹果，感觉他很平静，问他好几遍都回答没有事，说不紧张，一切很好。还告诉我重新排学号了，他是班级1号，年级总评是第2名。总评第2名出乎意料，说明他真的很稳定。

4月1日，高考倒计时67天：昭雨学号靠前是他稳定性的体现，我们现在对他很有信心。儿子，按部就班地去做吧，以好心态迎接高考。

衡中家长手记：
和儿子一起成长的衡中三年

4月2日，高考倒计时66天：今天K和414班保定的学生父母找我，我带他们去中医院给K看胃病，医生说主要是心理和精神因素导致的。看K穿得很少，所以我的感觉是他不知道照顾自己，不能及时增减衣服而导致的胃病。因为胃病引起身体不适，进而影响学习；成绩不好，心理压力大，又造成胃部更不适。所以说高考是综合素质的体现，任何一个环节出现问题，都会影响备考。从这点来看，昭雨绝对做得很好。

4月3日，高考倒计时65天：今天去衡中了，无意中见到了卢老师和信老师，卢老师说昭雨一切正常，什么事都没有，信老师也问了昭雨的情况。信老师一直很关心他。

4月4日，高考倒计时64天：周测成绩出来了，昭雨689分，班级第4名、年级第15名。英语142分，发挥最好，而化学89分、数学145分、物理104分不太理想，尤其数学和物理。需要在数学和物理上提高精确性和满分能力，在化学上多投入时间。

4月5日，高考倒计时63天：19点20分开始四调考试，21点50分结束，期待儿子正常发挥。

4月6日，高考倒计时62天：今天又考了一天，18点25分才结束英语考试，孩子真够辛苦的。下午考了两科，希望儿子考取好成绩。上次周测一般，感觉这次考试会好的。

4月7日，高考倒计时61天：这次考试成绩出来得特别慢，晚上儿子打电话时网上还没有。昭雨说老师对他们第一考场太苛刻，分数压得很低，还说现在考试太频繁了，我有针对性地劝了他几句，他心情好了。

4月8日，高考倒计时60天：昨晚很晚才出来成绩。昭雨总分693分，班级第1名、年级第4名，又一次超出了预期。他的心态平静，状态很好。语文还是稳定而英语偏低，按他的说法，可能就是老师的苛刻吧！

4月9日，高考倒计时59天：离高考不足60天，家长们都开始紧张了，我的事情太多，一周三次固定地接送爸爸去医院透析，还有单位的事，还要弄公益大讲堂和家长咨询，觉得有些力不从心了。这时候复明眼科医院的场地不能用了，大讲堂暂停，我正好借机休息一下，一心管儿子高考，这也算是天意吧！

4月10日，高考倒计时58天：今天衡中网站登出了保送清北和自招清北名单，清华"领军计划"没有昭雨，他出现在自招里，虽然结果早就知道了，但看到了心里还不是滋味。但愿孩子高考会正常发挥,取得理想成绩,有更多的选择。

4月11日,高考倒计时57天:看到第十周的周测,发现昭雨总分662分,班级第19名,不敢相信。原来是生物出了问题,才63分!有很多90分满分的。他的生物分数竟然是班级倒数第一,不知道怎么回事,放假后问问他。

4月12日,高考倒计时56天:很平静的一天,内心的牵挂是不变的。还有两天,又到了放假的时候。一共只有两次假期了,高考的脚步越来越近了。

4月13日,高考倒计时55天:明天他该放假了,期待中!

4月14日,高考倒计时54天:终于盼到儿子回来了!他心情很好,状态很好,玩会儿电脑、主动看会儿101网校的题,早早睡觉,一切都有条不紊。

4月15日,高考倒计时53天:7点15分我们就到了学校,路上告诉他下周的几件大事:高考冲刺50天(封闭训练开始)、一模考试、第三轮复习,并具体提出了意见和要求,要求他过好最后50天。

4. 孩子放假在家的表现

13点55分放假,我们在门口等着他。下课铃声一响,昭雨就走了出来,还是学校前几名的速度。这节课他们是公共自习,铃声一响就都跑出来了,他把东西都提前收拾好了,所以直接出来,是他班最快到校门口的。

在路上我先急着问了问第十次周测生物63分的事,他说有一张卡老师说什么也找不到了,再加上化学的10分,一共少了30分,应该是692分,还是班级第1名,他这样一解释,我们明白了。

问他这些天累吗,他说真的感觉到累了。上周基本每天都是考试,四调、周测、周中测,特别累,都有些上火了。我告诉他,其实每个孩子都累,和你的感受是一样的,现在就是这样的阶段,要去承受、要去磨炼,看看谁能坚持住,能咬牙坚持到最后的人才会成功。

儿子在家里的时间只有18小时,减去睡觉时间8小时,算上来回路上充其量才10小时,所以我们对他的时间不做安排,任他自由支配。回家他打开电脑,上网查卷子上的一些疑难题,然后管我要101网校的账号密码,在线看一些科目的练习和辅导。理发回来后吃饭,饭后又玩了会儿游戏,22点就准时睡觉了。

5. 本阶段总结

这一阶段学习的特点是紧张的,又很枯燥无味,孩子易产生着急、烦躁的情绪,他这方面控制得很好,能做到吃得好、睡得着,通过考试去总结提升自己,做得很到位。

....

附：当被别人误解时

帮助别人 快乐自己

40年的人生经历中，对我影响最大的是2009年——结缘了心理教育咨询中心，走上了公益教育之路，这是我一生的转折点！到了40岁找到了真正属于自己的路！在我的《和儿子一路同行》系列讲座中，展现了父子情深，展现了我作为非教育人士对教育的独特见解，展现了进入不惑之年的我的人生观、价值观。在和众多家长朋友一起探讨家庭教育时，我会不断升华我的思想、提升我的观念，引起彼此的共鸣；在看到帮助过的孩子成绩进步、阳光自信时，我收获的是赠人玫瑰留有余香的快乐，内心得到了极大的满足，仅此而已！

孩子读高中，我也走进了衡中，不只是人，而且是心也走进了衡中。心系衡中，在意它的一点一滴，留意它的一举一动，甘心为衡中做任何事。它是我心中永远的圣地，不允许任何人去亵渎、去践踏，所以便有了我参加衡中的系列活动：高一远足时的陪伴、高二成人礼时的发言、衡中60年校庆时的特别邀请、高三百日誓师大会时的激情动员和高二、高三年级的家长培训会，更有了《花开的声音》的横空出世。

关于《花开的声音》，听到一些不同的声音，本不想去解释。我一直信奉一句话：理解你的人，不须解释；不理解你的人，你不必解释！但事关衡中不得不说！

一、关于书的出版经过

信老师为了管理班级，安排每位学生轮流做值日班长，写班级日志，这也是衡中一直采取的班级管理办法。很多班级也都在写班级日志，但坚持不懈、结集出书的班级唯有410班。当时厚厚的两本班级日志已快写满，信老师怕有朝一日不慎丢失，孩子们辛辛苦苦记录的成长足迹化为乌有，所以请我帮忙打印，给孩子们留下永久的纪念，我欣然接受，利用一个月时间把18万字的电子版交给了信老师，这时信老师提出了一个大胆的想法：结集出书！我满口赞成。信老师联系学校领导，得到了大力支持，于是校对、编辑、印刷，在春暖花开时，《花开的声音》如期绽放了。书受到了广泛好评，几个月的时间，1000本书销售一空！

为了满足家长和学生的心愿，为了衡中60年校庆献礼，再次校对、编辑这本书，增加了彩页，在校庆之日正式推出。这本书的面世，离不开学校领导的支持，离不开信老师的智慧，离不开410班学生的奋斗，离不开作为家长的我的鼎力相助，所以有了衡中史上的唯一。

二、关于书的销售所得

书结集出版之后，销售异常火爆，信老师又提出了她的想法：收入所得用于奖励优秀学生！我满口赞成。信老师的想法得到了校领导的赞同，于是410班奖学金应运而生，奖励班级考试中的所有优秀学生。这又创造了衡中史上的另一个唯一：设立班级奖学金。

三、关于我的热心售书

很多人不明白，当面和背后都问过我：为什么会这样执着于卖书？是不是衡中给了你什么好处？我想说两句话：一是感情。在这本书上，我投入的感情最多，不少于那些写日记的孩子。18万字是我一个字、一个标点符号输入的，全班71个孩子的日志71种笔体，我要一字一句地去揣摩、去体会方能正确输入。这些文字的录入都是在业余时间，然后不厌其烦地一遍遍去校对。在文字录入中，我感受着每个孩子的心，感受着他们的奋斗、坚强、阳光、乐观，我和每个孩子都在交流内心，我和71个孩子有了朋友般的感情，我已成为410班级的一员。二是信任，学校领导和信老师对我的信任。每次学校有大型活动时，信老师都提前给我打电话，邀我去校园卖书，其一是学生们都在上课，没有空余时间；其二是看重我在银行练就的营销能力吧，所以我也就发挥特长、人尽其才了！除在校园卖书之外，有些家长需要书，我还会送书上门，赶上放假便约在衡中门口，周末我更是多次来校。另外，我在衡中贴吧发表帖子，专门介绍《花开的声音》，让全国各地的家长和同学认识、了解这本书，我负责邮寄，因此成了邮局的常客。这本书，已经邮寄到除了西藏之外的所有省市！

做这一切，我无怨无悔，因为我愿意，因为我开心！还是那句我最喜欢的话：帮助别人快乐自己！我帮助了全国各地的家长和同学，给了他们一朵"花"，而我收获了整个春天！

衡中家长手记：
和儿子一起成长的衡中三年

4月15日—5月12日：一模、二模相继失利

1. 本阶段要求和注意事项

春天天气变化大，及时增减衣服；按学校安排复习、模拟考试。

2. 孩子在校期间的表现

（1）信心百倍备战一模考试

要求早8点到校，我们每次都是早到，这次7点15分就到了校门口。送他的路上，我和他讲了下阶段的情况和特点：一是高考冲刺50天，即封闭训练开始，学校会开大会，班级也会开会，渲染紧张气氛，营造高考氛围，所以不管学校和老师怎么说，自己要做到心中有数，也就是说按自己的节奏来，不能乱了方寸。50天只是一个数字，和高考100天、高三一年、高二两年没有本质区别，只是形式上有点变化。"宿舍里电话掐断了，我们联系不上你，但你有事了可以联系我们，我们也按原计划半个月去一次，跟你说说话、送点东西，你需要做的就是按部就班，平和心态应对。"二是一模考试来临，一定要从思想上高度重视，因为这是三次模拟高考中的一次，一定要抓住这个难得的实战机会，更好、更快地去适应高考，完全投入，以高考状态去投入，来检验自己，包括知识、心态和心理。三是第三轮复习开始，三轮复习是一个月的时间，老师有他们的经验和方法，一定要按照老师的要求去做，调整自己已有的学习方法和思路，完全和老师合拍，跟着老师走，适应老师，发挥第三轮复习的最大作用，另外一定要坚持改错本的整理，作为下阶段自由复习的重要参考，完成学科的完整复习，应对高考。

转眼就到了高考50天倒计时，想想百日誓师大会，觉得犹在眼前，不承想时间早已过去了一半，再有一半时间高考就结束了！学校在这个关键时期，也采取了相应的强化措施：全封闭训练，掐断宿舍电话，不让家长过多打扰孩子，给孩子一个安安静静的学习环境。

我是赞成学校做法的，因为很多家长沉不住气，会把自己紧张、焦躁、担心等不良情绪传递给孩子，不但帮不了孩子，反而会影响孩子。老师会帮助、疏导每一个同学，去关心他们。如果孩子有什么问题，校园有电话，可以很方便地联系到家长。总之，都是为了孩子更好地备战高考。

我一直喜欢运动,早晨经常在休闲广场快走。有一天发现前边有一个大高个,腿长走路很快,我很不服气,一定要超过他,后来不但很快超过了他,我还一如既往地快走下去,一直快走了3圈,把他远远甩在身后,当时心里觉得很有成就感。超过他,超过他很远,打下去,彻底打下去,让他人服气,再没有一争高下的勇气。

我一直佩服毛泽东,就是佩服他那种挥斥方遒、指点江山的豪气。有时候,我们必须有一种舍我其谁、唯我独尊、睥睨天下的霸气。

我想到了儿子,还有50天高考,是需要再咬牙拼搏一次的!人生能有几回搏! 12年的拼搏,更需这50天的坚持!为了12年的理想目标,拼搏50天,值,很值!

所以,我会找机会提醒儿子,最后玩命50天!这50天是创造奇迹的50天,人的一生就是不断创造奇迹的过程。要有勇于创造奇迹的决心和信心。要记住:一切皆有可能!首先,要在班级里保持第1名,因为自己是1号,就要捍卫1号的荣耀和称号!要让其他人甘当第二,不再有争第一的勇气和信心,自己做到绝对的超一流。其次,在年级里也要保持超一流的水平,要位列年级几大高手之列,让别人望尘莫及。最后,高考时保持最佳状态、发挥最好水平,夺取全省理科状元。12班,上了12年学,预示着12年高考状元在412班,也预示着状元属于412班的超一流第1名——王昭雨!一切皆有可能,奇迹由儿子来创造!我坚信这一点,还要传递给儿子这个信号:永争第一,创造状元奇迹!

(注:虽然最后儿子没有取得省状元,但我还是把这一段当时的内心写照记录下来!争第一的豪气真的很重要,保证我们绝对不泄劲!)

我和儿子一起勇于挑战、喜欢挑战,在挑战中不断完善自己、强化自己,从而完成对自己的超越,高考独占鳌头!

(2)一模失利

20日、21日衡中一模考试,因为事先告诉儿子高度重视一模,所以我心里也重视了。7点40分到10点20分,心里一直想着儿子的考试,14点05分到18点25分,惦记着孩子的考试,不停地看着表,判断着什么时候该考试了,什么时候该交卷了,默默祈祷孩子心态平稳、状态良好。高考时大概也就这样吧!

其实就像有的家长说的一样,本来高考没什么,不过经过这一造势,就跟要上战场一样了。还真的是这样!很平常的一件事,弄得家长和孩子都紧张,真的没办法!

衡中家长手记：
和儿子一起成长的衡中三年

一模成绩出来了！昭雨650分，年级第110名！语文115分、数学127分、英语133分、物理93分、化学96分、生物86分！高三以来的最差成绩！年级第1名696分！

几乎每科都不太理想！太出乎意料了！信心百倍地期望一模他会取得优异成绩，却被当头棒喝！

我只是觉得太不可思议，怎么会这样呢！有点发蒙的感觉！到底哪里出了问题？他的状态怎么了？这是我不得而知的！但转念一想，有两个幸运：一是幸运这个分数依然可以上清华，二是幸运这次考试不是高考。

心里一直惦记着昭雨，不知道他会有怎么样的想法。但宿舍电话已停机，无法联系上他，另外也想让他自己去处理、面对这件事。

毕竟心里还是不踏实，晚上给卢老师打了电话，卢老师说昭雨考完就跟他说这次考得不理想。这次考试题确实出得有些难、有些偏，有一部分尖子生都没发挥好，但他没感觉到昭雨情绪有变化，说昭雨没事。卢老师这么一说，我心里也就踏实多了。

冷静想一想一模考试，题难是正常的，一是给学生一个下马威，让他们认真去复习，别翘尾巴；二是老师把不常见的偏题、怪题让学生都遇到了，省得高考时不知所措，既提高了学生的应变能力，也尽到了老师的责任。

这次考得不太好其实也是件好事，正好有足够的时间来调整和提高，总比最后时刻再去调整要好得多。看来人真的要经历磨炼，老天也真的在考验我和孩子，人在千锤百炼中才能得以成长进步！

现在最想对儿子说：你是最棒的！这不算什么！跌倒了，爬起来，抬起头，接着昂首前行，美好的明天在向你招手，6月属于你！

4月28日，按放假时约定好的两周时间去看他。18点到了学校，见到卢老师和王老师，他们很亲切地打招呼，然后卢老师去教室，告诉昭雨我过来了。下课后昭雨过来找我，我们一起去传达室吃东西、说话。

今天主要的问题是分析一模。先让他谈谈一模的情况，有没有心理紧张和压力大的情况，他说没有；有没有哪些天学习状态不好出现异常的情况，他说也没有，一切很正常。我又问怎么会出现考得那样糟的情况呢，他说主要原因就是考试题偏、难：数学一部分题计算太复杂，算不出来；物理题量大，题难，导致没有做完；英语的完形填空、阅读理解平时都没见过，所以选择题错得多；语文一卷拉不开分,二卷题难选择题错得较多。这些科目发挥不好,造成成绩下滑。我又问他,一模成绩不好,受影响了吗?他说基本没有,一模后接着进行周测,周测就取得了年级第1名的成绩,冲淡了一模带来的不利因素。

我告诉他一模考试的特点就是难、偏,让学生更清醒地认识到自己的不足,踏下心去好好复习,其实题型和高考相差太远,没有参考价值,所以根本不需要放在心上。从中找到自己的差距和不足,找到知识点的漏洞,全力去弥补,这才是当下最需要做的。

和他讲了我看到一模成绩后的感受,首先是觉得不可思议,太意想不到,其次想到了两个幸运:一是即使这次是高三以来发挥最差的一次,但加上40分后是年级第3名,幸运的是依然可以上清华;二是这次考试多亏不是高考。我说我调整好了自己的心态,从容面对,觉得这是一次难得的心理历练,是提升心理承受能力的最佳方式,相当于一次很难得的演练,真正起到了模拟考试的作用。

然后我们又谈到了二模考试,他说二模考试提前到5月7日和8日,我说二模成绩已经不重要了,重要的是按高考去体验,从对待程度、心理各方面当作高考的演练,提前适应高考氛围,这是我们要的最佳效果。

还问了问他的生活情况,他说吃饭、睡觉都很好,一切正常。班里有的孩子压力很大,快承受不了了,他一点压力都没有,每天按部就班复习。看到他后,感觉他自己调整得很好,我们也轻松、踏实了。

(3) 火爆的《花开的声音》

4月29日,是衡中校园开放日和集中接待日,全国各地的参观者超过1万人,预想《花开的声音》会销售火爆,实际情况是卖了400本,原因是各地的教育同人来得不太多,并且校园内人太多、太乱,造成买书的人不少,但没有大批量买书者。

中午,我和信老师还有参加售书的410班孩子一起聚餐。信老师介绍了这本书的面世经过和我的辛勤付出,说这本书的最大受益者是410班的所有孩子。

其实每个和410班相关的人都是受益者。比如信老师走在校园里,参观的家长会说这就是《花开的声音》里的班主任信老师;我在售书现场,有的家长就来问我是不是编书的学生家长,然后让我签名并合影,还有的家长留下联系方式,以便今后联系;更不用说孩子们,家长买书后,都要让孩子签名,有的家长还和学生合影留念。

衡中家长手记：
和儿子一起成长的衡中三年

信老师还说，这本书受到了张校长的好评，她也向校长介绍了我，说没有我的努力就没有这本书今天的火爆，所以计划为我申请衡中名誉校友和特别贡献奖章，对我的无私关心和大力帮助表示谢意。

我们还在一起商量了今后的续集姐妹篇，基本达成共识：一是每人一页，包括自己高中三年的感悟、个人简介；二是每人一个签名，展示自我个性；三是毕业后照一张410班的全家福，作为圆满大结局。计划全国书店公开发行，作为衡中的品牌去推广、宣传，提升衡中的全国知名度。

信老师还说起另外一件事：有位班主任找到信老师，说他们班学生也在写班级日志，并且写得很好，也想出书，信老师说《花开的声音》之所以能出版，不只因为它是班级日志，更重要的是410班是奥赛班，会有很多的保送生，高考后还会出一批清华、北大学子，这是410班与众不同的亮点。书的出版不只是宣扬410班，更重要的是能代表衡中，能提升衡中名校的品牌效应。那位班主任听后，再也不提出书的事情了。

从12点半聚餐一直到15点，难得的相聚机会让大家都非常开心。信老师相约高考后第二天，学校统一照相后410班聚会，让我也参加聚会。我好开心，很庆幸自己成为410班的一员，格外珍惜！

曾经听一个衡中毕业生说过："妈妈说得很让我感动的一句话是，'妈妈想你的时候就什么也不想做了，但妈妈又想到母子连心啊，我一定要高兴起来，那么孩子就好了！'"

多好的话语啊，代表了所有牵挂孩子的家长的心！我们高三待考生的家长，现在对孩子更多的是牵挂，所以只有我们开心了、自信了，孩子才会更开心、更自信！

有一天卢老师打来电话，说想给孩子们做励志T恤衫，于是我赶快联系朋友预订T恤衫，然后和朋友去衡中，拿着样品和颜色让卢老师选择，让他们之间互留电话便于联系，我牵线搭桥的任务就算完成了！

高考前做励志衫是衡中历年的传统。高考时，孩子们穿着自己设计的、独特的、代表着自己风格的励志衫进入考场！

学生们自己设计图案和文字，都很喜欢，有些孩子订了3件，昭雨也订了2件。我找人定做的励志衫很好，其他老师看到后很满意，又有两个班主任和我联系，也一起做了励志衫！

3. 高考倒计时

4月16日，高考倒计时52天：无意之间在清华网站看到对"领军计划"的描述：全国258个"领军计划"人才全部通过面试，享受30～60分的优惠政策。这和当初的政策是不一样的，当时明确告诉我们没有通过"领军计划"选拔，现在为什么又这样说了呢？

4月17日，高考倒计时51天：看到周测，昭雨成绩一般，尤其数学才118分，其他科也不是太理想，但周中测数学和理综都是班级第1名。

4月18日，高考倒计时50天：学校召开50天誓师大会，据说每人还发一件明志衫，上面写上自己准备上的理想大学！为了鼓励、激励孩子，学校真的很有创意！

4月19日，高考倒计时49天：从今天开始全封闭，宿舍电话已打不进、打不出了，避免家长不必要地打扰孩子，给孩子一个安静的学习环境。

4月20日，高考倒计时48天：今天开始一模考试了，上午语文，下午数学、英语。

4月21日，高考倒计时47天：很晚了一模成绩也没出来，不知道昭雨发挥怎么样，忐忑中。

4月22日，高考倒计时46天：成绩出来了！昭雨650分，年级第110名！高三以来的最差成绩！太出乎意料了！

4月23日，高考倒计时45天：儿子没有来电话，说明自己完全能正确面对这个小挫折，有能力去调节自己的心情，我们也给他独立自主处理问题、解决问题的机会，也相信儿子一定能做得更好！

4月24日，高考倒计时44天：今天下了一天的雨，孩子知道换鞋吗？知道带雨伞吗？心里更多的是牵挂。

4月25日，高考倒计时43天：今天单位不太忙，心里惦记孩子了。

4月26日，高考倒计时42天：12周周测成绩，昭雨706分，年级第1名，其中语文、数学、英语、生物，都是班级第1名！昭雨太厉害了，他自己调整得很好！有那种不服输的劲头，坚决超过别人，唯我独尊，这才是我的儿子！

4月27日，高考倒计时41天：今天市里组织马拉松模拟演练活动，我参加5公里跑步，一路上心里想的都是儿子。高考期间儿子太辛苦了，自己跑5公里算什么。孩子的坚韧、刻苦、自律让我佩服，我从内心里佩服他，用行动向他学

衡中家长手记：
和儿子一起成长的衡中三年

习、向他致敬！我用25分钟完成了5公里行程，心里特别高兴，对自己也很满意，也算是给儿子的一个礼物和祝愿吧！祝福儿子高考圆梦！

4月28日，高考倒计时40天：今天是约定看昭雨的日子。18点15分下课后见到昭雨，和他说话，我们仔细分析了一模的情况和二模的应对，感觉他的心态很好，超出了想象，更加放心了。

4月29日，高考倒计时39天：今天开放日售书，见到了保送的孩子们，越来越觉得昭雨参加高考的重大意义。高考是人生的一次重要的磨炼，经过高考的洗礼，人生才更完美，也才更利于成长。

4月30日，高考倒计时38天：今天给高一学生N做了咨询，主要讲了高中的学习意义不只是简单地学会知识，更重要的是学习遇到事情时的应变能力和处理能力，也就是解决问题的能力。在不断提高自身能力的前提下进步，这才是学习的目的，也就是所谓的成熟。

5月1日，高考倒计时37天：五一三天假都有事，一直没能休息，今晚终于体会到筋疲力尽的感觉了，想想儿子是否也在经历这份煎熬呢？

5月2日，高考倒计时36天：13周周测，昭雨659分，年级第33名，可以的。现在我和他妈妈都能平和接受昭雨的一切，看淡得失，调整心态，以最佳状态陪儿子一起迎接高考。

5月3日，高考倒计时35天：神奇教练穆里尼奥曾经说："我的成功只因自己坚定的目标和从不间断的努力！"这句话正好送给即将参加高考的儿子，希望他创造和穆帅一样的神奇！

5月4日，高考倒计时34天：练习当考试，考试当高考，高考当练习，这是复习过程中正确的方法。另外从近几年的高考题来看，不太难却不容易得高分，看起来似曾相识但都暗藏杀机，不会有原题的，所以细心是第一位的！

5月5日，高考倒计时33天：韩国有一句谚语，雨后土地才越来越硬，越来越结实。经过一次次的考试，才会走向成熟，才会越来越好，然后迎来辉煌的高考。

5月6日，高考倒计时32天：明天开始二模考试了，希望儿子以平常心参加考试，将模拟考试当作高考，真正起到模拟的作用。

5月7日，高考倒计时31天：今天下午去了衡中，卢老师想给孩子们做高考T恤衫，我把样品拿过去了。孩子们正在二模考试，考理综，院子里放了很多书和卷子，教室里静悄悄的，真的是没有声音、没有硝烟的战场。

5月8日，高考倒计时30天：上午考完了英语，下午可能在高考30天倒计时的关键时刻请王金战老师做报告。对于二模考试，从内心不太关注了。一模时关注太多，这次心里很平静，对于成绩的期待也很少，相信儿子，相信他的实力。考好了，不代表以后会考好；考得不好，也同样不代表以后考不好。以一颗平常心对待！

5月9日，高考倒计时29天：二模成绩出来了，儿子又给了我一个意想不到！682分，年级第117名！本来我期望不高，想着他能进前50名就满意了，结果是接着下滑，滑到第117名！这几天我要好好反思了，调整自己的心态，找出解决办法，迎接儿子回来！

5月10日，高考倒计时28天：昨晚把年级一模和二模成绩调出来进行分析，发现了奇怪的现象：一模排在前面的学生，二模大部分成绩不好，并且变化幅度特别大，一直不得其解，早晨醒来，一下子茅塞顿开！"考试内容不一定是复习内容"，所考非所学，这就是变化大的原因！找到了原因，心情就真的放松了，一天都很开心，彻底放平了心态。昭雨妈妈也觉得我说得很有道理，心情也好了，也不再郁闷了。

5月11日，高考倒计时27天：总想尽可能多地帮助孩子，所以这几天在网上一直查找二模后的一些心理、学习方面的东西。

5月12日，高考倒计时26天：昭雨回来了，学习、心理、身体状态都很好。放心了。

4. 孩子放假在家的表现

我们商量好，找一个安静的、集中的时间段，很郑重其事地和他好好谈谈一模、二模情况。回家后，昭雨吃了方便面（一般下午放假，中午他都不吃饭，或简单吃一点，回家后再吃），然后理发、洗澡，接下来就是我们和他正式谈话的时间。

在他的房间里，很正式地告诉他，我们想和他说说二模的情况。因为一模、二模成绩都不是很理想，想知道他是怎么考虑的。

他先说考试后一点都没受影响，情绪很正常。接着说二模的老师看卷不正规、不严谨。比如数学，本来一道14分的题，只是得数错误，过程完全正确，却一分没有给，这在高考中是不会出现的，至少给他12分；另外，英语有两道题，

衡中家长手记：
和儿子一起成长的衡中三年

做对了，涂卡时不知道怎么涂反了，结果少了4分。加上这16分应该是698分，年级前10名的水平。再比如，语文作文写得很好，按标准答案是完全正确的，事实上分数并不高，甚至不如非标准答案的分数高。还有英语作文，写的是很棒的，但分数也不高。

我们听到这些，心里更加踏实了，有种豁然开朗的感觉，对他说，这些情况我们无从知道，只是根据我们的推理去判断出现的情况。我们觉得这次成绩不理想的原因是"所考非所学"，因为一模成绩靠前的同学大部分二模考得不好，并且下滑幅度特大，反而一模考得不好的同学这次成绩上来得很快，甚至考出三年来最好成绩。这些情况极为不正常，所以我们得出这个结论。

他说这个原因确实存在，但只是一部分原因，比如物理就是这个情况，其他科目不太明显。

我还说，你们学校的考试安排也值得商榷，时间上和石家庄市统一安排在5月7日、8日，但具体考试时间却安排在晚上考数学，也就是7日上午语文（两个半小时）、下午理综（两个半小时），然后晚上数学（两小时），考一天太累。他说太有同感了，上午一直讲周测试卷，讲完就开始考语文，晚饭后就考数学，感觉特别疲惫。晚上数学考试时一点思路都没有。我说这就是衡中迷惑对手的一种方式吧，用这个分数让其他学校看看，然后觉得衡中不过如此，是放的一个烟幕弹而已。

另外，我们还建议他有时间去问问各科老师，还有20多天，怎么更好地复习以弥补自己的不足，让老师有针对性地给出建议。

总体的谈话效果很好，并且他反映的情况也是我们始料不及的，更加让我们心里踏实了。

我继续鼓励他，这两次考试不理想，正好让自己低调，把自己放在很不起眼的位置，心态平和，这样更利于高考时冲刺，不鸣则已，一鸣惊人，来一次大爆发。还让他比较奥赛考试和现在状况的不同，他说现在状况要好，那时出去集训，吃住、学习都是新环境，不如现在心里踏实。

谈话后，他去整理卷子，晚饭后接着整理，22点按时睡觉。

5. 一模、二模的家长心态

听孩子已经读大学的家长说，当时从网上看，听专家讲，都把一模、二模成绩看得很重，都说是对高中三年的总结，成绩、名次接近于高考，可以作为高考填报志愿的参考；所以我们也跟着重视一模、二模成绩了。

孩子放假回家后，我们谈到了一模，说了一模的重要性，既检验自己的学习成果，还可以增强自己的自信心；返校时，老师强调的是一模，孩子们要高度重视一模，完全按高考状态去迎接一模，从考试状态、心态各方面都去模拟。各方面给孩子做了充分动员，自己也信心百倍地期待一模。

结果出来了，那个傻啊！简直是难以置信！年级第110名！高三以来最差的一次！即使准备"领军计划"耽误了很多时间，成绩最差也才第105名！因为之前的月考是年级第4名、周测是年级第2名，所以对一模期望很高，结果失望更大！

给班主任卢老师打电话，问昭雨的情况，他说考试后，昭雨找他了，说这次考试不理想，但他考试时和考试后状态很好，没发现异常，同时发现很多成绩靠前的孩子这次成绩都不理想，也许是题目不对路。我们听完放心了。

第二天周测，昭雨成绩是年级第1名，总分716分，比第2名高出10分！这样也冲淡了一模失利的阴影！

中间按计划去看儿子时，问了问他情况，他说就是感觉题目不太顺手，也没别的感觉。看他状态各方面很好，不想给他太多压力，就没有说太多，只是说了两个幸运：一是这个成绩依然可以上清华，二是这不是高考，给他减压。让他通过一模总结考试的得失，弥补缺陷，提高自己，二模好好发挥。

从内心总觉得一模是一次失误，二模一定会发挥好，恢复正常！满怀信心地期待二模！结果出来后，真应了一句话，没有最差，只有更差！这次更惨，年级第117名！

我有些忍受不了了，昭雨妈妈也担心起来了。那两天心情很差，上班什么也做不下去，不知道该干什么，六神无主，好像儿子高考没考好一样！但我马上冷静下来：重要的不是成绩，这是一直跟孩子强调的事，可怎么到了自己这里就忘了呢！也许孩子内心也在纠结，正困惑难过，所以我要帮助孩子找原因，将两次模拟考试汇总在一起找找原因，帮助孩子解除疑惑。然后，足足利用了一天的时间，从网上找到很多关于模拟考试的内容，通过更多资料加以分析。这时恰好看到412班的成绩单，后来别人也发了整个年级的成绩，晚上就开始对照研究。

首先看班成绩，发现了很奇怪的现象：这次班级前5名，没有班级学号前5的学生；班级前10名，只有两个学号前10的，也没有前5的！排在前面的基本

衡中家长手记：
和儿子一起成长的衡中三年

都是学号20、30的！也就是说平时成绩好的全部下滑，而成绩没那么优秀的却都上来了！然后对比年级成绩表，也发现了同样的问题！一模年级第1名的C二模第79名，年级第2名的Z二模第180名，还有很多滑到200名之后的！而二模排在前面的大部分是陌生面孔，有的一模400名，这次却是年级前10名！我一直分析到凌晨1点也没找到原因，就去睡觉了。

早晨醒来，穿衣下床，突然茅塞顿开，找到成绩不好的原因了：所考非所学！这两次模拟考试，都是用的其他学校的试题，比如，二模就是石家庄市的统一二模试题，都是在5月7、8日二模，但具体时间和石家庄不一样，石家庄完全按照高考时间安排，5月7日上午语文、下午理综，5月8日上午数学、下午英语；而衡中安排则是5月7日上午语文、下午理综、晚上数学，5月8日上午英语，无形之中加重了学生的疲劳度，影响了发挥。因为采用石家庄的试题，复习进度不一样，导致考试内容有偏颇，尤其是对于昭雨这种爱听老师话的孩子，一定会按老师的要求去复习，所以影响会更大一些。一模后周测（周测是衡中的试题），昭雨年级第1名就是很好的佐证。

这样的发现让我心情开朗了，告诉了昭雨妈妈，她也觉得很有道理，也不再为之着急、担心了。

找到了原因，纠结的心舒展了，也彻底明白了那句名言：高考前所有的考试都是没意义的。

不过两次模拟考试成绩不理想对他是好事：一是找到了薄弱环节，有足够多的时间去弥补；二是让他心里更平静，避免沾沾自喜和得意忘形；三是减少了学校、老师等其他人的过多关注，以低调姿态应对高考！找到了原因，静等儿子回家，和他交流，看看判断正确与否。

事先说好了，这次儿子回家，一定要郑重其事地和儿子谈谈二模的情况，所以下午他理发、洗澡后，我们在儿子的房间里好好谈二模的问题。我先把我对二模的看法告诉他，即所学非所考，他说这算一个原因，比如物理是这个情况，但这只是一方面而已。我说那你说说关于二模的情况吧，他说其实二模考试情况有的你们不太清楚，这次考试的时间安排、看卷和标准答案都极为不正规，比如数学，有一道题14分，我只是最后得数错了，却一分都没给，高考时是按步骤给分的，至少要给我12分；还有语文，作文题是一幅漫画，身边的大地都干涸了，一个人在脸盆里钓鱼，本身这就是一幅讽刺漫画，提醒人们要注意保护环境，所以我写的就是关于环保的问题，试题的唯一答案也是环保问题，但有的学生写的是乐观面对困难，看卷老师居然都给了高分，真正写环保问题的作文分数并不高，我才43分；还有英语，答案是老师临时定的，我的英语作文写得很好，得分却不高；还有7日一天，上午考语文，下午考理综，晚上吃饭后马上考数学，太疲惫了。如果加上数学的12分，总分694分，年级前10名，应该是正常的。

听他这样一说，我们长舒了一口气，比我们预想的情况还要乐观，孩子心里有数，没有受到任何影响，我们更加放心了！一切的担心都是多余的，就是因为没法及时沟通，不了解真实情况，才造成了这么多的担心和猜测。

通过交流，儿子开心了，我们也放心了。对于三模，我们都很平静了。成绩无所谓好坏，成绩和我们没关系，重要的是心态，我们要以更好的心态迎接高考！

6. 本阶段总结

一模、二模出现了高三以来最差的成绩，真的出乎意料，可喜的是他丝毫没受影响，反而更加努力学习，这是当下最高兴的事。状态超好，一切很淡定，这就是高考前20多天他的真实写照。

答家长问：家长、孩子如何应对高考恐慌

一、家长的问题

问：孩子快高考了，作为家长，每天睡不好觉、吃饭不香，做什么都没有精神，也不知道该帮助孩子做什么。怎么办？

答：其实这些情况都是正常的，不要觉得这是心理问题！

高考是举国瞩目的国考，一定程度上可以改变人的命运，确实很重要，所以大家都会重视。重视了就会紧张，这是很自然的。儿子高考前半年的时间，我们就觉得对什么事都提不起兴趣，总觉得心里不痛快，有事牵挂着，也许这就是高考家长的普遍心态吧。不要听别的家长说对高考不在意、不紧张。无论孩子成绩好坏，家长多少都紧张、都焦虑，所以这个时候，家长应该做好自己的事，做好自己该做的事。

什么叫该做的事呢？当初我和他妈妈是这样分工的：高考确实是全家人的事，需要齐心协力、分工协作，共同达到最后的目的地，但高考的主战场是孩子，他

衡中家长手记：
和儿子一起成长的衡中三年

是主力军，冲锋陷阵、正面杀敌的任务是他的，家长负责后勤供给，他妈妈偏重于生活方面，而我偏重于思想方面，但遇到事都是一起商量，尤其是多和老师联系。遇到问题不要担心，重要的是找到最好的解决办法。

既然分工明确，就要每个人做好自己的事。学习的事是孩子的事，需要他自己处理，即使遇到了问题也有老师的帮助，让孩子自己找老师，充其量我们做的就是多和老师联系，做好孩子和老师的沟通桥梁。

家长自己做好自己的事，要一如既往地好好工作，这样可以分散一些压力。所以，我不太赞同为了高考家长放弃工作一心陪孩子，这样做一是给孩子增加压力，二是自己没事做了，精力都用在高考上，孩子无形的压力会更大，与其这样，还不如投入精力做一些自己喜欢的事。我那时候就是办公益讲座，免费为大家做咨询，积极帮助班级做一些力所能及的事情。比如，我帮助好几个班级联系做高考文化衫，分担老师身上的压力，让他们把更多精力投入到教学上。

知道了自己该做什么，就一定要明白千万别做什么！那就是千万不要做越俎代庖的事，更不要做外行指导内行的事，尤其这个时候最忌讳的是唠叨，还有所谓苦口婆心的说教。可怜可怜孩子，闭上嘴巴吧！

更有甚者，这个时候竟然发现了孩子很多的缺点和不足！其实这些缺点早就存在，只是平时对孩子漠不关心，高考一来就马上跳出来，开始行使所谓的家长权力！家长对孩子指手画脚，要求孩子改掉一些不好的习惯，结果孩子不服气，剑拔弩张，家长和孩子成了敌人，这样的家庭氛围对孩子备考能有好的帮助吗？所以说，你帮不了孩子没关系，至少你不要帮倒忙！这个时候就是要对孩子好，让孩子心情舒畅。如果想改变孩子，那就等到6月8日17点之后！但高考之前，为了孩子，应该装孙子！孩子有个好的前程，装孙子又怎么了，为了孩子很值得！从小到大，谁没有装过孙子！不要觉得家长多么神圣不可侵犯，为了孩子，要敢于放下架子、不要面子，这才是聪明的家长！

二、孩子的问题

问：很快就要高考了，感觉不会的题越来越多，信心备受打击，都害怕参加高考了。不知如何去面对，越来越恐慌！

答：孩子，首先你要明白不会的题越来越多，这是很正常的现象。每个要参加高考的孩子，包括学习成绩非常好的孩子，都会有这种感觉：离高考越来越近，不会的题越来越多了！高考前，没有一个孩子会觉得都学会了，多数孩子都会觉得越学习不会的题越多。什么时候就都会了呢？等到真正走进考场了，心也就踏实了，在高考的氛围里，会的都能做出来，而不会的也可能变成会的了！

为什么会出现越来越不会的感觉呢？因为离高考越来越近时，投入的精力会越来越多，状态也会越来越好，也就是高度集中！这个状态，很多孩子近三年都不曾有过，只有在快高考的这个特定情况下才爆发出来！状态来了，踏下心来，才发现平时没注意到的细节都出来了，就出现了大家常说的越来越不会的现象。

既然如此，一定要注意下面几件事。

第一，不要给自己扣帽子！

在做一件事情的时候，如果不是自己很喜欢做的，一定会有一点不轻松的感觉，这是正常的。比如，从小学开始读书12年，确实很累、很辛苦，而读书学习对一些人来说并不是很愿意做的事，难免感觉不痛快。但不要过度去想这些不痛快，更不要动不动就认为自己心理有问题，根本就没有那么严重，99.9%的孩子心理都很正常！这些帽子让你感受到了更多的压力，会引起更大的恐慌，压垮你的神经，所以一定要扔掉！

第二，不紧张的办法是不要目标太高而过于努力。

紧张往往是因为过度努力所导致的。一个人无论多么忙碌地做事，都不会产生过度紧张的情况。造成过度紧张的原因是心里过度在意，也就是为自己定的目标过高导致的压力和紧张。

第三，做自己该做的事情就会解决紧张问题。

该做什么呢？制订一个切实可行的计划，包括锻炼计划、学习计划、休息计划、放松计划，然后什么都不要考虑，按部就班，到哪个时间段就自然地去做什么，每天执行好就是了。一定要记住：高考前的时间真的很宝贵，只有时间做对高考有益的事，没有时间做别的。切记！

第四，永不言弃！

6月8日17点前，你左右高考；6月8日下午5点之后，高考左右你。所以无论你现在成绩如何，都不要放弃！每年的高考都会出现黑马，只要你坚持，黑马就有可能是你！在索契冬奥会短道速滑女子500米决赛中，中国选手李坚柔摘得金牌，真的是充满意外的比赛，是第四道奇迹。李坚柔曾两次被退回地方队，25岁还默默无闻，但她没有动摇退缩，依然坚持，很好地诠释了"自助者天助之，

衡中家长手记：
和儿子一起成长的衡中三年

自弃者天弃之"！李坚柔的夺冠给我们的启示是：越努力，越幸运！在你感觉坚持不了的时候，一定要再坚持一下，胜利，可能就在这一秒的坚持中！所有的胜利，与战胜自己比起来都是微不足道的！永远不要停止相信自己！

5月13日—6月8日：高考

1. **本阶段要求和注意事项**

有针对性地复习，继续保持良好状态，迎接高考。

2. **孩子在校期间的表现**

保持早到校的习惯，这次7点15分就到了校门口。

路上，我们强调了找各科老师问问下一步自己的学习安排和注意事项，尤其是数学和物理，一定要去找老师，真诚表明自己精益求精的态度，老师一定会给出好的建议。然后根据老师的建议，安排自己的复习。

另外，我还严肃批评了昨天他的一个说法，即他所说的英语题目做错只是因为涂卡涂反了的问题。我严厉地说，你凭什么把这个分数算进去！这就是错误，并且是不可饶恕的、不可容忍的错误，下次一定要留出几分钟检查一下是否有涂错卡的情况。他说就这一次，以前都是检查的。我说一次也不允许，如果这次是高考怎么办，这是永远不可更改的，会是你永远的痛！以后周测、三模包括高考，任何一次考试都要留出几分钟时间，专门检查是否有涂错卡的情况，任何情况下都不允许再犯这个错误！

我还告诉他，高考前一定要听老师的话，现在老师的话都是圣旨，每一句话都是最重要的。"他们有多年高考经验，而我们从没有参加过高考，所以要一切听从老师的安排，他们只会让你变得更优秀。"

5月21日，高考倒计时17天：接到两个高三家长的求助电话。早晨8点接到第一个电话，说是张家口家长，自家孩子在衡中复习，不想参加高考，劝阻无效，现在孩子想回张家口，问我怎么办。我告诉她可以带孩子回家休息几天，让孩子情绪稳定了再回来参加高考。因为急着去上班，我就没说太多。上班路上一直想着这事，觉得孩子遇到了她人生中最大的困惑，急需帮助，如果我能帮她一把，也许她的人生就会从此光明。所以到了单位就给孩子家长打电话，但电话关机！我急忙发信息，告诉她开机后给我回信息，我会想法帮助孩子的，然后开始等待，生怕她们坐车回张家口，我觉得我有能力说服她不回张家口，在衡水参加高考！

等待中又接到另一个电话，说是武邑的家长，自家孩子同样在衡中，和宿

衡中家长手记：
和儿子一起成长的衡中三年

舍一个同学一直有矛盾，现在矛盾激化，孩子回家不去上学了，家长很着急也很气愤！我说这事最好让班主任处理，把孩子叫到一起，都说说心里话，把心结打开就可以了。或者让孩子敬重的老师劝一劝就过去了。如果需要我出面时，我会和孩子谈的，但找老师去处理是最佳的方法。

后来等来了张家口家长的信息，原来他手机欠费了，说我的话已起了一定作用，孩子不回张家口了，但还是不想上学，希望我见见孩子，当面劝劝孩子，还说只有我能帮孩子。于是约好下午我去见孩子。

见到孩子，我先问她认识我吗，她说不认识。我说还记得百日誓师大会吗，那里面有一个家长代表，那就是我！她高兴地说记得，说我讲话特别有激情，让人特别振奋！通过这个方式拉近了我和她的距离后，我就让她有困惑直接问，这次过来专门为她解惑。

通过谈话，她说出了心声，觉得老师不重视她，同学不愿理她，心里孤独，还有成绩上不去，快高考了心里着急。通过我的劝解，基本解决了她所有的心理问题，最后答应晚自习去学校，好好学习17天，参加高考！

同时，我也告诉家长，别天天唠叨孩子学习，老说学习就是给她压力。越临近高考，越需要说和学习无关的事，这才是最好的减压办法。另外，家长自己要有一颗平常心，不焦虑，做孩子的定海神针，这是最好的帮助孩子的方法！

最后，我给孩子定下三个愿望需要她实现：一是高考成绩不但到一本，还要超出一本水平；二是等到哪天想起今天这件事觉得自己很可笑、很傻时，打电话告诉我；三是等到有一天成家有了自己的孩子，教育孩子时想起我今天说的这些话时告诉我！

"我和你们非亲非故，给你讲了两个多小时，什么都不图，只喝了一杯矿泉水，就是觉得我们有缘。你父母找到了我，上帝把你推到我面前，我不能不管，所以就要帮你。希望你不要让我失望，这样我就最高兴了！"

第二天，家长发来信息，说孩子终于去上学了，很感激我，想到我单位看看我。我回信息说今天有事不在单位，帮助孩子是因为和孩子的缘分，这是天意；帮助别人快乐自己，这是我做事的准则。我还会继续关注孩子的，希望她一生平安顺利。

其实，我心里明白孩子不会这样顺利，果然第二天家长发来信息，说孩子下午又没去上学，问我怎么办。其实这在我的意料之中，我回复说孩子不想去就休息一下。明天考试，也许她怕考不好。

第二天家长发来信息，说孩子睡了一觉，去考试了。如果不是我的劝说，他们又会对孩子着急，会适得其反。下午又发信息说，孩子不想去考试了，我回复说不考试就在家休息。

考试后，我查她的成绩，文科507分，年级第900名。一直以为她有一科没有考试，结果都考了！这个成绩不错，再经过10天的调整，完全能考上一本的大学。

我发信息鼓励孩子，家长回信息说语文考得不太好，考完她没去学校。我回复说不用关注具体分数，孩子不想去就在家里休息，让孩子高兴吧！

还有10天的时间，让孩子高兴远比学习知识重要！而很多家长意识不到这个问题，还在不停地焦虑分数和成绩。这个时候，成绩意义不大了，重要的是心情好，高高兴兴地迎接高考！

昭雨三模成绩比较理想，年级第3名，671分！我们见面后，对这次考试的定位是：这是你的正常水平！

问了问，只有数学偏弱一些，问是否还有提高空间，他说有，我说你自己好好反思总结一下，如何从考试中吸取教训，有哪些教训，以弥补自己的不足。

问他睡觉怎么样，他说很好，又问他放鞭炮受影响了吗，他竟然说没听到鞭炮声，说每天紧紧张张、忙忙碌碌的，一天特别累，回到宿舍，躺下就睡着了。

这些天，沧州、廊坊、衡水等地有一个传说：有些庙宇倒了，需要重修，要收童男、童女，家里有小孩的，要在晚上放鞭炮，这样才能给孩子免灾！当然，这是迷信，不可信！但老百姓信以为真，每晚8点就开始放鞭炮，一直持续到23点，严重影响了正常的生活秩序，尤其影响了要参加高考的孩子们！这个迷信说法，从沧州、廊坊开始，5月底就蔓延到了衡水！

家长着急，衡中更加着急！学校领导向市领导反映，家长们向学校反映也向市里反映！市领导专门召开紧急会议，要求公安局、城管局、广播电视局还有居委会、派出所联合执法，立即解决这个问题！

电视上飞播字幕，告知这是迷信，让广大市民切莫相信！同时提醒市民，禁放期间燃放鞭炮是违法行为，一经抓获会处以罚款，严重者会予以行政拘留！

派出所和城管大队联合执法，在各个小区、各个村庄、各个街道路口巡逻，劝告、制止了多起燃放鞭炮事件，对不听劝告者进行罚款和拘留，加上电视台及时报道了几起违法燃放鞭炮者的罚款拘留情况后，鞭炮声越来越少了。

衡中家长手记：
和儿子一起成长的衡中三年

等到6月4日晚上，鞭炮声终于销声匿迹了，整个城市也恢复了往日的宁静！悬在我们家长心上的一块大石头，终于落地了！

这么轰动的事，昭雨晚上竟然没有听到鞭炮声，他的睡眠质量太好了，心态也太好了！心理素质真的不一般！

昭雨回宿舍后，我们见到卢老师，他还没有吃饭，于是约他一起出去吃饭。吃饭时，我请卢老师给昭雨参考专业，他想了想，说的竟然也是建筑！我让他再给选一个，他说电子信息、通信专业也适合昭雨。还和他探讨了港校和清华之间如何选择，他说港校适合经济、金融的专业选择，要根据分数情况再选。

卢老师说这次三模成绩普遍低，是因为学校有要求，必须各科都要难，看卷也要严，杀杀实验班的锐气，让他们见识各种困难，不让他们得意。这次412班成绩不错，年级前30名有5人。他说孩子们都很平静，心态都特好。我分析说，因为卢老师你是沉稳的人，所以越到关键的时候，你的心态就决定了孩子们的心态，这就是你的优势！卢老师听了很高兴。

卢老师说愿意和你们出来吃饭，在一起有共同语言，在教育孩子方面有共鸣，有的家长就不行，他说他的生意经、官场话，我没话可说；我说教育孩子的事，他没话。结果双方都接不上话，很尴尬。21点半了，卢老师回学校，我们也回家了。

这次去衡中，见到昭雨，看到他无论身体还是心理状态都很好，所以很开心，也更加放心了！

3. 三模

因为一模、二模的成绩不理想，所以痛定思痛，认真总结自己的得失，调整家长自己的心态。模拟考试只是一次平常的考试，等同于周测、月考，什么都不能代表，所以对于结果用不着大惊小怪，以一颗平常心去对待，应该以这样的一种无所谓的心态去面对三模！

遇到朋友时，总会被问到孩子快高考了紧张吗，外地的同学也发来信息问是否紧张，对此我都淡然一笑，平静地回答不紧张、心里很平静！我明白，此时的家长和孩子心连心，有心灵感应，大人的紧张情绪会很自然地传递给孩子。如果希望孩子不紧张，首先要求家长做到不紧张。也就是说，想让孩子什么样，大人就得先怎么样去做。大人的心态决定着孩子的一切！

5月24日、25日三模，正赶上有一些事，所以根本没心思去关注，甚至都忘记了。26日早晨8点，醒后才想起看看成绩怎么样。用手机上网，看到了惊喜：

昭雨671分，年级第3名！最大的感觉是正常发挥，这是他应有的水平。第1名Y，675分，很少见到的名字；第2名Z，672分；第4名C，670分。这次考试，水平高的几个孩子都在前列，比较正常。昭雨语文128.5分，年级第6名；英语136.5分，年级第4名；数学130分，年级第317名；理综274分，年级第10名。从中看出，他的优势还是语文和英语，数学相对来说还是弱科。

按放假时的安排，这个周六（5月26日）去看昭雨。事先和卢老师联系好，18点就到了学校。昭雨来了后，我们一起在门卫处吃饭、说话。

这次是高考前最后一次见他，怕有遗漏，所以事先把想说的话写在纸上，等他吃完饭，我按纸上内容逐条说。

第一部分：今年高考大纲和去年的变化

（注：这是每年的变化，一定要引起注意。）

数学：《大纲》要求文理科学生都记住：球、棱柱、棱锥、台的表面积和体积的计算公式，样本数据的标准差公式。这意味着从前考试卷面上给出的上述公式今年将不再给出，需要学生准确牢固记忆，在考试时得以应用。推理与证明部分，从去年的"了解归纳和类比进行简单的推理"的要求变成"能利用归纳和类比进行简单的推理"。这意味着对这部分内容的要求提高了，学生必须掌握并且会运用，不能仅知道了解就行。

提醒：近几年高考数学试题坚持新题不难、难题不怪的命题方向，一些高考试题能在课本中找到"原型"。建议学生以课本为依托，以考纲为依据，熟知考试重点和范围，在留心历年考卷变化的内容外更要关注不变的内容，因为不变的内容才是精髓，在总分比例中处于核心、主干地位，应该将其列为复习的重点。

生物：对"其他植物激素"的要求由Ⅰ水平调整为Ⅱ水平。

提醒：建议复习立足教材、重视主干知识、梳理知识框架、分专题复习。备考生物时注意理解和记忆的统一；特别关注部分结论的适用范围；要注意严谨和灵活的统一；注重训练，勤于纠错，提升能力，特别是实验与探究能力。

物理：《考试说明》在题型示例中增加了一道选择题（2010年高考题第20题）。本题设计突出物理过程分析的特点，借助于图像考查学生获取相关信息处理问题的能力。

提醒：高考物理试题预计仍将以考查学生的5种基本能力（理解能力、推理能力、分析综合能力、应用数学处理物理问题的能力、实验能力）为主，彰显高考稳中求新、逐步推进的理念。

第二部分：2012 年各科的高考命题思路

语文：关注对生命质量和社会生活的理解能力。

数学：关注空间想象、推理论证、运算求解能力、分析解决问题的能力。

英语：写作注重交际性，用词准确、地道。

物理：实验步骤要完整、不涂改、计算有过程；注意选择题是否少选给分。

化学：设计方案时，表达要清楚。

第三部分：注意事项

自主复习时：①上午语文、理综，下午数学、英语，晚上理综、数学。②复习回归基础（概念、规律、公式、实验）、课本、基本题。③错题本：常翻、仔细翻，尤其对于非正常性失分，一定要逐条把原因写下来，提醒自己。④仿真题：考试前几天以仿真题为主，每天至少做一套仿真题，要和高考一样，规范审题、规范计算、规范时间。

考试前：①看看考试座位是否空调直吹，如果是，带长衣服。②进考场前不扎堆，独自静一会儿；进考场坐好后，腿、双臂放松。

考试中：①做难题一定分步计算。②答完题检查是否有漏题，检查是否涂错卡，检查姓名、学号。

考试后：不要对题，不要回味。

我问他，如果高考那两天我去学校门口可以吗？他说没关系，反正也不会影响他的。所以我计划高考那两天请假，从心里全程陪同孩子。

他睡眠、吃饭都没问题，一切都很正常，我们也很放心了。从 18 点 15 分一直说到 18 点 55 分。要求 19 点 05 分到教室，他还要把东西放回宿舍，我们就让他回宿舍了。去办公室见卢老师，然后和卢老师出去吃饭，一直到 21 点半。

现在水果不好放，给他带了几个苹果、梨，一些小西红柿，其中六个核桃饮料让他和牛奶一起喝。另外，还带了巧克力和维生素 C。尤其是巧克力，能迅速补充能量。每科考试之前，都要提前吃上一块巧克力。

卢老师对三模解释说，这次三模考试试题难度普遍增大，这是学校的特意安排，目的是锤炼实验班的孩子面对难题的应对能力，对于成绩不要过于紧张。

强调说，孩子如果给家长打电话，家长应以减压、鼓励、坚定信心为主，千万不能流露出对这次成绩的焦虑状态，否则对孩子的心态调整极其不利。没有特别必要，不要来学校探望，那样会增加孩子的压力；如果有特别重要的事情可以提前联系，共同应对。学校希望家长朋友理解、体谅、支持。最后冲刺阶段，最重要的是稳定军心、坚定信心、一如既往、全力以赴，以平和的心态去面对即将到来的决战！衷心希望家长能跟老师、孩子一道同心协力，决胜2012年高考！未来10天孩子的状态和心态比三模成绩更重要！

4. 高考倒计时

5月13日，高考倒计时25天：今天儿子返校了，高高兴兴、信心百倍，状态很好，这是我们当下最欣慰的。

5月14日，高考倒计时24天：衡中召开著名的高校高考咨询会，我只关注了清华大学。清华今年理科招生计划50人，比去年多12人。我主要咨询了建筑和经济金融两个专业的选择，他们的意见是兴趣最重要，学习经济专业数学功底一定要好。其实现在咨询意义不大，因为没有分数，一切都是纸上谈兵。而有家长为了争夺一本清华招生简章都快打起来了，真的有些滑稽！让我感动的一幕是，两位家长为一本招生简章抢得不可开交时，旁边的一位家长把自己的招生简章给了他们，就此平息了一场争斗，真的让我佩服！

5月15日，高考倒计时23天：今天看到15周的周测成绩，昭雨716分（第1名719分），年级第2名！数学、物理、化学都是满分，英语147分、年级第1名，语文129分也算可以，而最强势的科目生物却考了80分。想着到时问他生物的事。整体对儿子很满意，无论状态和结果。其实今天一天心里都很平静，忘记了孩子高考的事，晚上看到孩子周测成绩时，心里更是平静如水了。我用我的平静去影响、感召儿子，去默默支持儿子，告诉他：你是最棒的！

5月16日，高考倒计时22天：今天和清华招生组联系，确认了一下"领军计划"的事，他们说认定60分的学生才进入"领军计划"！

5月17日，高考倒计时21天：离高考越近越需要有一个平和的心态，从家长做起，从我做起。

5月18日，高考倒计时20天：还有20天，又一个整数字，从100天开始，已经过去五分之四了，时光飞逝，太快了！

5月19日，高考倒计时19天：收拾昭雨房间看到以前他玩的卡片还有玩具

衡中家长手记：
和儿子一起成长的衡中三年

时很感慨：一晃 10 年了，从小学生一下子要成为大学生了，也成为大人了，太快了！

5 月 20 日，高考倒计时 18 天：今天凌晨欧冠联赛落幕，切尔西在舆论普遍不看好的情况下，点球大战 5∶4 战胜拜仁慕尼黑，夺得冠军，队长特里喜极欲泣："这座冠军对于我们意味着整个世界。"希望切尔西的坚韧不拔、自信自强带给孩子鼓舞，更希望将切尔西的好运带给即将参加高考的儿子！18 点，突如其来的一场阵雨持续了半个多小时，而这个时间段正是衡中学生的吃饭时间！不知道昭雨去吃饭了吗？有雨具吗？鞋子湿了吗？心里惦记他！

5 月 21 日，高考倒计时 17 天：今天接到两个高三家长的求助，都是孩子不想去学校、不想参加高考，一个孩子因为对自己没信心，感觉老师、同学都看不上她，另一个孩子因为和同学闹别扭而愤愤不平！再想想坚强的儿子，心里真的很欣慰，从内心为他骄傲和自豪！加油，我的好儿子！

5 月 22 日，高考倒计时 16 天：看到描述当前高三家长的话，"干着急，瞎帮忙，帮倒忙"，很符合。很多家长处于煎熬的状态，煎熬不如去享受高考。高考可以让大人、孩子都更快、更好地成熟，这是一个人成长必不可少的阶段，所以要去享受高考！

5 月 23 日，高考倒计时 15 天：现在的心确实平静了！16 周周测成绩出来，昭雨 682 分，班级第 6 名、年级第 53 名，心里很平淡，一点都不放在心上。明天开始三模了，竟然也没有期待！只把它当作一次考试，很普通、很平常的一次考试而已！今天收到同学的信息，说昭雨快高考了，替我紧张，我回信息说心里很平静，一点也不紧张。难得的平静的心！

5 月 24 日，高考倒计时 14 天：今天儿子开始三模考试了。一次次模拟考试，把我模拟得心态很平稳了，今天一天没惦记孩子考试的事。

5 月 25 日，高考倒计时 13 天：今天三模考完了，这次考试一点感觉都没有，也自始至终没有关注。希望我们平静的心态也传递给孩子，让孩子以一颗平淡从容的心去迎接高考。

5 月 26 日，高考倒计时 12 天：在平静中看到了三模成绩，昭雨 671 分，年级第 3 名！其实没有期待他的成绩，甚至认为会 100 多名，所以，算是一点小惊喜吧。

5 月 27 日，高考倒计时 11 天：今天回想昨天给孩子提的建议，觉得很中肯，我要接着想想，看还有什么提醒昭雨的。

5月28日，高考倒计时10天：还有10天就高考了，最后一个整数字。百日誓师在眼前，历历在目，时间飞逝！

5月29日，高考倒计时9天：今天一天很平静。有的高三家长说，到现在了，不知道帮孩子做什么，很着急。我说不知道做什么那就别做了，和以前一样就是最好的。

5月30日，高考倒计时8天：今天开始自由复习了，大概一周时间。希望昭雨能充分利用自由复习时间，查漏补缺，提高自己，更上一层楼！

5月31日，高考倒计时7天：学校发通知，说往年高考时，有的家长在考场外边等孩子，还打着标语鼓励孩子，会影响孩子的情绪和心情，所以希望今年家长不要这样。其实，家长真的是有些神经质，做得有些过分了。高考期间，一颗平常心最重要，无论孩子还是家长，都应如此。相反，有些家长要求孩子淡定的同时，自己却不平静。到了现在，很多家长才开始关心孩子，才开始研究学校和专业，甚至有的家长给孩子算命，算算能否考上理想大学！

6月1日，高考倒计时6天：今天清华的R在QQ加了我，这真是高考前的幸运！2010年远足后，他一直没消息，今天下午加我了！他在贴吧里看到《花开的声音》，想买，后来才知道是我发的帖子。我答应送他一本书，还把远足时的照片给了他，另外简单地向他咨询了昭雨专业的事，他也赞成学建筑。我让他帮忙找一些专业方面的东西，他答应了。

6月2日，高考倒计时5天：暂停的公益大讲堂今天复课了，很高兴的事！但我没有参与，也没有去！不想参与，是不想为之分心，孩子快高考了，心里不想装太多事，需要静一静；不想去，是因为怕大家过多地关心昭雨高考，好心问，我要不停地回答，太累！还有件开心的事，昭雨初中母校七中的徐老师去衡中监场，期待着能给昭雨监场，那样他更踏实、更有信心了！希望好运伴着他！

6月3日，高考倒计时4天：朋友们说祝福昭雨成为高考状元，我一笑了之。我明白状元是可遇不可求的事，衡中有实力考状元的不止10个人，所以运气最重要，也就是说老天已安排好了，自己去努力了、争取了就可以了，对得起自己就足够了。其实孩子能考出理想成绩，能选个清华的理想专业，我们就知足了，状元真的不重要。

6月4日，高考倒计时3天：今天卢老师让给即将高考的孩子写一句寄语，

衡中家长手记：
和儿子一起成长的衡中三年

我先想了一句话，"一切为了梦想，梦想在你手中"，但仔细想了想，感觉不太恰当，这句话在三年前说是合适的，快高考了意义不大，并且也有给孩子压力的嫌疑，所以接着想。又想了一句话，"保持平常心，发挥真水平"，这句没有压力了，但总觉得还缺少什么。想起了另一句话，"淡定从容真本色，自信倔强展风采"，后又改成"淡定从容真本色，倔强自信展风采"。高考中，淡定、自信是最重要的，这句话完美表达了我的意思，我很满意，将这句话发给了卢老师。事实证明，这句话好棒！

6月5日，高考倒计时2天：看到昭雨的准考证号，他在东区（原八中）125考场2号考试，是高二的教室。我问了问大概的位置和空调的位置，确定昭雨应该不会离空调很近。明天学校安排他们去看教室，我希望能看到他，和他简单说几句话。

6月6日，高考倒计时1天：今天下午学校安排昭雨他们去认考场，且在考场模拟考试，于是我便去看看孩子。天空下着小雨，但不影响我去看孩子的心情。淋着雨骑车到了衡中，看到50多辆公交车接送孩子，真的很壮观！

儿子出来见我，那时雨停了。我先问了问考场的情况，确定了座位离空调很远，然后他说桌椅很好，以前学业水平测试在这里考过，不陌生。还问了一下他乘坐的是20号车。我又问他睡觉怎样，他说很好。我没多说，只是提醒他，考试不许戴手表和金属制品，尤其是饭勺，他说都知道了。

然后我让儿子看了清华大学发的信息，"致2012高考学子:寒窗苦读十二载，金榜题名只手摘。千里挑一翰林士，万中独秀栋梁材。文章经纬织锦绣，神州纵横意未逮。仲夏芬芳桂花开，水木清华候君来。清华大学祝愿各位考生从容应对，正常发挥，坚定信念，奋勇向前！我在清华等你来！（清华本招）"，告诉儿子清华的人性化，让人敬佩！看孩子没什么事了，我让他去上自习，然后我就回去了。

向西而行，这时云开雾散、拨云见日、霞光四射、光芒万丈！就如同我的心情，唱着小曲一路飞行！

今天收到很多朋友的祝福，有手机信息，有空间留言，有QQ留言，再次感谢这些好心人，我替儿子谢谢你们！昭雨一定不会辜负你们的期望，一定给大家带来好消息！

5. 学校细心备战高考，体现名校的精细化管理

高考临近，高三级部多措并举为高三学生鼓劲加油，呈现诸多亮点。

亮点一："手牵手肩并肩"师生同心战高考

随着高考的日益临近，老师们自发"组团"，与学生一块儿跑操。师生并肩奋战，学生口号更加响亮，士气十足。

亮点二：为学生统一购买高考文具

本着一切服务考生的原则，高三级部统一购买了通过质量技术鉴定的合格高考专用文具和文具袋以及可放置身份证、准考证的物品袋等，"笑脸"迎高考。

亮点三：班级统一班服壮士气

高三年级部为各班学生购买了班服，学生们自己动手设计班服图案，彰显了各班备考信心。

亮点四：老师统一服装全程辅导

自主复习期间，高三年级部为每位老师购买了"匹克"运动装，教学楼内教师辅导期间呈现出一道亮丽的风景线，预示着2012高考再造巅峰！

亮点五：温馨安排高考自习室

高三年级部提前谋划，精心为学生布置自习室，从卫生到文化环境布置，无微不至，保证高考期间学生有舒适、安静的自习室。

亮点六：悉心布置高考考场

高三年级部多次调度，对考场布置做了详细要求和安排，并全力以赴抓好落实，精心布置好每一个考场。为学生拥有整洁、和谐的考场创造最好条件。

亮点七：组织优秀毕业生制作高考祝福视频

高三年级部组织班主任联系衡中毕业生为高三学生制作了高考祝福视频，给力高考。

亮点八：制作高考成功锦囊妙计展牌

为了更好的对学生的高考心态、方法、技巧进行指导，高三年级部专门制作了高考成功十大锦囊妙计展牌，助高三学子科学迎考。

6. 高考

（1）高考第一天

三年期盼的这一天终于到来了！和单位领导事先请好假，这天没给我安排任务了，可以安心地在衡中校门口陪伴孩子——当然，见不到孩子，是心的陪伴！

为了看到孩子的校车，我们7点40分就到了门口，等待校车的到来。因为事先知道他在20号校车，所以有目的性地直接盯20号车。即使这样，也没有看

衡中家长手记：
和儿子一起成长的衡中三年

到他，因为车上孩子太多，不知道他有没有看到我。孩子进了校园，等着入场，家长们在外面等着。

今天，学校外面的家长不多，因为事先各个班级的班主任要求家长尽量别到学校门口，以免影响学生，所以很多家长没有来，即使外地家长提前到了，也没到学校门口来。移动公司、老白干酒厂等单位提供便民服务，提供遮阳棚、矿泉水、凳子等，感觉很温馨。

孩子到点考试，我们家长就在外边说话聊天，用心陪伴孩子。

衡水电视台过来采访，家长们都不愿意接受采访，都力推我，其实我也没准备，面对话筒，一向沉静、能言善辩的我也不免紧张了，竟然不知道该说什么，说到给孩子的祝福语时，竟然说了两遍才通过！其实就是我常说的那句话"淡定从容真本色，倔强自信展风采"，还有一句话是"祝愿儿子鱼跃龙门、六月折桂！"但在摄像机前却特别紧张！

11点半语文考试结束，我们在路边等待20号车。他坐在前面，向我挥手，面带笑容，我也挥手示意。从他的表情看，很开心，很放松。

15点半再次到达校门口，依然和家长们一起聊天。

17点数学考完，我们又开始在路边期待20号车。车徐徐开来，昭雨又在向我挥手，面带笑容，一脸的轻松，我也挥手示意。

在学校门口一天的时间，感觉好累，但心里美美的，看到了儿子，和儿子一起高考，心心相通，其乐融融！

（2）高考第二天

上午早早到了路口，期盼着校车的到来！

衡中对高考的重视，一点一滴都是落到实处的！老师给每个学生发爱心早餐，在鸡蛋上都画上了笑脸；午饭很丰富，并提供各种水果。而且高考期间所有饮食是免费的！

东西校区只隔一条马路，但为了安全起见，学校租用了50辆公交车，用来接送学生。学校的细致考虑，省去了考爸考妈很多的担忧，真的感谢衡中！

校车过去了，却没有看到儿子，他在车的另一面。

为了让孩子们安静地考试，交警不允许汽车通过，更不允许鸣笛。事无巨细，真的让人感动！

中午校车通过，看到儿子在微笑着招手，我也挥手致意，那份默契尽在不言中!

15点我又到了校门口,和家长们一起聊天,等着考试结束,期待着12年寒窗苦读的最后两小时!

时间在一点点逝去,心在一点点放松,不停地看表,心里默默地倒计时:一小时、半小时、一刻钟、5分钟、1分钟!

6月8日17点整,高考结束了! 12年的寒窗苦读告一段落,希望儿子有一个完美的结局!

一定会的,我相信你,我优秀的儿子!

附1:高考前20天怎么调整心态

高考不过就是一场考试,考得好不好不是现在考虑的事情,那是高考后的事情,所以现在没必要去想结果,没必要自己给自己制造紧张气氛。并且高考也不是结束,它充其量只是人生路上的一小段而已,真正走进大学甚至于走上社会后就会发现,你拥有的机会还很多很多,更广阔的天地在未来!

所以,尽情享受高考的紧张感觉吧,尽情享受高考的特殊气氛吧!要记住:只要经历过高考,每个人都是成功者!

高中三年,转眼就要过去了。三年时间,每个人的努力不尽相同,所以当前感觉也会不一样;如果你平时努力不够、刻苦不够,那么现在的状态差一些属于正常,因为天道酬勤、耕耘才有收获,所以没必要去后悔过去的事情。

另外,不要过于担心和紧张。在高考适度紧张的气氛下,你会比平时出现更少的失误,也更能体现甚至于超水平发挥你的潜力,极有可能成为让人羡慕的那匹黑马!所以,心一定要静下来,心平气和地、认认真真地做好每一张试卷。

距离高考还有20天,知识上的变数已经不大,现在你最该做的事就是通过做题让自己更加习惯、更加从容地去应对高考。所以,不要在意做题多少,也不要在意做错多少,要像平时一样,认真地完成学习,并且给自己安排的任务也不要太多,更不必在乎别人怎么样,尽量做好自己就OK了。

当模拟考试不理想时,当有一些题目出现错误时,当发现竟然还有不懂的知识点时,要告诉自己:运气太好了,中大奖啦! 因为所有的问题都在高考前出现了,而你有足够的时间去避免高考时出现类似的错误,这不是幸运之神的眷顾吗?

衡中家长手记：
和儿子一起成长的衡中三年

你愿，或者不愿，高考就在那里；你想，或者不想，高考正在走来。这个时候，很多人都开始关心你，告诉你不要紧张、放松自己，在我看来，这些话是最没意义的，也是最苍白无力的！

高考毕竟是人生中很重要的一次考试，紧张一些是正常现象，也正是这种适度紧张的感觉才让我们更加兴奋，让我们的脑细胞更加活跃，也才会把自己的潜力完全发挥出来。

当然，必须学会休息。睡觉之前，最不该想的是离高考又少了一天！躺下来要想想今天做了什么，又掌握了哪些知识点，又改正了多少错误，又收获了几分。离自己的理想大学又近了一步，所以要为自己叫好、为自己喝彩，要满足，要在幸福中自然会安然入睡！

临近高考，有时会遇到一些突发事情，而每个人的心理承受能力也是不尽相同的，所以有些孩子会失眠。失眠了不要怕，不会影响高考的，没必要为此紧张！你们年纪轻轻的，都是早晨八九点钟的太阳，朝气蓬勃，少睡点觉甚至一晚不睡都没关系的！只要把眼睛闭上其实就是休息了。

三年的高中生活，每天都在紧紧张张、忙忙碌碌地学习，一个节奏、一种模式、一直不变的校园生活，现在因为高考的到来开始起了一些波澜，心里有了一些小激动，还有一些莫名的兴奋，你不期待吗？

分享一个小故事，希望给你们一些启迪！

有位雕刻家正全神贯注地工作，他手中的刻刀一刀一刀地雕刻着一块大石头，一个小男孩在一旁如痴如醉地看着。渐渐地，雕像从石头中显示出了马的形状，高昂的马头、矫健的四蹄、飞扬的尾巴……最后，一匹骏马呼之欲出。

小男孩惊讶万分地问雕刻家："你怎么知道石头里藏着一匹马？"雕刻家认真地对孩子说："石头里什么也没有，但我心里有马，就把它雕刻出来了。"

心里有什么，你就能成为什么！

孩子们，火红的6月属于你，高考加油！

附2：家长考前寄语摘录

1. 爸爸妈妈希望你要放松心情，不要紧张，以良好的状态面对高考！
2. 高考是你成长中的一朵激情浪花，把会的写上就行，放松心情，尽力就是成功!

3. 你们是最棒的,有准备的人必定成功。

4. 高考是一种经历,经历是一种幸福!替你幸福,宝贝,你是独一无二最最珍贵的宝贝。你不需要成为什么我们才爱你!我们爱你,因为你就是你!你不需要和别人比较,也不需要比谁好。世界上没有任何人可以取代你,我们爱你!

5. 你只需把平常学会的知识在考试中正常发挥出来,以此为高中生活写下一个完美的句号。爸爸妈妈相信你一定行!

6. 祝所有的孩子在2012年的高考中都能实现自己心中的理想,圆梦衡中。

7. 祝412班的帅哥、美女在2012年高考必胜!

8. 宝贝,我永远的天使!爸爸妈妈为你壮行!一起期待相聚的日子!

9. 不求创造奇迹,只需轻松细心答题。期待着412班的好成绩!相信你们一定能行!

10. 保持一颗平常心,考完一科忘一科!

11. 高考不是告诉你世界有多残忍,人生有多无奈;高考是为了告诉你,要有梦想去期待,要有努力去付出,要爱和你一路走来的每个人。所以放心大胆地去考吧,相信自己。

12. 高考真的不是人生的全部,而是你们必经的一个阶段,所以,放轻松些,只要正常发挥就好。我们相信,你会考出好成绩的,我们一起加油!同时,为你的同学、好友一起鼓劲、加油!你们是最棒的!愿412班的孩子心想事成,进入理想的大学。

13. 高考真的不是人生的全部,高考只是你人生必经的一个非常美丽的驿站,用一种看淡江湖的从容去应对高考,认真做好每一道题就行了。

14. 只要尽心了,就没什么遗憾。没什么大不了的事,笑一笑或者深呼吸几口,一切都能搞定。爸妈永远支持你、祝福你!

15. 沉着镇静、从容淡定、认真细致,努力争取每一分!孩子们,相信自己,发挥出自己应有的水平就是成功!

16. 妈妈相信你,因为知道你是多么努力!一路走来,妈妈一直都为你骄傲!高考只不过是一次考试,就和你经历过的无数次考试一样,坦然面对就可以了。放心大胆去考试吧,相信自己!

17. 爸爸妈妈永远支持你,永远相信你。你要相信自己的实力,更要相信自己的付出一定会有好的回报。奥赛的失利砥砺了你的青春,让你更加坚韧、更加成熟,现在你又勇敢地站在人生的十字路口面对高考,为了老师们的无私付出,为了亲人的热切期待,为了自己无悔的青春,你应该细心、认真地对待,把握好每一门考试,力争决胜2012,我们期待着你胜利的消息。爸爸、妈妈永远是你坚强的后盾,爸爸妈妈永远爱你!

18.爸爸妈妈姐姐支持你!以平常心面对,稳定发挥,做题一定要仔细,看清题目,不要丢不该丢的分,同时也不要给自己太大压力!给你加油,你是最棒的!

19.对于身经百战的衡中学生来说,高考不过是全体衡中学生与河北省所有考生同考一套简单试卷的一种较量。412班在2012年必将书写我们的辉煌!

20.可爱的孩子们:满怀信心,沉着认真,稳中求胜!

6月9日—8月14日：高考之后

1. 胜利大逃亡

高考结束了，接孩子回家，想起"胜利大逃亡"这个词很贴切！

高考结束之前的半小时，聚集在校园周边的家长已经是人山人海了。4000名学生参加高考，来接孩子的一般一家两个人，有的一家三五个人，粗略估计，大概有近万名家长。高考结束，校门打开，人群蜂拥而入。

整个校园里，除了人还是人，家长找学生，学生找家长，人声鼎沸！

一点点蜗行着上了四楼，开始给他收拾东西。再过一会儿，他就要离开衡中校园，这间宿舍将不再属于他！我拿出了相机，把宿舍、他的床铺都拍了下来，给他留下一个永远的纪念！

有些家长，包括全国很多地方的家长，事先都和我说，想看看儿子的笔记和改错本，我都答应了。但我看到宿舍里儿子收拾的东西并不多，并且笔记也没有，很疑惑地问儿子笔记本呢，他说这几天在大礼堂上自习，书和笔记都在那里，考完试就直接回宿舍了，那些东西都没要。虽然我有些不高兴，但也无奈，那些书和本早就没有了，即使有，现在人这样多，再过去找也不现实了。

收拾完宿舍里的东西，蜗行下楼，四层楼竟然用了半小时。6月的天太热了，衣服早早地湿透了，口渴得厉害，喝了好几罐给儿子带的六个核桃。

下楼之后，出校园又是一大关，见缝插针、能钻就钻，又用了一小时，我们终于冲出了长长的胡同，到了宽阔的柏油马路上！

马路上都是车，堵得水泄不通，多亏我们把电动三轮车放到很远的地方！找到三轮车，顺利地回到了家！

到家已20点了，身上的衣服全部湿透，感觉筋疲力尽，只想躺下就睡觉！也不觉得饿，只觉得好渴，狠狠地喝了一通水。

感觉好累，在胡同里不断穿行，有种在枪林弹雨中穿梭的感觉。但这样的累，心里却是开心的，因为把儿子高高兴兴地接回了家！并且我也相信儿子，他的高考一定是最精彩的，一定会为三年高中画上一个圆满的句号，所以我才定义为"胜利大逃亡"！

衡中家长手记：
和儿子一起成长的衡中三年

2. 出分之前

我自己也经历过中考和高考，很明白出分之前的那些天是最煎熬的时刻！一切都是未知数，不可知的一切让心里忐忑不安！想必儿子也是一样的心情吧！所以，对他没有什么要求，一切都顺应他，我们也明白，孩子懂事，放任他给他自由，他不会出格的。

回家后，我们不问他考试的事，他说不想对答案也不想估分，我们都尊重他，就是不希望他不开心。

但我告诉他，无论怎么放松，但不能放纵，即先保证睡眠，多多地睡觉，睡上一两天都可以！因为高考前的这些天太紧张了，身体消耗必定很大，一定要多休息，迅速恢复身体的机能，否则太容易感冒了！

很多孩子考完后彻底放松了，通宵玩游戏，或者去歌厅唱歌到半夜，疲惫的身体经不住彻夜的煎熬，难免病倒在床！

我要求儿子一定要避免这一点，他认可我的说法，高考后回到家就要好好休息，22点就睡觉，早晨睡到几点都可以，充分保证睡眠！

过了几天，他的身体恢复了。我们给他布置任务，要求一周之内研究透清华的所有专业并找出喜欢的，要把这些专业彻底搞清楚，然后给我们讲一讲每个专业的特点、优势、所学科目、今后就业的前景和方向，等等。

孩子一一做到了。从清华网上找的相关资料，还有我们提供的资料，他都认真去看，给我们仔细讲解。出分前，他对清华专业基本有了了解，并针对自己的兴趣，大致有了拟报专业的方向和思路。给他安排这件事，让他有事可做，就是让他分散注意力，在无聊的等待和煎熬中心情可以平静一些。

3. 出分之后

6月22日23点左右出分，一直等待着这一刻的到来！那天是周六，也是端午节，放假3天，正好在家里静等消息。

下午出去办事，18点左右收到了高主任的信息，说昭雨成绩在全省前10名，但不是状元，具体情况暂时不要问了。

当时心情特别激动，赶快回家把这个喜讯告诉了儿子！全家人都特别开心，这一刻非常幸福！

我给高主任回了一个信息，说如果明天清华招生老师来衡中，是否可以让我和他们一起吃饭，见见面？高主任马上回信息说，清华招生老师就在阳光大酒店203房间，现在就过来吃饭吧。我欣喜若狂，马上打车到了阳光大酒店！

进了房间，见到了清华招生组的韩老师、郝老师和代老师，还有衡中王校长、康校长和高主任、巩主任，热情握手之后落座。

韩老师问我有什么想法，我马上说是带着儿子的愿望来的，来之前儿子告诉我，清华建筑一直是他的梦想，希望老师能满足儿子的心愿！韩老师举起酒杯说，咱们一起喝了这杯酒吧，祝贺你儿子被清华建筑系录取！我无比欣喜地喝了杯中酒，然后依次敬酒。这杯酒好甜、好香、好美！

郝老师把全省前100名的名单给我，我按顺序一一告诉他们哪些学生是衡中的。清华招生老师很惊讶！他们说，这是第一次见到一位家长能把学校学生的名字记得这样清楚！

高主任介绍说我经常参与衡中的各项活动，为学校做出了很大贡献，是家校合一、家校共建的典范，并且还帮助学生出了一本反映衡中学生真实生活的书——《花开的声音》。

来之前，我已精心准备，带来3本孩子们签名的《花开的声音》，送给了清华的3位招生老师！

韩老师问昭雨现在在哪儿，想见见他，我说在家里，马上让他过来，并问还需要联系其他孩子吗，郝老师说能联系到C吗，我说没问题。先打电话让昭雨打车到阳光大酒店，然后通过其他人找到C家长的电话，告诉他们现在来阳光大酒店，清华招生老师在。

过了一会儿，昭雨和他妈妈一起来了，这时张校长也过来了，我们一起敬张校长酒，感谢衡中对昭雨的精心培养！

C到了之后我们也吃完了，一起去郝老师房间咨询清华大学的一些专业情况。我按名单依次联系学生，Y、B、J、Y、S、X、M、S、J、Y、Y等，把大致的名次告诉他们，然后征求意见是否选择清华，说我和清华招生老师在一起，如果确定，现在可以登记预约。那时候才21点，正式分数公布要到23点，每个学生和家长都在焦急等待中，接到我的电话都是欣喜若狂！

因为C和昭雨都在全省前5名，所以他们的专业很快就确定了！

22点半，我们和清华老师告别，回到家里。

今夜真的是令人兴奋的一夜！金榜题名时，是人生的一大喜事，而这一切的快乐是儿子带给全家的！

24日，参加高考咨询会。学校和专业已基本确定，对于我们来说，咨询会没有什么实质性的意义了，参加咨询会是想见到更多的老师和同学。

在接下来的几天时间里，我很多时候是和清华招生老师在一起的，为孩子们争取更好的专业，尤其是为Y、B、Y，这几个儿子特别要好的同学！最后，这几个孩子都如愿去了自己理想的专业，他们也和昭雨如愿以偿地成了清华的校友！一切皆大欢喜！

4. 第一次410班家庭大聚会

高考后的第二天，也就是6月9日，学校安排拍照，年级大合影。这项活动也是衡中的一大特色，每年毕业的同届学生有3000多人，这么多人拍成一张大合影，特别让人震撼！

拍完年级大合照，中午410班在忠义大酒店聚会，信老师特别邀请我参加。聚会现场，信老师特意让我发言。我激动地说一直想成为410班的一员，今天这个梦想终于实现了！

这些孩子虽然刚刚经历了高考的洗礼，脸上还带着一丝疲惫和倦怠，但掩盖不住活泼可爱、阳光自信、聪明机敏，看着他们感觉自己也年轻了很多！

信老师行使了最后一次班主任的权力——拿出事先准备好的410班级名单，开始点名！

此情此景，感受到了410班这个大家庭的团结、和谐，为孩子们能拥有这样可爱团结的班级而高兴！同时约定8月8日再相聚！

5. 高考之后思高考

（1）儿子的清华梦

从初中时儿子就有了清华梦，通过孩子自己的一步步努力，终于实现了自己的梦想！

其实，在成功路上，每个人都会付出很多，只有自己才会明白其中的酸甜苦辣。艰辛和苦难是成功的两个孪生姐妹，任何人都不会随随便便成功！

所幸，儿子每一步都走得很踏实、很坚定，每一步都有属于自己的辉煌，做到了他每阶段最好的自己！

初中三年，儿子一直在高位运行，那是他实力的初步展现。小荷才露尖尖角，中考获得了令人艳羡的回报，取得了衡水市第2名的佳绩，走进梦想中的衡水中学，给了自己一个再次发展的优质平台！

高中三年，转瞬即逝，初入校园时的一切还历历在目，转眼孩子已走出了衡中的大门，走进更高的清华学府，开始了他另一段人生的经历。

记得儿子刚上衡中时，我写下QQ签名"一切为了孩子，为了孩子的一切"来表达和孩子同行的决心和信心。三年高中，我真的做到了，不但孩子如愿实现了自己的梦想，我也在这三年中得到了人生的最大收获：思想上更加成熟，同时上升到了人生的另一个平台，在这个平台上一展身手、自由飞翔！儿子中考后，我开始了自己的公益教育之路，并一直默默坚持着！这一切都是儿子带给我的，是彼此一起成长、一路前行的结果！

孩子走进另一个崭新的天地，我的QQ签名也改为"从衡中实现梦想，从清华走向辉煌"！这是我对孩子的另一个期望，希望他好好珍惜来之不易的大学时光，迎来人生另一个辉煌！

清华是他人生启程的另一个起点，是又一个更加优质的平台。万事俱备只欠东风，需要更加专注、更加努力地去实现自己的目标，走向更高、更远的广阔天地！

我一直坚信儿子，他的未来无极限！天空有多高有多远，他的未来就有多高有多远！祝福你，我的好儿子！

（2）高考就是高考

高考真的只是高考！经历了高考，才会对这句话理解得更深刻！

高考是对一个人的煎熬！我所说的高考不只是高考这两天，而是围绕着备考的三年时间！

三年的高中时光，欣喜过、开心过、迷茫过、焦虑过，有登上高峰的兴高采烈，有跌入低谷的垂头丧气，更有平淡中的不知所措。世间千般滋味，都已尝过。然而，经历了才知道珍贵，走过了才能够倍加珍惜！人生高低，谁不曾经历过风风雨雨的洗礼，而这些磨砺都是一个人走向成熟所必不可少的因素！

面对三年的高峰低谷、开心沮丧，身在其中的人，真的难以做到淡定从容！当孩子发挥出色时，全家难免会兴高采烈，甚至有些得意忘形，说话嗓音洪亮，走路也会趾高气扬；当孩子成绩连续不理想时，全家也会唉声叹气、夜不能寐、辗转反侧，急于找到发挥不好的理由，不知道孩子能否走出低谷！

虽然明白平时的考试都只是考查，为的是发现不足、弥补漏洞，但当成绩出来时，难免会在意分数的高低、名次的前后，对于那些周测、月考，也真的不

衡中家长手记：
和儿子一起成长的衡中三年

能淡定地说放下就放下，毕竟那是孩子学习生活的一部分；虽然我做得已经很好，能够很淡然地面对这些，但有时也避免不了纠结！

在纠结中一天天过去，而淡定也在和纠结的较量中一天天占据上风！所以说人需要经历更需要磨炼，经过百般锤炼方能成钢、成佛！

回头看看这一切，尤其是高考之后回头看，这些纠结很多都是大可不必！三年时间，只要尽心尽力去做，踏踏实实一步一个脚印地去走，结果必定不错！

当然，还有一句话："谋事在人成事在天。"当你已经尽心尽力做好时，那就什么也不要想，什么也不要去管，用一颗平和的心静待老天的安排！

要相信老天，机会总是留给有准备的人！既然你已做好了充分准备，那还担心什么！

每年的高考都有黑马！黑马，是老天对孩子的格外垂青！

虽然美其名曰"黑马"，但也是要有一定条件的，那就是必须具有超出一般人的知识储备，具有一定的潜力，甚至至少要具有一种永不服输、永不言弃的精神，这一点也是老天最为看中的，所以说不是人人都会成为黑马，成为黑马是需要条件的！

有黑马就意味着有些人会马失前蹄！发挥失常总是让人扼腕叹息，给孩子太多难以承受的磨难！设身处地想一想，也觉得心痛！

痛定思痛，老天为何如此不公？我想大概有以下两点吧：一是老天觉得你非常人，既然不是常人，就要接受非常人所能承受之磨难！"天将降大任于斯人也，必先苦其心志，劳其筋骨，饿其体肤，空乏其身，行拂乱其所为，所以动心忍性，曾益其所不能。"老天欲将大任交给你，所以才会考验你，但能不能经受住考验，则另当别论了！有的人能够跌倒了爬起来，或在大学里勤奋刻苦、矢志不渝，最后步入自己理想的大学去读研；或继续复习苦读，卧薪尝胆一年，最终迈入自己理想的大学继续求学！这些人是经受住考验的，当然还有一些未经受住考验的人，怨天尤人、自暴自弃，最终的结果是老天更不会垂青，于是一路沉沦！二是反思自身存在的一些致命缺陷。话说回来，既然马失前蹄的是自己，为什么不想想怎么是自己而不是别人？自身是否存在一些心态、学习方面的缺陷？这些缺陷和不足是一生的大敌，对自己的成长、发展是致命的，如果不去深刻发掘，不去铭心改正，今后人生路上依然会吃亏！

幸好老天把你的弱点暴露出来，其实这也是对你的垂青，如果你用心改正，从此便步入正轨，老天也会颔首称赞，幸运之神也依然陪伴你！

高考就是高考，虽然很重要，但也仅是一次高考而已！人生的路还很长，当你20年、30年后回头再看高考就会很淡然。用一颗淡定从容的心，旁观看高考！

记住一句话：永远是下一步的人生路更精彩！

（3）感恩之心

孩子的高中三年，是感恩的三年！三年的点滴成长和进步，都离不开许许多多老师、同学和朋友的关心与帮助！

迷茫时，他们给予了极大的支持和鼓励，一句肺腑之言，就会驱散迷茫之雾，闪现奋进、坚毅之光；沮丧时，他们给予了很多赞许和期盼，一个温馨的眼神，就会扫去心头的阴霾，透出自信、坚强之光；得意时，一声严厉之语，犹如当头棒喝，就会冷却那狂热躁动之心！

曾记得信老师，孩子们心中的信妈！曾记得信妈出差20天，风尘仆仆返回后，不顾劳累直接走进班级。她的心里惦记着410班71个孩子，而顾不上尚在读初中的女儿！曾记得，信老师的亲人得了绝症不幸辞世，晚自习时关上教室的灯，大家一起一遍遍唱着班歌《倔强》，每个人都泪流满面！更让人感动的是，一个女孩给信妈写了一句话："如果全世界都在下雨，那么我们一起约定好在心里放晴！"

曾记得于老师，孩子们心中的于姐！曾记得，为了410班更好、更棒，于姐主动担当小班，不辞辛苦地一起参与班级管理。曾记得，可亲可敬的于姐，生物奥赛在河南师大培训时，她放心不下410班的孩子，也放心不下自己也在读高一的儿子，于是把儿子带到河南，和410班的孩子们在一起。曾记得，生物奥赛集训期在最热的7月末8月初，于姐为了让孩子们开心，晚上带他们去吃西瓜，为他们包下了整整一个水果摊！曾记得元旦时，很多外地的孩子无法回家，于姐从家里为孩子们端来热气腾腾的饺子，感动得孩子们热泪滚滚！

曾记得王老师，孩子们心中的霞姐！曾记得，为了孩子们不顾身体疲惫，坚持最早一个到校最晚一个离开，因为过度操劳，身体严重透支，却强忍病痛，站好高考最后一班岗，然后才去做手术。曾记得，霞姐是一个激情四射、永远充满活力的人，只要站在三尺讲台，就会慷慨激昂，给孩子们传递无穷的力量。曾记得，霞姐对昭雨的格外喜爱，是那种发自内心的喜爱，当她每次叫到昭雨的名字时，都会感觉到她的深爱。曾记得，晚上学校班会后，霞姐给我发来信息，说昭

衡中家长手记：
和儿子一起成长的衡中三年

雨成绩优异，作为优秀学生代表在年级大会发言，夸昭雨写得好，讲得也好，令人振奋，说孩子太有才了！

曾记得卢老师，孩子们心中的涛哥！曾记得，涛哥温和的性格后面有着一颗慈爱之心，对每个孩子都了如指掌，有针对性地和学生做专门的交流。曾记得，高考前夕，涛哥班级的学生每个人都笑呵呵的，把高考看得很平淡，真的将其当作了一次考试而已，全然没有高考的压力，这一切都得益于涛哥乐观平和的心态！

还有很多很多这样可亲可敬的老师，还有令人尊敬的张校长、康校长、王校长，还有聪明能干、敢于担当的高主任、巩主任、桑主任等，因为他们的无私帮助和关心，才有了孩子的今天！

在此感恩这些为2012年衡中高考大捷做出卓越贡献的老师和朋友！谢谢你们了！

我一直教育儿子，常怀感恩之心，一定要感谢那些在你的成长过程中，给予过你帮助的每一个人！

所以，他会记得，我也会提醒他：教师节、感恩节、春节，一定要给这些帮助过你的贵人发信息，以表达自己的感恩之情！儿子也一直做得很好，给他的初中老师和高中老师发节日信息，我心里备感欣慰！

（4）后高考时代

高考已结束，整个中学时代已结束，孩子再次步入更广阔的大学天地！大学的生活又是别有一番洞天，所以及时转念、尽快适应便成了当务之急！

高考后，我有意识地带他参加一些朋友聚会，并且让他尝试着喝白酒、啤酒和红酒；带他参加一些社会性的公益活动，比如参加大讲堂的教育问答，为家长和孩子做面对面的咨询沟通，锻炼他的思维能力，也锻炼他与人沟通的能力，培养他的爱心和公益心；给他找一些关于大学的相关信息，先理性地去了解大学一些具体实际情况，为大学生活做好铺垫，做到顺利接轨！

我们和孩子达成如下共识。

一是学习方面。大学，顾名思义是大一点的学校，但还是学校，所以学习依然是第一位的，这一点是不容置疑的！所以要求儿子志向远大，以高标准去要求自己，一点都不能松懈，拿出高考的拼劲，度过这5年（建筑设计专业是5年）的大学时光！

二是生活方面。大学不同于中学，是因为你已成人，思想要成熟，行为要规范，做什么事都要具有担当意识,所以生活中要能自己照顾自己,和同学处好关系,多帮助别人,多宽容别人,做一个善良可亲、诚实可信、富有正气的人!

三是感情方面。你已成人,爱情也会悄然降临到身边,这一切很正常,但有一个原则:不要因为谈恋爱而去谈恋爱!不要被动地去谈感情,要相信一切都是水到渠成、有缘千里来相会的爱情,这是一生中最美妙的时刻!将一句话送给儿子:"在找到合适的人之前,你唯一需要做的,就是让自己变得足够优秀!"

四是目标和方向。上了最喜欢的建筑系,也意味着今后的职业生涯就在建筑领域了,最重要的是学好建筑方面的所有专业课,为今后的发展打下良好的基础;还要和每位同学,包括历届学长、学姐尽可能搞好关系,因为今后他们都会成为你人生路上的好朋友!要在大学5年做到最好,以最优秀的表现结束自己的本科生涯!因为你不只是代表着你自己,而是代表了母校衡中,你要成为你这一届学生中最优秀的代表!就如同你代表着母校七中一样,在三年衡中后,依然是初中七中的优秀代表。同样,5年清华后,你依然是高中衡中的优秀代表!这是你的目标,是你的追求,一定要做到,我们也相信你一定能做到!因为衡中人无论在哪里,都是追求卓越、永不服输!

(5)高考后的昭雨

高考填好志愿,昭雨被清华大学建筑系录取,一家人的心也踏实了。清华大学建筑系是国内最好的建筑系,该专业在国际上也属于排名靠前的专业。

为了更好地适应将要到来的大学生活,我们希望他做好充分的准备!建筑系需要一定的绘画基础,虽然不加试绘画,但有绘画功底绝对会有益处。

昭雨从学前班就开始学画画,一直学到初三,因为功课紧张,才暂时停止画画,高中三年也没有画画。他有9年的画画基础,现在只需要重新拾起来就可以了。

对此,昭雨很认同,于是联系以前教他画画的王老师。王老师得知昭雨考上清华特别高兴,欣然同意儿子跟他继续学画画!安排昭雨每天随时都可以去学习,专门指导他,还很自豪地把昭雨介绍给其他学员和家长,说他教的学生考上了清华大学建筑系,让昭雨给他们讲讲自己的故事,激励更多的孩子好好学习,以他为榜样,也上清华!

一个多月的时间,昭雨差不多每天上午和下午都去学画画,回家后学习英语和数理化。因为清华大学开学的第一天就进行数理化考试,也算是摸底考试,

衡中家长手记：
和儿子一起成长的衡中三年

虽然不会公布成绩，但作为对高中母校学生素质的一个评价，会影响第二年该高中的学生录取。还会进行英语考试，进行分级，级别最低的学生，第二年需要参加夏令营！我们希望他数理化考出理想成绩，为母校争光，也希望英语考取最高的级别，体现自己的实力和水平！

7月27—29日，我们和朋友一家在山东蓬莱和长岛玩了四天，感受了蓬莱仙境和长岛之美。

8月14日下午，昭雨回母校，为衡中高三学生做励志报告，然后我们坐火车去北京。8月15日清华大学本科生开学，这标志着昭雨正式成为一名清华人，成为清华园的主人，从此开启一段人生最美好的时光！

希望他尽快适应清华节奏、融入清华生活，用心过好清华的每一天，追寻自己新的梦想！

希望他经过大学生活的磨炼和清华精神的洗礼，在告别清华园时是最优秀的！

我的QQ签名已改为"从衡中实现梦想、从清华走向辉煌！"那么，就用这个QQ签名给这三年的记录做结尾吧！

期待儿子在清华走向辉煌的那一天！

附1：与清华大学昭雨的班主任贺老师往来邮件

贺老师：

您好！

今天是大年初二，祝你春节快乐！愿你在新的一年工作顺利、家庭幸福！

虽然这是第一次和你交流，但我们全家对你早就熟知了！记得7月，当王昭雨收到清华大学录取通知书后，我们就认识了你的学生王飞。王飞不但学业突出，而且参加了校曲艺队说相声，儿子昭雨特别崇拜他！8月初，王飞听说昭雨分在了2班，介绍说昭雨的班主任是贺从容老师，曾经教过他古建专业课，说贺老师对待学生和蔼可亲，专业知识丰富，所以昭雨还没入学我们就知道了您。昭雨遇到这样一位优秀的老师，我们觉得很幸运！尤其是大一暑期的社会实践，昭雨跟着您去山西参加社会实践，回来后，一直感激您对他特别好，说生活、学习上都给予了很多帮助和指导，我们深表感谢！

平时，昭雨和我们的沟通很顺畅，时常给我们打电话、发信息，进行生活和学习方面的交流，并且把清华大学信息门户系统的用户名和登录密码告诉了我们，方便我们查询他的一些信息，比如学习课表、饮食记录、考试安排和成绩查询，以便随时关注孩子的学习和生活情况。另外，我们还时常登录建院和建22班的人人网，及时了解院系班级的活动和动态，了解孩子学习、生活的同时，也解了我们对孩子的思念之情。

一年的大学生活，昭雨完成了从一个高中生到大学生的转变，很快适应了大学生活：思想更加成熟，有明确的目标和理想，并且严格要求自己，能坚持不懈地为自己的理想而奋斗！学业成绩达到了我们要求的院系前10名的目标；积极参加院系班级的社工活动，顺利加入了中国共产党；生活上自强自立，能很好地照顾自己的生活；和同学相处融洽，乐于助人；尊重老师，认真学习每位老师的课程。我们备感欣慰！也感谢贺老师的关心和帮助，感谢院系所有辛苦付出的老师！

大学是学习知识和本领的殿堂，我们希望昭雨能以优异的成绩完成学业，也希望他在各种社工活动中不断地锻炼自己，提高自己的社会能力，完善自己，不断成长和进步！我们都在银行工作，对建筑领域知之甚少，所以，恳请贺老师对他严格要求、多加指导，我们也要求昭雨和你多沟通，及时汇报自己的学习和思想情况，以取得更大进步和成长！

贺老师，再次祝您全家幸福，春节快乐！

昭雨爸爸　王庆忠
昭雨妈妈　李剑梅
2014年2月1日

昭雨家长：

你们好！

大学本科建筑学的学习和生活，是对学生专业知识和能力的塑造，也是对孩子们全面素质的考验和锻炼。在此一年半的学习和生活中，昭雨表现了出色的能力和素质，学习成绩优秀，在集体活动中颇有建树，尤其是自律、自强，对自己要求严格，在这个年龄的学生中难能可贵。感谢你们培养了这么优秀的孩子，我

衡中家长手记：
和儿子一起成长的衡中三年

会尽职尽责地辅导他，和他们在一起工作的日子我也很愉快。相信你们也会继续关心和支持昭雨的成长，来自父母的温暖和爱护，学校生活永远无法代替。

对于昭雨而言，大学三年级末和四年级上半学期将面临一些选择，读研、出国、专业方向等。所以接下来的两年，若能在专业知识学习和专业能力训练的过程中尽早找到自己的兴趣点和发展方向，培养自己的专业特长，对将来的事业建树和发展是很重要的事情。家长可能是最了解他性格和特点的人，所以在他愿意交流的时候，希望你们能主动跟他探讨一些问题，帮助他在学校提供的多种选择中找到自己合适的方向和途径。

顺祝马年愉快，万事如意！

贺从容
2014年2月3日

贺老师：

您好！

收到您的回信，格外惊喜，为你的热心所感动！看到您对昭雨的全面了解和中肯评价，作为家长，欣慰之余，更被您的真诚帮助所感动！

其实孩子在一年半大学生活中发生的可喜变化，我们都看在眼里，记在心里！孩子的进步和成长，都是您精心培养、热心指导的结果，也和清华大学良好的学习和文化氛围分不开，再次对您表示感谢！

从小学、初中和高中，我们和昭雨一路同行，一起学习，共同进步。在昭雨不断的成长和进步中，我们也得到了很多的教育感悟，喜欢上了教育。虽然我们都在银行工作，但业余时间用自己的教育收获帮助了很多家长和孩子。帮助别人的同时更是提升了自己，所以和昭雨的沟通越来越顺畅，关系越来越融洽，用我们的爱温暖着孩子的心，让他更快、更好地成长！相信有我们爱的滋润，有您热心的帮助和指导，昭雨的明天会更好！

我们和昭雨谈过他未来的打算，计划是读研，只是专业方向尚未明确，希望您多给昭雨指点，根据他的特点和建筑学的发展，帮他尽早找到自己的发展方向！希望咱们一起多交流，帮他找到最适合的专业方向，希冀他更好的发展！愿昭雨成为您得意的弟子，成为您的骄傲！

我们对您的恩情铭记在心,有机会一定当面致谢!
再祝新年快乐,万事如意!

昭雨爸爸　王庆忠
昭雨妈妈　李剑梅
2014年2月9日

附2:昭雨大一时的感怀

那些花儿——走来走去

花儿终于开放,嫩蕊舒展,甜美的花香氤氲着的是对根的感激和对叶的情谊……

虽然已经离开衡中,虽然曾经欢呼"解放了",虽然也会感叹衡中管理的严格,但是仍然留恋那段日子,无论是成功还是坎坷,无论是快乐还是哀伤,那都是奋斗的日子。

衡中,怎么也忘不了,也不可能会忘掉。在大学军训的闲暇,大家仍在默默倒数衡中休息铃,在QQ群里回忆披露曾经自己违纪的窘事,然后哈哈大笑,但这笑是复杂的。虽然考入大学,同学们分散在全国各地,但"衡中结"永远不断,"衡中情"绵延不绝。

一直希望还是那些人,还是那间教室,还是那些可敬可爱的老师,想再上一节课,聆听他们最后的教诲与期望;一直希望再捧着厚厚的一摞生物奥赛教材,做无尽的习题,共铸生奥辉煌;一直希望再和同学们跑一次操,迎着10点多的太阳,哑着嗓子喊几遍那最熟悉的班号;一直希望再跑步就餐一次,体会那种紧张与刺激;一直希望还有机会站在曾经的教室里,望着班牌,想起自己高中三年经历的每一个细节,反思自己三年的得失,然后珍藏在心中,永远不忘。

走出衡中才真正理解作为衡中人的骄傲。进入清华,第一次自我介绍提到家乡衡水时,同学们欢呼惊叹;休息时,同学们围着我打探在他们眼里神秘的衡中生活;无意中听说新西兰留学生也知道衡中的消息……无不让我感受到衡中的不可思议;更令我高兴的是,在衡中的辉煌中,我也曾留下淡淡的一笔。

衡中家长手记：
和儿子一起成长的衡中三年

　　衡中带给我的不仅仅是到清华学习的机会和人们的刮目相看，更带给我历练与挑战。学识的提高诚然重要，但内心的坚强与心智的成熟是衡中给我的最好的礼物。我记得遭遇挫折失意不再胆怯，而明白"我不勇敢，没人替我坚强"的倔强；我记得面对迷惘困惑不再犹豫，而喊出"人不辉煌枉少年"的信念；我记得面对陌生的班级不再拘谨，而融入这个大家庭与亲如兄妹的同学一起欢笑、一起哭泣……我不再是那个脆弱拘谨的孩子，不再是那个懵懂幼稚的少年，三年间，自己真的变了，真的长大了。

　　我感激410班，我感激衡中，你传授的不仅是那跨越高考的知识，你影响的不仅是那功利肤浅的分数，你成就的不仅是那征服高考的辉煌，你教会我对知识的掌握能力与运用能力，让我在学业上走得更远，你教会我坚强与倔强，让我在人生路上走得更稳更坚定！感激你让我接受受益终生的教育，感激你让我勇于挑战自我、追求卓越，感激你让我有那般美好的回忆。

　　从衡中走到清华，又开始了一段不同的经历。大学是一个平台，但仅仅是一个平台，飞跃还是坠落掌握在自己手中。大学和高中太不一样，不再局限于老师的教导，而要发掘自己，自主学习；不再局限于听从要求，而要找到自己的节奏；不再局限于标准答案，而要发表自己的见解，表达自己的思想。大学自由，又有约束，对自己的约束；大学轻松，又劳累，为自己的奋斗。总之，大学要发现"自我"，明白自己想做什么，在做什么，明白自己的特性，自己的未来。

　　我选择建筑系，不是因为以往的分数数据，也不是因为家长的引导，我只是想找到一个适合自己的事业。就像入学时教授说的："你们不该叫入学，而是进入了这个行当。"可能我要学的东西还有许多，专业知识，对美的感受，广阔的知识面，满足客户要求与坚持自己理念的平衡。学习也不会局限于书本，更多的是在课堂之外，最终的目标也不再像以往高考那样简单明确，专业分流、职业规划的准备与抉择更为必要。可能我五年后学得很好，也可能暂时不成功，但既然是我自己的选择，我必须负责，不回避，我会超常付出，并且接受一切结果，无论好坏。

　　至于对大学的期望，还是希望在专业学习基础上过丰富一点的生活：参加体育锻炼，适当参与社会实践活动，努力提高外语水平；同时渴望比较规律的作息，提高效率，尽量减少通宵熬夜的次数。大学生活还没完全展开，期望可能更像幻想，总之，我想在有一定规划的前提下，走一步看一步，尽量把每一步走好，同时不为一时失意过度悲伤，时刻思考下一步的走向。

站在大学的起点，高中的峥嵘岁月仍记忆犹新，有成有败，我很想提醒高中的学弟学妹几点。

首先，不要让生活充满抱怨。有人说，"世界上所有的事可以用六个字解决——接受、改变、离开"，对于高中生活，如果你无力改变，如果你不能离开，那就选择接受。当你真正走过，你会发现那些你曾厌恶甚至憎恨的都会成为最感激的经历。

其次，学会反思和总结，当你发现许多看似不同的题其实实质一样时，当你形成一套自己的学习方法时，你会真正体会到学习的快乐，那种豁然开朗的感觉可以让一切苦闷、烦恼烟消云散。最后，希望你们学会坚持，在无人相信时坚持，在别人坚持不住时坚持，在坚持不了时坚持，你会发现成功不只是结果，无悔的重量远大于它，而最终结果也往往会超出你的预期。

你们总会有各种梦想，这很好，但不要让梦想仅仅是梦，不要让曾经的热情冷却，不要认为太遥远就放弃，不要武断地认为生活没有希望，相信自己；相信绝对比不相信自己要好。

明年，又是一次洗礼；明年，又是一次蜕变；明年，是属于你的一年；明年，我在清华等你来！

附3：昭雨任团支书时有关他的采访

建院人物采访——靠谱学霸王昭雨

王昭雨，建22班团支书，河北衡水人。

Q：请问你们班的支部事业是什么？为什么选择这个？

A：我们班支部事业是体育，选择它主要原因有三点：一是入门条件低，可以让班级同学广泛参与，不像社工、文艺等需要一定基础。二是体育比较有趣，可以开展趣味运动会、计划出游，有助于增进感情，这一点非常重要。三是我们班本身体育基础就好，男篮很厉害，我们班还有系男篮队长、系足球队队长、系游泳队队长，还有系国际象棋队队长。

Q：对于建筑学院的传言"一班很正经""二班是学霸""三班盛产奇葩""建

衡中家长手记：
和儿子一起成长的衡中三年

环爱学业"你怎么看？你们班符合吗？

A：我大一时听到的版本是"一班是学霸，三班是奇葩，二班既学霸又奇葩"，我竞选班委时提出的班级口号就是"既学霸又奇葩"。我们现在差不多是做到了……我们班刷夜的人多，刷得狠，挺学霸的。比如说建筑构造课上我们班表现比较突出。这门课是三个班一起展示，到了中后期就被我们二班垄断了。奇葩表现在我们班熬夜笑声不断，有放音乐的、看视频的。每次熬夜，我们会抽半小时组织趣味运动会。

Q：建筑系的同学这么忙，怎么建设班级感情？

A：活动时间虽然有限，但是素拓、团日如果吸引人，两小时的时间同学们也不是拿不出来。趣味运动会也是班级建设，我们的班级建设的确是见缝插针，方式和外系不太一样。

Q：听说你们班的主题团日办得很好，支书应该如何办好一次团日？

A：我们"筑万人居"那次主题团日办得比较好，主要是有个好策划。策划改了三次，包括团委的韩靖北学长、王亚洁学姐在内的校团委老师、同学都给我们提意见，多次讨论、修改策划后才使其如此精彩。主要形式是知识竞赛。我们借了抢答器，分三组抢答问题。这次团日还有一个亮点，我们在关注居住环境，所以出了一个实践主题——改造贫困地区小学，要求同学们画出想做的东西再展示。团日有了思想交流的过程就有了深度。

办好团日首先是要有好策划、好框架，吸引来同学才能提高参与度。这一点是必要的。其次再追求思想深刻、有内涵，创造交流机会。

Q：你觉得你们的甲团展示有什么特别之处？

A：我们的视频是纯手工制作，不是拍的。当时为了做视频熬到凌晨3点。让我感动的是，很多同学帮我做。视频长度有5分多钟，我们找的音频只有3分半钟，但有个同学硬是把3分半钟剪成了5分钟，做到动画、音频神同步。我们的展示前半部分是全面的、严肃的，最后有一个班级特色：建22方言。

答辩时有老师说：你们支部事业是体育，但是我看你们好像实践做得多啊！（体育没好好做？）我说：实践是走出校园，未尝不是体育的一部分。

Q：现在自称学霸的人不多哎……为什么你要自称学霸？

A：我只是被学霸……自从大一知道我从哪儿来的，大家就开始这么叫我。如果不叫我学霸就叫我屌丝，所以还是学霸好……

Q：在做社工、参加评比的过程中会不会遇到不公平、公正的事？会对你的积极性造成打击吗？

A：肯定会遇到一点吧。评选任何一个奖项都有主观因素，不可能用绝对的公平去衡量人，因此我们没必要用严格的公平去要求评委。任何社工都有"人"的成分在里面，这不是团委特色，也不少校园特色，而是社会的固有属性，因此要看淡一点。

Q：你还在校团委组织部和宣传部担任职位，团委什么地方吸引你？

A：团委的功能有服务和教育双方面。学生会、科协这种组织只是服务学生，服务和教育是有一定矛盾的，因此对团委有更高要求，要指导进行主题团日，起思想教育作用，这是吸引我的地方。

Q：请问你如何处理社工与学习之间的关系？

A：我有一群靠谱队友，班长、宣委什么的都靠谱。趣味运动会也是体委在做。大家都很配合，所以我平时工作量不大，只有评甲团忙了点，但是没有影响学习。

做社工的原则就是"有事办事，没事学习"。社工可以督促自己更加高效地学习。

附4：昭雨在清华期间的表现

在清华大学学习和生活中，昭雨展现了出色的能力和素质：学习成绩优秀，在集体活动中颇有建树，尤其是自律自强，对自己严格要求，在同年龄段的学生中表现得相当出色，受到了老师和同学的好评。他担任了班级团支部书记，同时还是校团委宣传部干事和系团委组织部干事。在他的带领下，所在班级在优秀班级评选中取得了建筑系第1名的好成绩，并荣获了2014年度清华大学甲级团支部。大四时，他被任命为清华大学建筑学院团委副书记，同时担任2015级清华大学建筑系小班主任！

昭雨本科期间，学业成绩一直在系里名列前茅：获得新生奖学金2万元，获得2014年度国家奖学金8000元，获得2015年度清华大学三大奖学金之一的"129奖学金"1万元，还有优秀作品奖、社会实践活动优秀奖等，共获得奖学金4万元。

昭雨本科毕业时，以全系综合排名第2名的优异成绩被清华大学保送直博（庄惟敏院长是他的博士生导师），同时获得北京市优秀毕业生称号！

衡中家长手记：
和儿子一起成长的衡中三年

昭雨现读博三，担任2016级清华大学建筑系辅导员。并和父亲一起，受邀参加众多公益家教活动，为成千上万的学弟学妹和家长答疑解惑。

后记

后记1 和儿子一起成长的衡中三年

截至春节,《和儿子一起成长的衡中三年》在我的QQ空间已发布35单元,高一和高二的高中生活已结束,春节后发布高三生活!

这时,恰好是整本书的一半!也就是说,一年的高三生活占了整本书的一半,可见高三的内容更丰富,也正是本书精华之所在!

自2018年6月9日高考后发布第一单元开始,将近7个月的时间,每周一次定期发布,我有很多的感受和想法。有些家长给我留言,觉得一周发一单元看得不过瘾,希望快点发!我很理解这些朋友的心情!

其实一周发一期,有我的考虑:第一,培养朋友们的耐心,教育孩子最需要的是耐心,没有耐心,是绝对教育不好孩子的!第二,一周一篇,可以让人们好好消化,在一周内,要反复看文章,最好一天看一遍,看多了,感悟和收获绝对会不同!

可以说,自《和儿子一起成长的衡中三年》连载起,赢得了绝大多数家长朋友的好评,说学到了很多科学的教育理念和操作性极强的教育方法,受益匪浅!但也充斥着个别不和谐的声音!心中有佛,所见都是佛!任何一件事情,不同人的看法都会大相径庭、截然相反。所以,遇到不同声音,要学会心平气和地接受!

坚持初心,走自己的路,让别人去说吧!我会一如既往地分享我和孩子的成长经历和感悟,一切为了那些支持我和需要帮助的人!

感想一:关于写作和发布的经过

我是文科生,从小就有写作的习惯,喜欢把一些所得、所悟记录下来。儿子出生后,我每天记录他成长的点点滴滴,记录了好几本,但由于各种原因只记录到2岁多,后来就没有坚持。小学和初中,也没有记录。到了孩子读高中,就想把小学和初中的遗憾弥补上,于是开始记录他高中的成长经过。一是给孩子留下珍贵的记忆,多少年之后,他看看自己的高中生活会幸福满满;二是留下宝贵的教子经验和感受,让更多家长和孩子受益;三是及时发现教育孩子中存在的问题并加以改善和提高,更好地帮助孩子成长;四是提高自己的教育水平,抓住这个难得的学习机会,和孩子一起成长;五是监督自己,每次都要接送孩子,还要

衡中家长手记：
和儿子一起成长的衡中三年

和孩子多沟通交流，更好地融洽父子关系。

这些年，《和儿子一起成长的衡中三年》帮助了很多家长和孩子，让家长可以静心陪伴孩子，让孩子可以安心学习，最后进入自己的理想大学！正是为了让更多家长和孩子们受益，我决定在QQ空间、微信公众号和朋友圈公开、免费发布和儿子一起成长的经验收获！

同时，我一直认为现在社会节奏太快，人们缺少耐心、急于求成，而学习恰恰需要静下心，一遍遍重复阅读才能真正吸取精华！所以，我决定一周发布一个单元，也就是希望朋友们多读几遍，悟得更深！

感想二：高一和高二以生物奥赛为主线

已发布的35个单元，正好是高一和高二的全部内容，也恰恰是《和儿子一起成长的衡中三年》的一半内容！

这两年的时间，主要是孩子适应高中生活的阶段，并以生物奥赛为主线，从开始学奥赛、经历奥赛和高考科目的平衡、奥赛集训、奥赛考试，到最后奥赛失利，真实记录和再现了昭雨的迷茫、艰辛、刻苦、坚持、难过、乐观、成熟的成长历程。

这其中，有成绩起伏的纠结，有奥赛和高考科目难以兼顾的迷茫，有奥赛失利的痛苦和不甘，也有远足时的激扬青春，有成人礼时的感恩和长大，还有我们对儿子的牵肠挂肚，期盼儿子回家时的欣喜不已，送儿子进校园时的恋恋不舍！

两年的时间，昭雨从一个稚嫩的少年成长为一个成熟坚强的男子汉，是衡中的校园锤炼了他，是艰苦的奥赛磨炼了他！

最感人的是成人礼上，他尽情地宣泄着自己的泪水！当时录像的我哭了，我写成长日记时哭了。后来我一遍遍整理校对时，每次看到这一节，都会停下敲击键盘的手，一遍遍流泪，泪眼模糊！

儿子的泪水，饱含了他的坚强和不易，饱含了他的奋斗和坚持，饱含了他的付出和坚忍，饱含了他的自信和成熟，饱含了他的成长和乐观，饱含了他的责任和感恩！

他自己明白自己，我们也明白他，因为我们真的爱他、懂他、理解他！

这是整个高一和高二的点睛之笔，是这一部分的高潮之处！

这一部分，还介绍了衡水中学张文茂校长、昭雨的两个班主任信金焕老师和陈芳老师。

衡中今天的辉煌离不开张校长的高瞻远瞩和亲力亲为，他的战略眼光让衡中达到了前所未有的高度，无论高考、奥赛，无论艺体、信息，无论社团活动、科技创新，都谱写辉煌，硕果累累！

信金焕老师是全国三八红旗手、河北省人大代表，是衡中优秀老师代表，她一心为了孩子们，做孩子们的好妈妈，让我们敬佩着、感动着！

陈芳老师是拥有教育情怀、爱岗敬业的优秀老师，现在到了祖国的大西南，在衡水中学云南分校续写自己的教育篇章！

感想三：高三生活终生难忘

在我心中，高三内容是《和儿子一起成长的衡中三年》最重要的精华部分！

一年的时间占了本书一半的内容，很多单元都分上、中、下三篇，可见内容多么翔实丰富！

还有更重要的一点，随着我一直坚持做公益家庭教育，自己的教育水平有了提升，对家庭教育的理解也越来越深，所以写出来的感受也越来越多！所以这部分有以下几个看点。

一是衡中60年校庆。衡水中学60年校庆相当隆重！国务院原副总理吴桂贤、清华大学常务副校长袁驷、中国教育报刊社总编辑刘仁镜以及省市领导都参加了校庆活动！市长主持校庆大会！

二是清华"领军计划"。昭雨是很幸运的，恰恰在他高考当年清华大学推出了"领军计划"，这是个千载难逢的好机会！而昭雨也很优秀，凭着自己的绝对实力获得了清华大学"领军计划"衡中推荐！

三是百日誓师活动。衡水中学有三大活动，分别是高一的远足、高二的成人礼、高三的百日誓师！远足是意志品质的磨炼，成人礼是感恩责任的教育，而百日誓师是吹响高考的军号，满怀信心地告诉孩子们：高考，我们来了！舍我其谁，霸气回荡！

四是昭雨的高三班主任王文霞老师和卢洪涛老师。王文霞老师，党的十九大代表，全国先进工作者，总是那么富有激情，讲台就是她的家，学生就是她的生命！卢洪涛老师，衡中首席老师、首席班主任，是他把昭雨送进了清华大学，我们一直感激他！

当然，更少不了高三生活，尤其是高考前的煎熬。孩子成绩的起伏不定、大起大落，孩子情绪的不稳定，家长的焦虑，尤其是想帮却帮不到、不知道怎么帮的纠结心情，高考时忐忑不安的心情、高考后等待分数的分分钟钟的煎熬、出分

衡中家长手记：
和儿子一起成长的衡中三年

后的欣喜，确定了大学之后的踏实！

感想四：关于出书的经过

决定将《和儿子一起成长的衡中三年》在我的QQ空间、微信朋友圈和公众号发布出来，目的是把自己高中教育孩子的心得和感悟原汁原味地分享出来，让更多孩子和家长受益，帮助更多家庭！

后来，《和儿子一起成长的衡中三年》列入了衡中系列图书，以家长手记的形式出版，希望通过公开的出版发行，让全国各地的家长和孩子们都可以尽早看到这本书，发挥它最大的价值！

我和大家一样的心情，期待着它早日出版发行！如今，这本书终于要面世了，也就因此赋予了它更大的使命和意义！

谢谢老朋友的一路追随，谢谢新朋友的阅读！

小雨

2019 年 1 月于家中

后记2 和家长一起成长的衡中三年

在成长的历程中，有人在为你倾注心血、出谋划策，无论大事小事，有关键抉择，有琐碎点滴，都毫无例外。这大概可以说是一种幸福。

在过往的岁月中，有人在为你殚精竭虑、默默记录，不管新事旧事，或记忆犹新，或早已忘怀，都囊括其中。这大概可以说是一种幸运。

我就是这样一个既幸福又幸运的孩子。

从我的角度，《和儿子一起成长的衡中三年》是一本家长视角下的日记。我个人没有写日记的习惯，所以这些文字是对我高中生活最详细的记述。如今已经过去将近七年，很多细节早已遗忘，但我在翻阅每一篇记录、品读每一个文字时，所浮现出的不仅仅是当时情景的回忆，更有不少新的感悟与触动。虽说这是我父亲写下的记录，但饱含了我与父亲的互动与沟通，既有文字可以记录的做法和话语，更有隐藏在文字之后的习惯和默契。越思索高中的经历，越感觉沟通与交流在当时的重要性，以及对于现在乃至未来的影响。孩子和父母都了解自己的想法，表达自己的想法，再与对方分享、传达，这是我在高中逐渐学会的重要技能，这是孩子与家长默契和共同成长的前提。如果假设自己是一个拿到这本书的高中生，通过阅读和思考，我想这会是我学到的最重要的东西。

从我父亲的角度，这是他高中三年为孩子成长所做的功课。这个功课不仅是自己所做所想的记录，更是反思提高的过程。一周一周的书写，当阅读完全篇，你会发现最后几周的内容和最开始几周的内容有了哪些不同，有了哪些改变，背后的教育方式与思想的改变便是父亲三年辛苦积累所获得的提高与进步。如果我是一个高中生，看到父母拿到这本书阅读，最希望的大概是家长可以从这本书学到建立在平等交流基础上的家庭教育，并且从全篇渐进式的进步和变化中体会到教育需要的是滴水穿石，而非一曝十寒；最不希望家长只是对书中所有做法的简单模仿以及摘取只言片语对孩子简单说教。毕竟家庭教育中，孩子和家长都是参与者，双方既是教育者又是被教育者，面对教育的范例与标杆，应该首先进行自我的反思，而不是向对方提出各种要求。

如果让我自己去总结高中的经历，我会说就如书中所写一样并非一帆风顺！

衡中家长手记：
和儿子一起成长的衡中三年

有一些成功，得益于学校、老师、家长、同学和自己的共同努力。

我做过很多讲座，无论是我还是大部分家长、学生可能都更倾向于了解这个过程中个人的努力，但这本书最大的意义莫过于提供了一个新的视角，包含了更多学校、老师和家长付出的呈现。希望新视角的呈现可以为更多家长提供家庭教育的新思路，为更多孩子带来求学历程的新思考。

希望借这本书的发行，父亲的教育思想可以传播更广，为更多的家长、学生指点迷津。也祝愿各位读者有所收获，对孩子与家长的关系有新的理解与感悟。

王昭雨
2019年1月于清华园